Henning Köhler
Die stille Sehnsucht nach Heimkehr

HENNING KÖHLER

Die stille Sehnsucht nach Heimkehr

Zum Verständnis der Pubertätsmagersucht

Mit einem Vorwort von Dr. med. Hans Müller-Wiedemann und einer Einführung von Dr. med. Johannes Bockemühl

Verlag Freies Geistesleben

Henning Köhler, geboren 1951, arbeitet als Heilpädagoge in ambulanter Praxis in dem von ihm mitbegründeten «Janusz Korczak Institut» in Wolfschlugen bei Stuttgart. Im Verlag Freies Geistesleben sind von ihm u.a. erschienen: *Vom Rätsel der Angst; Von ängstlichen, traurigen und unruhigen Kindern; Schwierige Kinder gibt es nicht; Was haben wir bloß falsch gemacht? Kindernöte, Elternsorgen und die verflixten Schuldgefühle; Vom Ursprung der Sehnsucht. Die Heilkraft von Kreativität und Zärtlichkeit; War Michel aus Lönneberga aufmerksamkeitsgestört?* und *Vom Wunder des Kindseins.*

ISBN 978-3-7725-1560-6

3. Auflage (Neuausgabe) 2008

Verlag Freies Geistesleben
Landhausstraße 82, 70190 Stuttgart

Internet: www.geistesleben.com

© 1987, 2008 Verlag Freies Geistesleben
& Urachhaus GmbH
Umschlagfoto: Eberhard Grames (Bilderberg)
Druck: Druckhaus NOMOS, Sinzheim

Inhalt

Zur Entstehung des Buches   7

Vorwort zur 2. Auflage   11

Vorwort von *Hans Müller-Wiedemann*   18

Essstörungen. Eine Einführung von *Johannes Bockemühl*   21

«ES IST, ALS WÄRE ICH GAR NICHT DA ...»
ZUR SYMPTOMATIK DER PUBERTÄTSMAGERSUCHT

Das klinische Bild   51
    Symptomatik und Differenzialdiagnose 51 / Das Psyche-Soma-Problem 54 / Anmerkungen 58

Psychologische Faktoren   60
    Appetitmangel? 60 / ‹Das Kind geht fort, und man kennt es nicht› 64 / Anmerkungen 69

Das Weltbild   71
    Das Jugendalter: Idealismus und Weltschmerz 71 / Realitätsverweigerung und ‹Inevidenz› 76 / Der hässliche, schwarze Stein 82 / Das ‹Ineffektivitätskonzept› 85 / Welt ohne Klang 88 / Die Frage aus dem Hungerturm 90 / Anmerkungen 93

VERSTELLTE ZUKUNFT. DIE PUBERTÄTSMAGERSUCHT ALS
ENTWICKLUNGSKRISE

Die Geburt des Astralleibs   97
    Die Pubertät als Spaltung 97 / Asketische Idealbildung? 100 / Das ‹Heimwehsyndrom› 105 / Zum Begriff der ‹Inkarnation› 109 / ‹Erinnerung an die Zukunft› 113 / Das ‹Geistselbst› und die Metamorphosen des Willens 118 / Anmerkungen 125

Wille – Außenwelt – Zukunft 128
  Leiberfahrung und Weltinteresse 128 / Die Atemreife 133 /
  ‹Im Atemprozess werden wir Seele› 138 / Die Magersucht als Störung
  des Atmens 140 / Anmerkungen 147
Männliche und weibliche Pubertät 149
  ‹Seelische Geschlechtsmerkmale› 149 / Der übermächtige
  Vorbehalt 153 / Anmerkungen 159
Weltinteresse und Pädagogik 161
  Das brave, unauffällige Kind 161 / Pädagogik ohne
  Menschenbild 162 / Anmerkungen 166

Das Erüben des ‹Ja›. Gesichtspunkte zur Prophylaxe, Therapie und Nachsorge
Das Gesamtbild 169
  Lichtlose Welt 169 / ‹Das eingeschlossene Ich›: Die Sprache der
  Phänomene 175 / Elemente und Äther 181 / Metamorphosen des
  Willens und der Leibessinne 188 / Anmerkungen 194

Anleitungen zum Anwesend-Sein. Elemente einer geisteswissenschaftlich orientierten Therapie 198
  Der zwanghafte Aspekt 198 / Der depressive Aspekt 204 /
  Der hysteriforme Aspekt 208 / Der schizoide Aspekt 213 /
  Vorbemerkungen zur Therapie 222 / Die ‹erste Nachreifung› 223 /
  Die ‹zweite Nachreifung› 229 / Die ‹dritte Nachreifung› 235 /
  Ichfindung und Zukunftseröffnung 246 / Früherkennung und
  Vorsorge 252 / Stichwortübersicht zur Therapie 253 /
  Schlussbemerkungen 261 / Anmerkungen 262

Zur Entstehung des Buches

Trotz einer nicht enden wollenden Flut von Veröffentlichungen in der medizinischen und psychologischen Fachpresse, aber auch in populärer (und dabei nicht immer der sachlichen Aufklärung dienlicher) Form, bleibt das Rätsel Magersucht ungelöst, und auch wir können hier keine erschöpfende und allseits befriedigende Antwort vorlegen. Aber es können vielleicht doch vor dem Hintergrund der geisteswissenschaftlichen Menschenkunde einige Gesichtspunkte in die Diskussion eingebracht werden, die bisher wenig Berücksichtigung fanden.

Als ich mich im Sommer 1985 daran wagte, einen ersten Beitrag zum Thema aus der Sicht des klinischen Heilpädagogen für die Zeitschrift *Erziehungskunst* zu verfassen (der dann den Auftrag zur vorliegenden Schrift nach sich zog), ging ich zunächst mit erheblichen Selbstzweifeln an die Arbeit, denn auch nach Jahren des täglichen Umganges mit den hungernden Mädchen stand ich noch recht stark unter dem Eindruck des Rätselhaften, und es wäre unaufrichtig zu behaupten, unter diesem Eindruck stünde ich heute nicht mehr. Dennoch hatten sich aus der Arbeit und vielen intensiven Beratungen im Stationsteam der Psychosomatischen Jugendabteilung der Filderklinik, Stuttgart, einige menschenkundliche Perspektiven ergeben, deren Umsetzung in ein Behandlungskonzept zu überraschend positiven Resultaten führte. Es wäre eine wenig sachdienliche Haltung gewesen, unsere Ideen, insofern sie sich praktisch bewährten, für uns zu behalten. In einer von Dr. Karl-Heinz Ruckgaber erstellten Studie unserer Behandlungen zwischen 1983 und 1985 auf der Grundlage des in der vorliegenden Schrift dargestellten und begründeten Therapiekonzepts konnte eine Erfolgsquote von rund 90 % nach den heute allgemein gültigen Kriterien ausgewiesen werden. Dies mussten wir als Verpflichtung empfinden, unsere Arbeitsgrundlagen öffentlich zugänglich zu machen. «Als Faustregel für die stationären Behandlungsergebnisse galt bisher, dass ein Drittel der Fälle geheilt, ein Drittel noch gebessert werden können und ein Drittel chronisch verlaufen. Jüngere Untersuchungen kommen zu günstigeren Ergebnissen mit 75 % Heilungen und Besserungen zusammengenommen» (Ruckgaber in besagter Studie). Ich bin zuversichtlich, dass wir zu einer weiteren günstigen Entwicklung der Heilungsprognose beitragen können. Dazu müsste allerdings die nicht-anthroposophische Fachwelt ebenso viel Bereitschaft aufbringen, unsere Überlegungen unvoreingenommen zur Kenntnis zu nehmen, wie wir es umgekehrt tun.

Einige sehr persönliche Anmerkungen seien mir an dieser Stelle erlaubt. Es war durchaus nicht nur die erfreuliche Statistik, die mir seinerzeit den Mut gab, eine erste Darstellung zur Veröffentlichung anzubieten, sondern in erster Linie ein weit über das nüchterne ‹therapeutische Bündnis› hinausgehendes menschliches Verhältnis zu einer damals sechzehnjährigen, schwer magersuchtkranken Patientin. Ich erlebte in diesem Verhältnis erstmals, was es heißt, im vollumfänglichen Sinne als ‹Bezugsperson› einer Magersüchtigen zur Verfügung zu stehen – rückhaltlos engagiert und im Empfinden einer höchst persönlichen Verantwortung ohne Wenn und Aber. Man verwendet dieses Wort ja so leichthin: ‹Bezugsperson›. Dass in letzter Konsequenz nur eine Art von liebender Zuwendung damit gemeint sein kann, die keine Ausflüchte mehr zulässt, wird selten erwähnt. Sich als Therapeut auf eine solche, an der aufblitzenden Wahrnehmung der unter dem Krankheitsgeschehen verschütteten Individualität erwachende Seelenfreundschaft einzulassen und das fremde Schicksal vorübergehend mit dem eigenen zu verketten, aber auch so damit umzugehen, dass keine ungute gegenseitige Verstrickung entsteht, ist ein bedeutsamer Lernprozess, aus dem man, wenn schon nicht verwandelt, so doch verändert hervorgeht.

Es ist schlechterdings unmöglich, diesen Prozess gewissermaßen berufsmäßig mit allen Patienten zu durchlaufen. Selbst wenn wir die Reife erlangt hätten, jeden Menschen in gewisser Hinsicht lieben zu können, dürften wir es nicht, ohne ausdrücklich dazu ‹ermächtigt› zu werden. Jenes Mädchen erteilte mir die seltene und kostbare Vollmacht, an ihren innersten Nöten, Ängsten und schwach glimmenden (später freilich umso machtvoller aufflammenden) Sehnsüchten teilzunehmen. Als sie den Faden ihrer Biografie wiedergefunden hatte, ließ sie mich als einen zurück, der zu ahnen begann, was Magersucht ist. Für alle therapeutischen Berufe gilt ja, dass nicht die Quantität zu Einsichten führt. Die quantitativ bemessene Erfahrung macht uns zu Routiniers, im guten wie im schlechten Sinne. Der Weg des Verstehens aber führt über Schlüsselerlebnisse. Deshalb muss an erster Stelle meiner Danksagungen Katja H. genannt werden. Sie hat mich um vieles mehr belehrt, als alle Fachliteratur, alle statistischen Auswertungen von Langzeitstudien es vermochten. Nicht unerwähnt bleiben darf allerdings, dass ich diese Belehrung kaum verstanden hätte ohne den Hintergrund der anthroposophischen Menschenkunde Rudolf Steiners. Denn ohne die Ideen eines vorgeburtlichen Schicksalsentwurfs und einer im Kern aller Krankheit enthobenen geistig-seelischen Individualität wäre der Blick letztlich symptomverhaftet geblieben und hätte sich in zusammenhanglosen Einzelheiten verloren.

Dank bin ich den Ärzten, Pflegerinnen und Pflegern sowie meiner heilpädagogischen Mitarbeiterin, Sabine Seifert, schuldig. Die künstlerischen Therapeuten haben durch ihre außerordentliche Fähigkeit, mit «Andacht zum Kleinen» (R. Steiner) subtile Phänomene zu beobachten und zu beschreiben, Unschätzbares zum Verständnis beigetragen. Besonders viel verdanke ich der engen und solidarischen Zusammenarbeit mit meinem Freund Dr. Karl-Heinz Ruckgaber, Facharzt für Kinder- und Jugendpsychiatrie. Gleiches gilt für Herrn Dr. Hans Kaspar Mittelstraß. Er hat als Leiter der pädiatrischen Abteilung der Filderklinik unserem Anliegen, die Anorexia nervosa auch im Sinne eines Forschungsvorhabens zum Arbeitsschwerpunkt zu machen, stets alle erdenkliche Unterstützung zuteil werden lassen.

Dr. Hans Müller-Wiedemann und Dr. Johannes Bockemühl haben sich die Zeit genommen, das Manuskript gegenzulesen und Verbesserungsvorschläge zu machen. Ich freue mich besonders, dass beide in diesem Buch vertreten sind, Hans Müller-Wiedemann durch ein Vorwort und Johannes Bockemühl durch den einführenden Beitrag (der in einer etwas geänderten Fassung als Merkblatt 129 in der Schriftenreihe *Soziale Hygiene* des Vereins für ein erweitertes Heilwesen e.V., Bad Liebenzell, erschienen ist) über Essstörungen, der einen aus langjähriger praktischer Erfahrung mit Magersüchtigen gewonnenen allgemeinen Überblick gibt und bestens geeignet ist, um den Leser in die folgende ausführliche Erörterung der menschenkundlichen Hintergründe hineinzugeleiten.

Filderstadt, im Sommer 1987   *Henning Köhler*

Vorwort zur zweiten Auflage

Acht Jahre nach Erscheinen der ersten Auflage stellt sich die Frage, ob dieses Buch noch aktuell genug ist, um unverändert in die zweite Auflage zu gehen. Ich bin nach gründlicher Prüfung zu der Auffassung gelangt, dass nichts, was ich 1987 zur Magersucht vorgebracht hatte, revidiert oder grundlegend neu formuliert werden müsste. Jeder Autor, der ständig in der Lebenswirklichkeit mit seinem Thema befasst ist, würde im Hinblick auf eine Jahre zurückliegende Publikation wünschen, er hätte sich in dem einen oder anderen Punkt anders ausgedrückt. Aber wenn man solchen selbstkritischen Empfindungen immer folgen wollte, käme man ja aus dem Umarbeiten und Neuformulieren des früher Gesagten gar nicht mehr heraus. Zu prüfen war anlässlich der zweiten Auflage nicht, ob ich das Buch ‹heute wieder genauso schreiben würde›, sondern lediglich, ob es in seinen Grundzügen noch zu vertreten sei oder aufgrund neuer Erkenntnisse einer gründlichen Überarbeitung bedürfe. Letzteres kann verneint werden.

Es kann verneint werden sowohl aus der Sicht des Therapeuten, der in den vergangenen Jahren ununterbrochen auf dem Gebiet der Magersuchtsbehandlung intensiv tätig war (und weiterhin tätig ist), als auch unter Berücksichtigung der aktuellen Literatur, in der nichts zu finden ist, wodurch ich mich veranlasst fühlen müsste, meine Auffassungen zu korrigieren. Die Krankheitswesenheit der Pubertätsmagersucht steht mir in ihrer Grundgestalt heute genauso vor Augen wie damals, wenngleich mittlerweile in manchen Zügen deutlicher und differenzierter, wie es die gewachsene praktische Erfahrung mit sich bringt. Eine Erweiterung des Buches um einige Kapitel wäre indes sicherlich möglich und wünschenswert, ist mir jedoch zum gegenwärtigen Zeitpunkt aufgrund einer Fülle anderer Aufgaben versagt.

Ich will an dieser Stelle nicht versäumen, darauf aufmerksam zu machen, dass verschiedene menschenkundliche Aspekte, die zum Verständnis der Magersucht unentbehrlich sind und damals nur knapp behandelt werden konnten, in meinen späteren Büchern zu anderen, angrenzenden Themen wieder aufgegriffen und vertieft wurden, nämlich die *Pubertätskrise*, die *Lebensangst* und die Entwicklung der *Leibsinne*.[1] Man kann, wenn man sich die Mühe machen will, diese späteren Bücher durchaus wie ‹Fortsetzungskapitel› zu der vorliegenden Studie lesen, die ja, über ihr eigentliches Thema hinausweisend, das Prolegomenon einer anthroposophischen Entwicklungspsychologie enthält – teilweise noch zu gerüsthaft und gegen die Versuchung des Schematismus noch nicht genügend gefeit, würde ich heute sagen, aber eben doch so, dass nach allen Seiten hin der Blick auf entwicklungspsychologische Kernfragen gelenkt wird, wie sie aus der Anthroposophie heraus gestellt und weiterverfolgt werden können.

Einige inhaltliche Bemerkungen seien der zweiten Auflage, die ansonsten unverändert bleiben soll, vorangestellt.

Wie im Schlussteil des Buches nachzulesen ist, steht mir die Krankheit als eine Dynamik mit vier einander durchdringenden und in verschiedener Reihenfolge phasenweise dominierenden Aspekten vor Augen, wobei von Fall zu Fall *einer* dieser Aspekte gewissermaßen die Hegemonie im Krankheitsverlauf übernimmt. So begegnet man z. B. dem überwiegend zwanghaften Typ, der seine depressiven, hysteriformen und schizoiden Anteile dann eben mit durchgehend zwanghafter Tendenz auslebt. Ich habe nun diese vier Aspekte, die in der wissenschaftlichen Literatur als psychopathologische Grundformen (resp. anorektische Grundtypen) allgemein bekannt sind, bestimmten Stadien der Sinnes- und Willensentwicklung von der frühen Kindheit bis zur Pubertät zugeordnet und *insofern* eine *Reihenfolge* beschrieben, von der ich meine, sie sollte im therapeutischen (Nachreifungs-)Prozess berücksichtigt werden. Damit ist jedoch nicht gesagt, dass der *Krankheitsverlauf* genau dieser Reihenfolge gehorchen müsse. Zwar tut er dies nach meiner Beobachtung häufig (wobei man die Jahre vor dem Auftreten der vordergründigen anorektischen Symptomatik mit im Blick haben muss), doch schon meine Fallschilderungen zeigen, dass verschiedene Versionen möglich sind, und ich habe auch explizit darauf hingewiesen. Wenn also gelegentlich vorgebracht wurde, man sei in Bezug auf die ‹typische› Reihenfolge zu anderen Ergebnissen gekommen, bleibt die Kernaussage davon unberührt, denn ich habe mich ja auf gar keine Reihenfolge festgelegt. Im Übrigen wäre, wie gesagt, zu klären, auf welchen Erhebungszeitraum man sich jeweils bezieht. Wer den Krankheitsbeginn mit dem Auftreten der Essensverweigerung gleichsetzt, wird natürlich zu anderen Aussagen kommen als derjenige, der die *Vorstadien*, die mindestens bis in die frühe Schulzeit zurückverfolgt werden können, mitberücksichtigt.

Ein durch die Jahre unverändertes Problem besteht darin, dass man sich nicht abgewöhnen will, nach *der* ‹Magersuchtfamilie› zu fahnden, also nach einem bestimmten familiären Milieu, welches die Krankheit besonders begünstige. Zwar steht außer Zweifel, dass Anorexia nervosa überwiegend in relativ wohlhabenden und gebildeten Kreisen auftritt, doch davon abgesehen hat sich für mich im Laufe der Jahre klar bestätigt, was ich schon 1987 gegen den *psychoanalytischen Reflex* vorgebracht hatte: Man findet bei unvoreingenommener Beobachtung weder *die* ‹Magersuchtfamilie› noch *die* Magersüchtigenmutter, *den* Magersüchtigenvater oder *das* anorexiebegünstigende Mutter-Kind- bzw. Vater-Kind-Verhältnis in dem Sinne, dass man sagen könnte: Wenn die Eltern bzw. das Eheverhältnis der Eltern so oder so geartet sind, ist die Magersuchtgefährdung der Kinder a priori besonders hoch.

Was man allerdings findet, ist eine charakteristische wechselseitige Dynamik zwischen Eltern und Kind (aber auch zwischen Verwandten, Lehrern und Kind), die sich aufgrund der besonderen Seelenlage anorexiegefährdeter Mädchen lange vor Krankheitsausbruch einspielt. Oft liegt etwas wie eine bange Vorahnung über den Familien. Die ‹mustergültigen› Mädchen geben durch ihre Wesensart und ihr Verhalten eigentlich Anlass zur Freude, die Eltern könnten stolz und zufrieden sein, aber eine innere Stimme sagt ihnen, dass sich hinter der tadellosen Fassade etwas Beunruhigendes, ja Unheimliches zusammenbraut – dies umso mehr, als die *heutige* Elterngeneration (gerade in den gebildeteren Schichten) zu einem großen Teil von antiautoritären Erziehungsvorstellungen aus den sechziger/siebziger Jahren geprägt oder doch zumindest angehaucht ist und durchaus nicht dazu neigt, das brave, pflichtbewusste, ehrgeizige Kind zu idealisieren. Anorexiegefährdete Kinder sind zumeist so veranlagt, dass sie schon im Vorschulalter auf ungewöhnlich zwingende Art an die sozialen Instinkte ihrer Eltern appellieren. Sie legen eine angstvolle Bedürftigkeit nach Nähe, Hülle und Harmonie an den Tag, die von den Eltern, wenn es liebevolle Eltern sind, natürlich nicht zurückgewiesen, sondern positiv beantwortet wird. Nun kann zwar diese (im Prinzip angemessene) positive Antwort so ausfallen, dass sie der Zaghaftigkeit und mangelnden Selbstbehauptung des Kindes auf fatale Weise Vorschub leistet und das für Magersuchtsbiografien typische unspezifische Insuffizienzgefühl indirekt verstärkt (was in der Tat oft vorkommt), aber hierbei handelt es sich um begreifliche Fehlreaktionen vor dem Hintergrund einer *eigentlich* begrüßenswerten Grundhaltung. Man darf den gewaltigen Unterschied zwischen krankheitsverursachenden Erziehungsfehlern und dem auf Unwissenheit und Unsicherheit beruhenden Versäumnis, krankheitsabwendende Einstellungen zu entwickeln, nicht immerzu ignorieren. Wenn ein extrem schutzbedürftiges Kind bei den Eltern ein ‹überbeschützendes› Verhalten hervorruft oder ein extrem leistungswilliges und Anerkennung heischendes Kind in falschem Entgegenkommen so übertrieben mit Lob überschüttet wird, dass es sich irgendwann buchstäblich sein Daseinsrecht durch belobigungswürdige Leistungen glaubt erkaufen zu müssen, mag man den elterlichen Übereifer (dem ja vor allem die *ersten* Kinder oft ausgesetzt sind) tadeln und die pädagogische Kurzschlüssigkeit beklagen, aber die Behauptung, solcher Übereifer und solche Kurzschlüssigkeit lägen einer später auftretenden Magersucht (neben anderen Faktoren) *ursächlich* zugrunde, zeugt von beachtlicher Unaufmerksamkeit.

Jeder erfahrene Magersuchttherapeut kennt auch die anderen (allerdings selteneren) Verläufe, in denen das ausgeprägte kindliche Bedürfnis nach Geborgenheit, Nähe und Harmonie von den Eltern *nicht* positiv beantwortet, sondern achtlos übergangen, zurückgewiesen oder dergestalt ausgenutzt wurde, dass die Kinder als willige Projektionsflächen für elterliche Eitelkeiten herhalten mussten (wobei man emotionale Defizite und narzistische Projektionen nicht im Sinne einer abstrakten Krankheitsentstehungstheorie *unterstellen* darf, sondern *vorurteilslos* jeden Einzelfall würdi-

gen muss). Wenn ein anorektisch prädisponiertes Kind bei Müttern und/
oder Vätern keine sozialen Instinkte evoziert, sondern auf Unverständnis
und kühle Distanz stößt, vielleicht in Verbindung mit einem für die Eltern
lebensbestimmenden konservativ-obsessiven, heteronomen Wertesystem
(dem sich das magersuchtsgefährdete Kind ohne Gegenwehr unterwirft),
ist die Prognose wesentlich ungünstiger als in den oben genannten Fällen,
wo zwar die Liebe über das Ziel hinausschießt und die ganze Familie unter
dem Eindruck einer unklaren Bedrohung merkwürdige Kapriolen schlägt,
aber das Kind eben doch so viel aufrichtige Liebe und Anerkennung erfährt, dass es aus diesem Kraftquell zeitlebens wird schöpfen können. Emo-
tional verarmte Familienbeziehungen stellen demgegenüber eine Situation
dar, in der auf Offenheit und gegenseitiges ‹Verstehenlernen› zugearbeitet
werden muss: Wo es an impulsiver Liebe fehlte, können doch Wertschät-
zung und partnerschaftliche Verbundenheit wachsen.

Die Fragwürdigkeit des Unterfangens, *die* ‹Magersuchtfamilie» zu ermitteln, wird deutlich, wenn ich zwei Veröffentlichungen neueren Datums
durchsehe. Da finde ich einmal die auf Ordnung, Sauberkeit und höfliche
Umgangsformen eingeschworene, leistungsbewusste, moralbeflissene ‹Bil-
derbuchfamilie› angeklagt, das andere Mal hingegen die Familie, in der ein
fortwährendes emotionales Chaos herrscht: Streit, Jähzorn, Tränen, Vor-
würfe, Genörgel ... In der Tat, man kann beides erleben, auch Mischformen
zwischen beidem. Aber unter der Obhut wirklich toleranter, warmherziger,
aufgeschlossener, glücklich verheirateter Eltern ist die Wahrscheinlichkeit,
dass ein Kind an Magersucht erkrankt, eben durchaus nicht geringer! Ich
habe im Laufe von zwölf Jahren alle nur erdenklichen Familienverhältnisse
und Hintergrundgeschichten im Zusammenhang mit Magersuchtserkrankungen kennengelernt (glückliche und unglückliche Ehen; dominierende
Väter, dominierende Mütter, ebenbürtige Partner; liebevolle oder kühl-
reservierte Mütter; präsente oder nichtpräsente Väter, berufstätige, karrie-
rebewusste Mütter oder passionierte Hausfrauen; intellektuelle oder ge-
fühlsbetonte Umgangsformen; autoritäre, liberale oder launenhaft wechselnde Erziehungsmethoden; geschiedene Ehen; Todesfälle in der Familie;
Alkoholismus in der Familie; psychische Belastungen bei einem Elternteil

oder auch nicht; Mütter mit Gewichtsproblemen oder auch nicht ... die Aufzählung ist unvollständig) und kann nur das Fazit ziehen: *Es gibt keine signifikante familiäre Prädisposition für Magersucht, sondern eine Prädisposition des Kindes, die auf mehr oder weniger (un-)günstige familiäre Verhältnisse treffen kann und zuweilen auch dort eine krankheitsbegünstigende Dynamik in Gang setzt, wo das Kind in einem Klima der Liebe, Toleranz und Aufgeschlossenheit heranwächst.* Ein entsprechendes Gewicht wird in Zukunft der präventiven Elternberatung und heilpädagogischen Vorsorge für magersuchtprädisponierte Kinder zukommen müssen.

Bleibt noch anzumerken, dass sich der Eindruck verstärkt, die Anorexia nervosa als klar umrissenes, ‹klassisches› Krankheitsbild beginne sich sozusagen an den Rändern aufzulösen. Immer mehr untypische Verläufe begegnen mir, immer mehr (z.T. dramatische) anorektische Krisen bei Jugendlichen und jungen Erwachsenen, die, obwohl man sie von ihrer Wesensart und Vorgeschichte her *nicht* als anfällig einstufen würde, in einer Überforderungssituation buchstäblich *beschließen*, den Weg des Hungerns, von dem sie irgendwann gehört, gelesen oder in Person z.B. einer erkrankten Mitschülerin Bekanntschaft gemacht haben, versuchsweise einzuschlagen und dann plötzlich nicht mehr umkehren können. Ein bedrohlicher *Nachahmungseffekt* scheint da im Spiel zu sein, so dass ich geneigt bin, zu unterscheiden zwischen: 1. der *primären* oder *authentischen Anorexie*, wie ich sie im Buch beschreibe; 2. den seit jeher bekannten reaktiven Anorexien oder *anorektischen Episoden* aufgrund eines offenkundigen aktuellen Leidensdrucks; 3. den *atypischen oder Nachahmungsanorexien*, die als Abwehrstrategie bei Selbstwertkrisen oder Zukunftsängsten geradezu inszeniert werden.

Ebenfalls auffallend ist die Dehnung des Altersspektrums. Immer mehr Patientinnen werden mir vorgestellt, bei denen die Magersucht bereits im Alter von zehn, elf Jahren ausbricht; andererseits erkranken immer mehr Erwachsene zwischen zwanzig und Mitte dreißig (diese zumeist an *bulimischer* Anorexie). Es bleibt dennoch richtig, von *Pubertätsmagersucht* zu sprechen, denn die Früherkrankungen hängen mit der allgemeinen Vorverlagerung des Pubertätseintritts bei Mädchen zusammen (Akzeleration), während die Späterkrankungen als nachholende, pathologisch abirrende Pubertätskrisen zu betrachten sind, was sich aus den Anamnesen in der Tat deutlich ergibt. Die Jugendjahre als Zeit der Sinn- und Selbstsuche, des Aufbegehrens gegen gesellschaftliche Normen, der Idealbildung und der geschlechtlichen Identifikation sind von diesen Patientinnen gewissermaßen ‹verpasst› worden oder, wo es doch einige Turbulenzen gab, ergebnislos verstrichen: Die innere Erfahrung einer biografischen Zäsur im Sinne von Zukunftsöffnung, Selbstentwurf und Neubeginn blieb aus.

Schließlich ist zu beobachten, dass Anorexia nervosa häufiger als früher auch bei *männlichen* Jugendlichen auftritt. Diese Entwicklung ist allerdings nicht so gravierend, dass von der Klassifizierung der Magersucht als ‹Frauenkrankheit› Abstand genommen werden müsste.

Nürtingen, im April 1995 *Henning Köhler*

Anmerkung

1 Siehe Henning Köhler, *Jugend im Zwiespalt. Eine Psychologie der Pubertät für Eltern und Erzieher*. Stuttgart ⁶2004.
Henning Köhler, *Von ängstlichen, traurigen und unruhigen Kindern. Grundlagen einer spirituellen Erziehungspraxis*. Stuttgart ⁶2004.

Vorwort

Die hier vorliegende Arbeit eines Heilpädagogen, die einleitend durch einen Beitrag über «Essstörungen» aus ärztlicher Erfahrung ergänzt wird, ist Jugendlichen gewidmet, die an der sogenannten Pubertätsmagersucht leiden. Es handelt sich dabei um eine Erkrankung, die einen in unserer Zivilisation offenbar immer häufiger auftretenden Extremzustand der kindlichen Entwicklung zwischen dem zweiten und dritten Lebensjahrsiebt darstellt, der vor den neuen biografischen Anforderungen der Pubertät in ein akutes und bedrohliches Krankheitsgeschehen übergeht.

Durch die – in der bisherigen Literatur eher vernachlässigten – ausführlichen Hinweise auf die Vorstadien der Erkrankung ergeben sich für die Autoren fruchtbare, umfassende heilpädagogisch-therapeutische Möglichkeiten im Sinne von Maßnahmen zur Nachreifung gestörter oder spezifisch behinderter Entwicklungsschritte der frühen Kindheit. Die dabei diskutierten Vorsorgeempfehlungen bestätigen in eindrucksvoller Weise die anthroposophischen Entwicklungsgrundlagen und geben Lehrern und Eltern wichtige Hilfen.

Gegenüber einer biologisch orientierten kausalen Betrachtungsweise der Krankheitsursache erfährt in den hier vorliegenden Arbeiten die Pubertätsmagersucht durch den Einbezug vorgeburtlicher Intentionalität des sich inkarnierenden Menschenwesens eine entscheidende Verständnisvertiefung. Henning Köhler macht dabei auf der Grundlage einer anthroposophischen Entwicklungspsychologie deutlich, dass Inkarnationsstörungen sich in Behinderungen im Ergreifen einerseits der eigenen Leiblichkeit und andererseits der Gegebenheiten der Umwelt zeigen und in den verschiedenen Lebensaltern auch altersspezifische Formen annehmen. Es zeigt sich, dass Krankheiten nur aus dem biografischen Lebenszusammenhang, vor allem in der Kindheit, verstanden und sinnvoll behandelt werden können.

So weist der Suchtcharakter der Pubertätsmagersucht mit den begleitenden Zwängen, intellektuellen Ersatzhandlungen und Verweigerungen auf den spezifischen Lebensabschnitt der Erdenreife um das vierzehnte Lebensjahr hin, wo die Suche des Kindes einen neuen Werdeimpuls aufnehmen muss, um in den jetzt drängender werdenden Erdenverhältnissen die eigene Existenz wiederzufinden und zu bejahen. Die Nahrungsverweigerung und andere in der Literatur gut beschriebene Symptome werden erst – mit therapeutischen Konsequenzen – verstehbar, wenn die Gesamtpersönlichkeit in den Blick kommt und sich der Therapeut an der Wandlung des Pubertätsgeschehens als einer nach der Geburt dritten Stufe der Inkarnation zu orientieren lernt. Dies überzeugend anhand von Einzelfällen dargestellt zu haben ist das Verdienst der Arbeit von Henning Köhler.

Der Therapeut muss lernen, in Symptomen Phänomene zu entdecken, in welchen sich das Ich, in leiblichen oder (und) seelischen Symptomen erscheinend, zur Sprache bringt. Er muss sich, um die Sprache der Krankheit zu verstehen, auf die dialogische Kommunikation mit dem Kranken einlassen. Im Prozess erhellt sich ihm als Grundlage seines therapeutischen Handelns der Schicksals-Logos, der «Kairos» des Kranken. Weigerung gegenüber der lebendigen Weltsubstanz und der Substanzialität des eigenen leiblichen Daseins, wie sie bei der Magersucht vorliegt, ist offenbar – im Gegensatz zu allen anderen Lebewesen – Teil der conditio humana. Die Anerkennung dieser Tatsache und das unsentimentale, empathische Mitleiden mit den Kranken – meist Mädchen – ist für die Autoren Grundlage für das Gelingen des oft jahrelang dauernden therapeutischen Vorgangs.

Henning Köhler macht dabei, auch hier den menschenkundlichen Forschungsergebnissen Rudolf Steiners folgend, darauf aufmerksam, dass die Anerkennung der Welt und der eigenen Identität in der Erdenreifungszeit nicht so sehr auf der Steigerung kognitiver Fähigkeiten beruht, als vielmehr auf der Entfaltung des allgemeinen Weltinteresses und der Liebe im weitesten, nicht geschlechtsgebundenen Sinne. Auf die Wiederherstellung der Liebefähigkeit gegenüber der Welt und sich selbst muss sich der Therapeut einlassen.

Dieser hier vorliegende Band will dazu beitragen, die phänomenologisch-psychosomatische Betrachtungsweise durch die Anthroposophie zu befruchten und damit gegenüber einer objektivierenden Wissenschaft die Dimension des biografischen Werdens, die hier zur Frage steht und vom Kranken in Frage gestellt wird, in die denkende Erfahrung einzuholen.

In der Praxis zeigt sich dabei, dass die am therapeutischen Prozess Beteiligten, ob Therapeut, Heilpädagoge oder Arzt, eine gemeinsame Sprache der Verständigung zu sprechen aufgefordert sind, die sich an einer gemeinsamen Erkenntnismethodik bilden kann. Bei der Begründung der anthroposophischen Heilpädagogik hat Rudolf Steiner 1924 auf die Notwendigkeit hingewiesen, dass Ärztliches, Pädagogisches und Künstlerisches im Heilvorgang zusammenwirken müssen. In diesem Sinne kann es als ein glückliches Ereignis angesehen werden, dass in diesem Band die jahrelangen Erfahrungen eines Arztes, der in einer sozialtherapeutischen Einrichtung tätig ist, mit denen eines Heilpädagogen, in einer klinisch-ärztlichen Kinder- und Jugendabteilung arbeitend, zusammentreffen konnten, sich ergänzen und gegenseitig stützen und bewahrheiten.

Über die spezifische Problematik der Pubertätsmagersucht hinaus werden durch die Art der menschenkundlichen Darstellung alle diejenigen Anregungen empfangen können, die als Erzieher Kinder in der Übergangszeit vom zweiten zum dritten Lebensjahrsiebt verstehend und helfend begleiten wollen.

Hans Müller-Wiedemann

Essstörungen

Verständnis und Hilfen aus anthroposophischer Sicht

Das Problem der Essstörungen hat in den vergangenen zwei Jahrzehnten die hochzivilisierten Länder wie eine Seuche erfasst. Immer mehr werden wir durch die Erkrankten vor schwerwiegende soziale und therapeutisch-pädagogische Aufgaben gestellt, denen wir als Ärzte, Angehörige und Betreuer nur selten gewachsen sind. Trotz einer Flut von Publikationen, Aufklärungen, Erklärungsversuchen und Selbsthilfeeinrichtungen stehen diese typisch psychosomatischen Krankheitsbilder dem Verständnis und damit einer rationalen Therapie immer noch sehr fern. Der Zugang zu diesen Erkrankungen erfordert zwingend eine umfassende, ganzheitliche körperlich-seelisch-geistige Betrachtungsweise, wie sie sich aus der anthroposophischen Menschenkunde und Medizin ergibt.

Aus der Sicht der klinischen Kinder- und Jugendpsychiatrie, aus langjährigen Erfahrungen mit diesen Patienten und dem Zusammenleben mit ihnen soll hier berichtet werden. Die Erfahrungen wuchsen wesentlich aus dem gemeinsamen Leben und Arbeiten mit den Menschen der Therapeutischen Gemeinschaft für Kinder- und Jugendpsychiatrie Neuenweg, denen dafür herzlich gedankt sei.

Überblick über die psychogenen Essstörungen

Das Hauptmerkmal dieser Krankheiten ist die unterschiedliche Beziehung zur Nahrungsaufnahme. Von der Magersucht bis zur Fettsucht, über zwanghafte Fressperioden und selbst ausgelöstes Erbrechen (Bulimie) kann man folgende Bilder unterscheiden:
– Magerkeit durch Fasten (Anorexie)
– Magerkeit mit Erbrechen (Bulimarexie)

- Normalgewicht mit Erbrechen (Bulimie)
- Übergewicht mit Erbrechen («thin fat» Bulimie)
- Übergewicht durch Überernährung (Adipositas)

In jedem Fall ist das Körpergewicht oder die abwegige Manipulation mit der Nahrung zum entscheidenden Inhalt der Befindlichkeit geworden. Immer ist die natürliche Beziehung zum Essen schwer und zwanghaft gestört; entweder einseitig in der ungehemmten und übermäßigen Nahrungszufuhr, in der Ablehnung des Essens oder im unterschiedlichen Wechsel triebhafter Nahrungszufuhr und künstlichem Erbrechen.

Gleichzeitig ist aber auch die Beziehung zum eigenen Körper gestört, obwohl Hunger- und Sättigungsgefühl nicht aufgehoben sind. Diese Empfindungen sind jedoch für die Seele nicht mehr selbstverständliche vegetative Äußerungen, die Ausdruck einer psychosomatischen Einheit sind, sondern es besteht ein Bruch, ein Zweifel an der Echtheit der Körpersprache, der verunsichert, ängstigt und die Kontrolle des Verstandes scheinbar notwendig macht. Setzt die «Kontrollfunktion des Verstandes» aus, so brechen die Empfindungen überwertig durch und kommen triebhaft zur Geltung.

Bei der Anorexie überwiegt die Verstandeskontrolle, bei der Adipositas die triebhafte Nahrungszufuhr, bei der Bulimie wechseln diese Komponenten in verschiedener Weise. Im Folgenden soll das Schwergewicht der Betrachtung auf die Anorexia nervosa und die Bulimia nervosa gelegt werden.

Der Begriff Anorexie geht davon aus, dass der Appetit gestört ist. Besser ist der deutsche Ausdruck «Magersucht», meist auftretend als sogenannte Pubertätsmagersucht oder noch angemessener als «Hungersucht», da ein zwanghaftes Bestreben, das Hungergefühl zu erhalten, vorliegt. Bulimia nervosa tritt häufig in der drastischen Bezeichnung als «Fresskotzsucht» auf und soll wegen der zahlreichen Übergänge und ihrer Aktualität Erwähnung finden.

Leitsymptome der Anorexia nervosa und der Bulimie

1. Selbstgewählte Einschränkung oder Verweigerung der Nahrungsaufnahme (Hungersucht).
2. Auftreten der Symptome meist um die Pubertät oder in der beginnenden Adoleszenz.
3. Amenorrhoe (Verschwinden der Regel), meist sekundär, vor, manchmal mit, selten nach Beginn der Gewichtsabnahme.
4. Motorische Überaktivität.
5. Obstipation (hartnäckige Verstopfung).
6. Einebnung des Seelenlebens und vorwiegend depressive Verstimmung.
7. Rückgang sozialer Kontakte.
8. Fehlende Krankheitseinsicht.

Im Übergang zur Bulimia nervosa oder mit ihr kombiniert können hinzutreten:

9. Selbstinduziertes Erbrechen.
10. Nasch- und Fressepisoden.
11. Missbrauch von Abführ- und harntreibenden Mitteln, Einläufe.
12. Neigung zu Stehlen, Alkohol und Drogenmissbrauch.

Bedrohliche Komplikationen durch Unterernährung und deren Folgen: Kollapszustände, Schockzustände und Salzverluste. Oft Chronifizierung mit Suizidneigung und Therapieresistenz.

Anorexia nervosa und Bulimie müssen von anderen Erkrankungen mit Abmagerung und Erbrechen abgegrenzt werden. Zunächst sind organische Erkrankungen klinisch auszuschließen. Wichtig zur Erkennung der Anorexie ist das Bedürfnis der Patienten, Gewicht abzunehmen, ohne das Bewusstsein zu haben, dass der Körper dünn ist, den Hungerzustand im Sinne der «Hungersucht» zu erhalten und die ausgeprägte Beschäftigung mit Diätetik. Häufig tritt ein übermäßiger Aktivitätsdrang mit dem Ziel der Energieentfaltung hinzu. Bei der Bulimie werden zudem häufig Nahrungsmittel gehortet, und es finden sich Hinweise auf selbst verursachtes Erbrechen.

Es müssen aber auch Psychosen wie schizophrene Erkrankungen und Depressionen, die mit Abmagerung, Erbrechen und Verlust der Periodenblutung einhergehen, wegen anderer Behandlungsnotwendigkeiten abgegrenzt werden. Dies ist im Kindes- und Jugendalter wegen der oft recht verschleierten Symptomatik nicht immer einfach. Depression und Anorexie zeigen zum Teil enge Verwandtschaft, jedoch ist das Verhältnis zum Essen verschieden. Depressive erleben Wertlosigkeit und vernachlässigen daher das Essen. Anorexiekranke bestätigen ihr Selbstwertgefühl an der Kontrolle des Essens!

Einige Patienten sind anorektisch und bulimisch Erkrankten ähnlich, ohne so sehr auf Gewicht und Schlankheit zu achten. Bei ihnen finden sich häufig schockierende Ereignisse in der Vorgeschichte, die die Gewichtsabnahme verursacht haben, oder umschriebene Konflikte, unter denen sie leiden. Hier scheint die Störung nur als eine Reaktion aufzutreten.

Häufigkeit und Verteilung

Die meisten Erkrankten sind weiblichen Geschlechtes (95 %). Eine ernsthafte Erkrankung trifft heute eines von 100–150 Mädchen in der Pubertät oder in der beginnenden Adoleszenz (meist zwischen 12 und 25 Jahren).[1] Die Verteilung hat sich aber offenbar erweitert und betrifft heute zunehmend auch Frauen über 25 Jahre. Ursprünglich wohl auf privilegierte Familien beschränkt, sind die Patienten heute in allen sozialen Schichten anzutreffen.

Die Krankheitsverläufe sind sehr unterschiedlich: Für einige stellt die Erkrankung ein einziges, noch milde verlaufendes Ereignis dar, für andere wird die Störung chronisch, mit häufigen Krisen und Übergang zur Invalidität, unter Umständen mit tödlichem Ausgang.[2] Nachuntersuchungen vier bis zehn Jahre nach Behandlungsbeginn ergaben neuerdings: völlige Heilung bei 40 %, wesentliche Besserung bei 30 %, ungebessert oder ernstlich behindert (chronifiziert) 20 %, 9 % der Patienten kamen zu Tode.

Erweiterte Symptoniatik der Anorexia nervosa und der Bulimie

Anorexia nervosa: Die Mädchen wirken jünger, kindlicher, aber vernünftiger, als es ihrem chronologischen Alter entspricht. Meist sind sie hübsch, puppig, die Frisur ist sorgfältig geordnet. Die Patienten, schlank bis mager, sprechen meist leise, klagend, mit monotoner Stimme, sie berichten genau, was Erwachsene über die Krankheit diskutiert haben. Sehr angepasst, wird vielleicht ein scheuer Blick gewagt, sich bei der Mutter absichernd, gelächelt. Humor wird kaum verstanden. Gelegentlich bemerkt man im Gespräch eine Art «Aufmucken» oder ein ohnmächtiges Trötzchen. Die Stimmung ist mitleidheischend, gedrückt. Die Kinder können oft außerordentlich gut argumentieren, sehen ihre eigene Situation jedoch wie unbeteiligt, distanziert und verharmlosend. Krankheitseinsicht ist nicht vorhanden. Hilf- und Ratlosigkeit bestimmen die Situation. Häufig dominiert die Mutter in Auftreten und Fürsorge, der Vater ist im Allgemeinen Zuhörer. Der Blick des Kindes betrifft uns, da wir keine Tiefe und Begegnung des anderen Ich beim Patienten erleben können.

Bulimia nervosa: Der Eindruck bei Bulimiekranken ohne Magerkeit, die in der Regel älter sind, ist etwas anders. Hier herrscht eine verhaltene Freundlichkeit, Unverbindlichkeit bei schwerer Kontaktunsicherheit vor. Hinter diesem Bild verbirgt sich schweres Leid, die Angst, das furchtbare Geheimnis könnte entdeckt werden. Das Verhalten ist daher überspielend, zudeckend, in der äußeren Erscheinung meist demonstrativ modisch.

Körperliche Befunde

Die Gewichtsreduktion ist bei der *Anorexie* oft bis auf 40 % des mittleren Sollgewichtes fortgeschritten. Bei längerer Erkrankungsdauer ist häufig auch ein Minderwuchs vorhanden. Neben der teilweise extremen Abmagerung zeigt sich ein asthenisch-knabenhafter Habitus, graublasses Kolorit des Gesichtes, große, tiefliegende, hilfesuchende Augen, stumpfes, brüchiges, dünnes Haar, Die Haut ist hyperkeratotisch (verhornt), rau, behaart und spannt sich über die Knochen, die häufig für den äußeren Eindruck unter zahlreichen Höschen und weiten Pullovern verborgen werden. Kühl-livide Arme und Beine führen behutsame, ausdruckslose und verlangsamte Bewegungen aus. Das Bedürfnis, zu stehen und sich zu bewegen, ist andererseits auffällig.

Patienten mit *Bulimie* bei Normal- oder Übergewicht sind schwerer zu erkennen. Sie erscheinen eher rosig-blühend und sind oft nur durch Schwielen am Handrücken, hervorgerufen durch die obere Zahnreihe bei künstlichem Erbrechen, oder durch Schwellungen der Ohrspeicheldrüsen und eine auffällige Karies zu erkennen. Von Angehörigen wird unter Umständen von Nahrungsdiebstählen berichtet.

Bei der Anorexie und Bulimarexie ist die Leibgestaltung überformt, abgezehrt, aufgebraucht und abgebaut, mehr oder weniger erstarrt. Der Leib wird von den Kräften des Leblosen beherrscht. Alle Rundungen verschwinden, Kanten und Spitzen erscheinen. Die harmonisch-plastisch ausgewogene menschliche Gestalt ist einseitig entgleist. Die Leibesgestalt ist jedoch nur der letzte, sichtbare Abdruck des Krankheitsgeschehens, der ohne die nachfolgende Symptomatologie nicht verständlich wird.

Vegetative Befunde

Die vegetativen Störungen sind bei der Anorexia gegenüber normalgewichtiger Bulimie vielfältiger. Sie sind entscheidend durch den chronischen Hungerzustand bestimmt. Die Patienten haben häufig kein Kälte- und Wärmeempfinden und können dann auch eine konstante Körpertemperatur nicht mehr sicher aufrechterhalten. Der Schlaf ist bei großer Müdigkeit gestört. Das Hungergefühl ist bohrend, und doch tritt «Sättigungsgefühl» mit Schmerzen bei geringster Nahrungsaufnahme ein. Bei der Bulimie kann dies zu einem jähen Wechsel zwischen schwerem Hungergefühl und Magenüberladung bis zu zehnmal täglich führen. Öfter wird die quälende Obstipation mit Abführmitteln und deren Missbrauch «behoben». Die häufig eingetretene Regelblutung setzt wieder aus und wird nicht selten als peinlich, beschmutzend und ekelerregend empfunden. Bei Anstrengungen, die die Mädchen suchen, besteht die Neigung zum hypoglycämischen Schock oder auch zum Kreislaufkollaps. Messbar sind die Störungen der Atmung im Sinne einer Bradypnoe (verlangsamte oberflächliche Atmung), der Kreislauffunktionen mit Hypotonie und Bradycardie (langsamer Herzschlag, niedriger Blutdruck), Wasserhaushaltsstörungen mit Hypovolämie, Turgorverlust oder Oedemen (Blutflüssigkeitsmangel, «Welken» der Haut oder Flüssigkeitseinlagerung). Elektrolytstörungen (Salzhaushalt), Hypokaliämie (Kaliummangel mit Q-T-Zeitverlängerung des EKG), Hypochlorämie besonders bei Bulimieerkrankten, aber auch Hypocalciämie (Kalziummangel) mit Krampfneigung unter verstärkter Atmung, mit Osteoporose (Kalkmangel der Knochen), Nierenfunktionsstörungen mit Nierensteinbildung kommen vor.[3]

Die vegetative Symptomatik macht deutlich, dass die gesamten vitalen Funktionen oder Lebensvorgänge – Wärmebildung, Atmung und Herztätigkeit, Ernährung, dann aber auch Ausscheidungs- und Absonderungsprozesse – besonders bei der Anorexieerkrankung langsam versiegen; dass darüber hinaus die Erhaltung der vitalen Funktionen Wachstum, Regeneration und Fortpflanzung – bis zum Tode hin – schwinden können. Auf dem Boden dieser Krankheitssituation entwickeln sich die nachfolgenden psychopathologischen Zustände, bzw. die vitalen Störungen sind durch diese induziert worden.

Psychopathologische Besonderheiten

Besonderheiten des Denkens und Vorstellens: Die anorektischen Mädchen sind meist recht intelligent, was die schulische Bildung betrifft; sie fassen rasch und sicher auf, haben ein gutes Gedächtnis, sind gewissenhaft und geschickt vorwiegend in der schriftlichen Wiedergabe. Häufig befinden sie sich an der Spitze des Leistungsniveaus einer Klasse und erhalten Belobigungen bei Klassenabschluss. Betrachtet man aber diese schulischen

Leistungen, die den Hauptteil der täglichen Beschäftigung ausmachen, so findet sich zum Beispiel im deutschen Aufsatz keine eigene Aussage, keine schöpferische Fantasie oder Originalität, keine Stellungnahme oder eigenes Urteil. Die Ausführungen sind dagegen von Sachlichkeit, Ausführlichkeit und Akribie geprägt, gelegentlich mit manierierten Zügen. Mündliche Beiträge werden oft vermieden, da sie improvisiert werden müssten. Wirklichkeitsbezogenes Wahrnehmen, Erwägen und eigenständige Begriffsbildung sind nicht ausgebildet. Die hier genannten Besonderheiten werden in einem leistungsbezogenen System, aber auch in Waldorfschulen oft nicht wahrgenommen, sondern sogar unbewusst gefördert und verstärken damit die Krankheit, aber auch die Disposition dazu. Mit zunehmender Abmagerung fällt darüber hinaus ein Rückgang des echten Interesses auf, Konzentrationsfähigkeit, Aufmerksamkeitslenkung und auch Kräfte des Gedächtnisses schwinden, so dass zuletzt Schulaufgaben auch intellektuell nicht mehr bewältigt werden können. Stattdessen treten innere Unruhe, Zerfahrenheit und Zwangsvorstellungen in den Vordergrund, die im Zusammenhang mit der selbst erzwungenen Gewichtsreduktion stehen. So werden Kalorienhierarchien von Nahrungsmitteln erstellt, das Körpergewicht kontrolliert, Diäten ersonnen und Praktiken verschiedenster Art zur unbemerkten Nahrungsverweigerung entwickelt, die den gesamten Verstand im Sinne eines kontrollierenden Systems in Anspruch nehmen. Diese Arbeit dient dazu, das Hungergefühl möglichst lückenlos zu erhalten und dadurch «der Gefahr» der Gewichtszunahme zu entgehen. Die Patienten sind vorwiegend bei den Mahlzeiten überwach und misstrauisch. Das Geschick in der Argumentation gegenüber Nahrungsverweigerung ist unübertroffen! Neben dem kritisch-intellektuellen Vermögen geraten die Patienten, sich selbst überlassen, in ein dämmerndes Bewusstsein mit Tagträumen einer illusionistischen, vergoldeten Wunschwelt, die für sie Realitätscharakter annimmt. In der Steigerung treten dann Todessehnsucht und Suizidgedanken hinzu.

Hier wird die Reduktion des Bewusstseins und Denkvermögens auf eine einseitig registrierende und kontrollierende Funktion deutlich, die lediglich quantitative Gesichtspunkte berücksichtigen kann. Soziale, realitätsbezogene und qualitative Denkmöglichkeiten werden dadurch ausgeschlossen.

Besonderheiten des Empfindens: Schwer wiegen die pathologischen Veränderungen im Empfindungsbereich. Die Mädchen bemerken, dass ihre emotionale Schwingungsfähigkeit nachlässt, dass es nicht gelingt, im Gespräch eigene Meinungen zu äußern, ein Urteil zu fällen; sie können nicht entscheiden, was richtig und falsch, was wesentlich und unwesentlich ist. Die Kinder werden bei sozialen Anforderungen unsicher, die Orientierung versagt. Es gelingt nicht mehr, Situationen einzuschätzen, neue Kontakte zu knüpfen oder die alten aufrechtzuerhalten. Meist bleibt eine symbiotisch-ambivalente Beziehung zur Mutter als Folge der schweren Isolation übrig. Bezüge zu kleinen Kindern und Tieren bleiben allenfalls erhalten. Eine lethargische, depressiv-resignierende Stimmung wird beherrschend. In ihr treten Rat- und Hilflosigkeit, Kampf-, Angst- und Panikgefühl, besonders während der Mahlzeiten, hervor.

Das Verhältnis zur Wahrhaftigkeit gerät ins Wanken. Es wird illusionistisch «geschönt» und gemogelt, wobei oft eine innige Identifikation mit dem Wunschbild geschieht. Vertrauen kann im Krankheitszustand kaum entwickelt werden; lediglich eine perfekte Anpassung, die oft schwer verkannt wird. Vermieden wird jedes denkbare Risiko, jede Blamage; das Mitleiden kann ein wesentlich bestimmender Zug werden.

Die Körperempfindungen werden mit Misstrauen, Angst, Ekel oder auch Lust über- und unterwertig erlebt und verlieren ihre Selbstverständlichkeit. Lustvoll wird bei Magerkeit häufig die entstandene Leichtigkeit erlebt, ebenso die Todessehnsucht und das selbst induzierte Erbrechen, was aber gleichzeitig ekelhaft und schmachvoll gewertet werden kann. Das Hungergefühl wird zur einzig verlässlichen Instanz, um die Existenz zu sichern. Schmerzvoll erleben die Patienten die seelische Verarmung, das Leersein, das Unvermögen, mitzuschwingen in Freude und Trauer, Vertrauen und Selbstbehauptung, Liebe und Mut, die in den gesunden seelischen Bezügen ständig spielen.

Besonderheiten der Willensfunktionen: In den Tätigkeiten sind die Kinder meist geschickt, einsatzbereit und bemühen sich zu tun, was man ihnen sagt. Sie tun es jedoch bei näherer Betrachtung aus Unsicherheit und Mangel an Einschätzung ihres eigenen Könnens, nicht aus Initiative oder Einsicht in die sachliche Notwendigkeit. Bei fortgeschrittener Erkrankung spielen sich alle Handlungen zu starren, engen Ritualen ein, die letztlich der Gewichtsreduktion dienen, auch der Diät und dem Bestreben, alles recht zu machen, um damit Tadel zu vermeiden und Anerkennung zu erlangen. Fleiß, Emsigkeit, Fürsorglichkeit nehmen Züge von Perfektionismus und Zwanghaftigkeit an; so sind auch die sportlichen und artistischen Leistungen bei Sport, Ballett oder Turniertanz zu werten. Es schwinden die Einschätzung der Angemessenheit und der Handlungsentwurf. Ständig besteht Angst vor unerwarteten Änderungen des «Systems», das durch Vorschrift und Rezepte gesichert erscheint. Nichts wird begonnen, ohne sicher zu sein, die Tätigkeit voll zu beherrschen. Der Einsatz im Haushalt und in der Familie mit Kochen und Zubereiten erscheint oft als besondere Zuwendung. Er dient jedoch der guten Stimmung, in der sich mögliche Konflikte vermeiden lassen, in der man vom Lob getragen wird, in der also schließlich das eigene Reglement aufrechterhalten werden kann.

Zusammenfassend wird deutlich, dass das Seelenleben in den drei Bereichen des Denkens und Vorstellens, des Fühlens und Empfindens, der Tätigkeit und der Willenslenkung leistungs- und zweckbezogen vereinseitigt ist. Um jedoch dieses psychopathologische Verhalten zu verstehen, muss auf Züge der Kinder eingegangen werden, die mit dem Wesenskern des Menschen verknüpft sind, der sich im Laufe des Lebens als Persönlichkeit darstellt. Auf häufig feststellbare psychopathologische Züge, die als schizoid, hysteroid, depressiv und zwanghaft differenziert werden können, wird Henning Köhler in seinem Beitrag näher eingehen.

Pathogenese

Es sind immer wieder «prämorbide» Persönlichkeitsanlagen[4] als individuell pathogenetisch in der Literatur genannt worden. Diese können aber für das Verständnis der Erkrankung nur fruchtbar werden, wenn das

«Ich» individuell organisierend, gestaltend und integrierend als geistiger Wesenskern des Menschen begriffen werden kann, der auf verschiedenen Ebenen in Erscheinung tritt. Dieser Wesenskern tritt aber nicht nur mit der eigenen Leiblichkeit in Beziehung, sondern auch mit den kulturell-zivilisatorischen Bedingungen und familiären sowie erblichen Besonderheiten.

In dem wechselseitigen Bezug dieser Komponenten offenbart sich zunehmend «Persönlichkeit» als Ausdruck für Schritte der «Inkarnation des Ich».

Es sollen daher die Komponenten der Krankheitsentstehung einzeln betrachtet werden.

Pathogenetisch bedeutsame Züge der Persönlichkeitsentfaltung

Anorexie und Bulimie brechen niemals unvermittelt herein, wenn es auch den Unerfahrenen so erscheint. Der Einbruch weist vielmehr in seiner ganzen Dramatik zurück auf Schritte der Persönlichkeitsentwicklung. Hier ist besonders auf die Entfaltung des *Ich-Bewusstseins* im dritten Lebensjahr hinzuweisen, dann auf den Prozess des *Ich-Erlebens* um das zehnte Lebensjahr und den länger währenden Vorgang der *Ich-Verwirklichung*, der mit der Erdenreife beginnt und während der Adoleszenz fortschreitet.[8]

Für Kinder, die später an Anorexie oder auch an Bulimie erkranken, ergeben sich bei diesen Schritten abnorme Entwicklungsphänomene.

Die Säuglingsentwicklung wird meist beschleunigt durchgemacht, die Kinder lernen schnell, passen sich gut an, sind «pflegeleicht», hübsch, intelligent, herzeigbar, oft der Stolz der Familie, da sie «wohlerzogen» sind. Dennoch zeigen sich Hinweise auf eine verzögerte Entwicklung des Ich-Bewusstseins: Die Trotzphase als deutlicher Schritt der Ich-Inkarnation und Verselbstständigung des Leibes gegenüber der Umwelt ist selten bemerkbar! Die Fähigkeit des «Nein-sagen-Könnens» ist vermindert, teils völlig unausgebildet. Dagegen spielt sich in der Anpassung eine Orientierung nach erwünschtem und unerwünschtem Verhalten ein, mit einer erhöhten

Sensibilität für soziale Vorgänge. Das Kind vermeidet jeden Widerspruch und bietet den Forderungen der Eltern kaum Widerstand, an dem sich das Ich-Bewusstsein weiter entwickeln könnte. Damit bleibt aber die schrittweise Individuation des physischen Leibes aus oder geschieht nicht ausreichend.[5] Die für das Kindesalter entscheidenden Kräfte der Nachahmung[6] dauern bei den hier genannten Kindern in der gleichen Intensität über das siebte Lebensjahr fort, machen also keine Metamorphose durch, sondern werden zur höchsten Perfektion gesteigert. Nach und nach wird die lobbringende Aktivität der Kinder, ihre Genauigkeit und Zuverlässigkeit auffallend. Die Schulleistungen werden immer mehr wesentlicher Gradmesser des Selbstwertes. Konflikten und möglichem Tadel wird vorgebeugt, die Kinder vermeiden die Übernahme kleiner Verantwortlichkeiten, wenn sie sich nicht hundertprozentig sicher sind.

Der normale Entwicklungsprozess des Ich-Erlebens um das zehnte bis zwölfte Lebensjahr ist intim, häufig verborgen, oft aber auch die Zeit vermehrter Kritik und der Prüfung der Autoritätspersonen. Es vollzieht sich eine zunehmend gefühlsbewusste Beziehung des eigenen Innern zum anderen Menschen, zu den Erscheinungen der Welt. Die wechselseitige Beziehung zwischen Kind und Autorität schafft den Prozess der Selbstfindung, der gefühlsmäßigen Erfahrung des eigenen Wesenskerns. Das Kind «ortet» sich und lernt sich erfühlen als Eigensein im Wandel des Zeitlichen. Es entdeckt sein eigenes Wesen an den Erscheinungen der Umwelt. So erfährt es auch in ständig lebendigem Abwägen eigenes Maß, Sicherheit und stabile Qualitäten wie Moral und Gerechtigkeit. Daraus entsteht allmählich ein inneres dynamisches Gleichgewicht des Gemüts. Physiologisch ist mit diesem Vorgang u.a. die Stabilisierung des Verhältnisses von Herz, Kreislauf und Atmung (PAQ), die physiologische «Atemreife» verknüpft.[7]

Bei der Anorexie und Bulimie ist dieser Prozess der Selbstfindung als gefühlsmäßiger, rhythmischer Vorgang, der als innere Sicherheit erlebt wird, gestört. Das Vergleichen des eigenen Ich-Erlebens mit der Ich-Wirksamkeit des anderen Menschen gerät zum äußerlichen Vergleich im Leistungsstreben, der egoistischen Bereicherung, der Körperform, der Mode, die in der

Zivilisation und fast immer in der Familie wegleitende Ideale darstellen. In der Regel ist die Mutter das Vergleichsobjekt, zu der sich ein partnerschaftliches Verhältnis zwischen dem neunten und zwölften Lebensjahr einstellt. Es unterbleibt der seelische Vorgang der Stabilisierung; stattdessen macht sich eine Gefühlsleere, Unsicherheit, geringe emotionale Schwingungsfähigkeit und ein geringes Ich-Erleben am anderen breit, verbunden mit den verschiedensten Körperstörungen wie Kopfschmerzen, Leibweh, Schwindel, Herzklopfen und Atembeschwerden als funktionelle Störungen des rhythmischen Organismus. In diese Entwicklungsspanne fällt der Übergang von der vierten Grundschulklasse zu weiterführenden Schulen, der von den ehrgeizig-leistungsbezogenen, intellektuellen Kindern mit besonderem Druck erlebt wird und zum entscheidenden äußeren Ersatzmaßstab, auch den Eltern gegenüber, wird.

Es beginnen sich aber auch zwischen dem neunten und elften Lebensjahr präpubertäre Gestaltveränderungen auszubilden, wie das Breitenwachstum von Becken und Schultern, Hüftrundung und Entwicklung des Brustkorbes.[8] Hiermit tritt meist eine extrem leistungsbetonte Sportlichkeit mit exzessivem Trainingsverhalten auf, um neue Maßstäbe der Leiblichkeit zu erringen.

Trotz all dieser kompensatorischen Bemühungen, die immer noch das Prinzip der Anerkennung und des äußerlichen Vergleichs aufrechterhalten, geschieht nicht der zentral rhythmische Vorgang der fortschreitenden Individualisierung des rhythmischen Systems, der in diesem Alter erfolgen sollte.[9] Bei ersten Hindernissen, die sich bei der intellektuellen Bewältigung, den sportlichen Fähigkeiten oder psychischen Beanspruchungen ergeben, beginnen die Kinder zu verzweifeln, empfinden ihre Schwäche resignierend, depressiv, vernachlässigen und vermeiden Begegnungen mit anderen Menschen und bleiben im formellen, konventionellen Austausch. Unter dieser Voraussetzung tritt das Kind in den umwälzenden Schritt der Pubertät ein.

Die Pubertät (Erdenreife) als pathogenetischer Entwicklungsschritt für Anorexie und Bulimie

Die Pubertät, die als Geschlechtsreife nur ein Teil der Erdenreife ausmacht, geht mit einer leiblichen und funktionellen Metamorphose einher (z.B. Gestaltwandel, Wachstumsschub, Menarche).[10] Es tritt aber auch eine Änderung der gesamten seelischen Verfassung ein, die von der veränderten Wahrnehmung des eigenen Leibes, von den Beziehungsänderungen zum Mitmenschen, zu Ideen und Idealen und zur belebten und unbelebten Umwelt untrennbar ist. Neue soziale Orientierung, seelische Eigenständigkeit mit neuen Empfindungsqualitäten und biologische Veränderungen werden während der Entwicklung der Persönlichkeit zur höchsten Anforderung an die integrierende Ich-Kraft. In jeder Hinsicht entsteht an diesen Auseinandersetzungen ein neues Bewusstsein. Das Kind wird für die seelischen Forderungen der Erdenwelt reif.[11]

Mit diesem erwachenden Bewusstsein steigt aber im disponierten Mädchen übermächtig die Ahnung neuer, unbekannter Erfahrungsdimensionen auf, denen es erstarrend, fassungslos gegenübersteht. Sich den neuen, bisher unbekannten Risiken, vielleicht Fehlern, Sünden, neuartigen Empfindungen seelisch aufzuschließen, sich mit dem Mut des Entdeckers neue Erfahrungsbereiche freudig anzueignen ist diesen Kindern nicht möglich. Stattdessen tritt Angst, Verzweiflung, Panik, zwanghaftes Anklammern an Gewohntes, Rückzug und Isolation auf. Auch auf existenzielle Willensfunktionen und Antriebe greift die Störung über. Mit dem Hereinbrechen der Abmagerung und der Nahrungsablehnung wird dem Kind seelisch die Ausweglosigkeit und das eigene Unvermögen deutlich, den notwendigen Entwicklungsschritt zu bewältigen. Die Zukunft wird daher als lebensbedrohlich, unübersteigbar empfunden. Angst, Blockierung und Flucht werden bestimmend. Wie aus heiterem Himmel tritt plötzlich die Krankheit auf. Die dazu führenden Ereignisse sind aber lediglich Anlässe, z.B. ein Zeitschriftenartikel über Schlankheitskuren, eine Diätvorschrift, harmlose Bemerkungen zur Figur, der Verlust der aktiven Freundin, auch ein Ferienaufenthalt, bei dem man sich auf eine neue soziale Ordnung einstellen muss. Irgendetwas jedenfalls von dem mühsam eingerichteten Lebenssystem gerät ins Wanken, das bisher noch notdürftig in der Balance gehalten wurde. Eine Katastrophe für Kind und Eltern bricht herein. Das Kind ist diesem Geschehen hilflos ausgeliefert.

Bei der Bulimia nervosa, die ohne Über- oder Untergewicht einhergeht, ist der Beginn der Erkrankung schleichender, für den Patienten quälender. Die unseriösen, zwanghaft gewordenen Praktiken werden unter Umständen über Jahre hin meisterhaft kaschiert, sind damit aber umso belastender und verhindern jede eingehende Beziehung oder Verbindlichkeit, nach der sich die Patienten aber in ihrer Hilflosigkeit doch gerade sehnen, denn sie sind Seelenstürmen und depressiver Mutlosigkeit gegenüber, die sich an kleinen Anlässen entzünden, machtlos.

Kulturell-zivilisatorische Komponenten

Obwohl das Krankheitsbild der Anorexie schon 1689 von dem englischen Arzt Morton eindrücklich geschildert wurde, hat es offenbar erst mit Gull und Lasaège 1868 bzw. 1873 besondere Bedeutung erlangt.[12] Damals bestimmten die Gründung von Industrieunternehmen, der Kolonialismus, die materialistische Denkweise in den angewandten Wissenschaften die Situation innerhalb der europäischen Kultur und Zivilisation. Während damals die Anorexia nervosa in den Zeiten des Wohlstandes bei privilegierten Familien zu finden war, spielte sie zu Zeiten von Wirtschaftskrisen und in den Weltkriegen keine Rolle. Zunächst wurde auch in Deutschland nach dem 2. Weltkrieg dieses Krankheitsbild Familien mit gehobenem Lebensstandard zugesprochen, was sich jedoch mit der allgemeinen Verbesserung der Lebensbedingungen in den hochzivilisierten Ländern so gewandelt hat, dass sich Anorexie und vor allem auch die Bulimie heute in allen Schichten der Bevölkerung finden lässt. Man schätzt bis zu 4 Millionen Erkrankte allein in den USA.[13] Bulimiekranke entgehen sehr häufig der Diagnose, da sie äußerlich zunächst nicht auffällig erscheinen.

Zahlreiche Komponenten der Lebensauffassung spielen eine Rolle. So ist etwa die weibliche Schönheit maßgeblich durch das Schlankheitsideal geprägt. Durch die Präsentation in Kino, Fernsehen und Video werden äußere Normen gesetzt, die z.B. in der Häufigkeit des Auftretens bei Fotomodellen und Turniertänzerinnen offensichtlich werden. Der Lebensstandard lässt alle Möglichkeiten der Verfeinerung des Essens zu, die Erhöhung des Genusses, schließlich das Spiel mit dem Essen im Sinne einer kulturellen Dekadenz. In der Regel sind alle Lebensverhältnisse auf Absicherung und Wunschbefriedigung eingestellt, so dass kleinste Verunsicherungen des Systems existenziell bedrohlich erscheinen. Unterstützt wird dies durch eine leistungs-, erfolgs- und zweckbezogene Erziehung. Auch durch die fortschreitende Technisierung ergibt sich eine seelische Inaktivität, so dass die Fähigkeiten zur Bewältigung existenzieller Probleme zunehmend schwinden. Die rational-materialistische Denkweise des technisch Machbaren, die Berechenbarkeit fließt in den Erziehungsstil staatlicher Schulsysteme ein und unterstützt das Bedürfnis nach Absicherung und Erhaltung des Gewohnten.

Familiäre Bindungen

Essstörungen der beschriebenen Art finden sich meist in Familien, in denen bereits Anorexiekranke oder depressive Krankheitsbilder vorhanden sind oder in denen Alkoholismus und Drogen eine Rolle spielen. Da von anorexiekranken Zwillingen 50 % der eineiigen, jedoch nur 10 % der zweieiigen Zwillinge erkranken, scheint auch ein erblicher Faktor eine Rolle zu spielen.[14]

Auch psychologische Auffälligkeiten sind zu beobachten: Zwanghaftigkeit der Eltern, besondere Gewissenhaftigkeit der Väter. In fast allen Familien trifft man auf eine überhöhte Leistungserwartung, das Bedürfnis nach äußerer Anerkennung und auf den Wunsch, gesellschaftlich zu gefallen. Neben der Übersorgung des Kindes finden sich Schwierigkeiten in der Bewältigung von Problemen, Konfliktvermeidung, Unsicherheit in den Gefühlsäußerungen und im Umgang mit anderen Menschen.[15] In der Erziehung steht häufig die materielle Wunscherfüllung mit freilassender Inkonsequenz im Vordergrund, dahinter verbergen sich oft schwere, aber verdeckte Eheprobleme der Eltern, die diese Mädchen besonders erleiden und die in ihrem Mitleidsvermögen durch die Erkrankung eine Solidarisierung der Eltern erzwingen möchten.

Zusammenfassung

Die Ausbildung des erdenreifen Menschen, der sich im Umgang mit der Um- und Außenwelt neu entwickeln sollte, ist dem anorektisch oder bulimisch kranken Kind nicht mehr möglich, weil die notwendig neue Orientierung in mehreren Dimensionen sich hätte vollziehen müssen, ohne dass zuvor ein inneres geistig-seelisches Widerlager dafür erworben werden konnte. Aus diesem (unbewusst) erlebten Ohnmachtsgefühl entspringt die Angst, Verzweiflung, Regression und Anklammerung. Jede Weiterentwicklung soll angehalten werden, bis schließlich der Wunsch nach Selbstvernichtung eintritt.

Es wird verständlich, dass hier nur umfassende Veränderungen, die das geistig-seelische Wesen des Menschen berücksichtigen, die die materialisierenden, rationalisierenden Erziehungs- und Zivilisationseinflüsse zumindest vorübergehend mindern, helfen können. Die noch immer fortdauernden Kräfte der Vererbung müssen umgewandelt werden, bis eine Reifung der Individualität allmählich die Heilung des Organisationsgefüges herbeiführen kann.

Das Bild der Erkrankung bei Anorexie ist geprägt durch die vererbten und im Strom heutiger Zivilisation weitergeformten Fähigkeiten und Vereinseitigungen des Verstandes und der Kontrolle des Kopfes,[16] der die Schwingungsfähigkeit des rhythmischen Organismus einengt, verödet und schließlich den Stoffwechsel im Sinne einer Auszehrung und Mechanisierung – mit Unterbinden von Initiative und frei gehandhabter Willenstätigkeit – in die Gewalt zwingt. Damit werden aber die Brücken zum geistig-seelischen Ursprung der Persönlichkeit abgeschnitten, was deren gesamte irdische Existenz bedroht. Der begleitende Therapeut und Erzieher muss daher mit besonderer Vorsicht, Einfühlung und Vertrauen versuchen, sich in die seelischen Dunkelheiten hineinzuwagen, immer mit dem Appell an das Ich, das den Anschluss an die geistigen Urgründe mehr oder weniger verloren hat; das es, führend und verselbständigend, für die Aufgabe dieser Biografie zu retten gilt.[17]

Bei der Bulimia nervosa ist die Störung wohl nicht ganz so tiefgreifend, deswegen jedoch viel weniger zu fassen. Die Verstandeskräfte haben hier, vorwiegend die rhythmischen Vorgänge der Nahrungsaufnahme betreffend, in der schweren Stimmungslabilität, in Unsicherheit, Angst und Verzweiflung ein gefährliches psychisches Korrelat, das den Beistand des Therapeuten in besonderer Weise aufruft.

Zur Prophylaxe

Vorbeugend ist es zunächst wichtig, die beschriebenen Tendenzen der Entwicklung bereits im Kindheits- und Schulalter aufzufinden. Dies ist besonders schwer, weil im allgemeinen das Verhalten dieser Kinder weder stört noch in unerwünschtem Sinne auffällig ist, sondern in jeder Weise angenehm und vorbildlich wirkt. Auch für die Lehrer sind diese Kinder durch ihre Strebsamkeit, Anpassung und ihren Fleiß immer wieder ein Vorbild. Es ist daher besonders die Aufgabe der Schul- und Hausärzte, deutlich und rechtzeitig aufzuklären und Hinweise zu geben.

Obwohl die Prinzipien der Waldorfpädagogik an sich vollkommen im Stande wären, eine solche krankhafte Entwicklung zu verhindern, ist doch der bloße Besuch einer Waldorfschule keineswegs ausreichend, falls die Grundsätze dieser menschengemäßen Pädagogik nicht in der Familie gelebt und mit innerer Überzeugung aufgegriffen werden können.

Eine grundsätzliche Veränderung im Elternhaus, das heißt eine Änderung des Stils, ist aber ein schwerer Eingriff, der natürlich ohne Erkrankung des Kindes kaum akzeptiert wird. Es wäre jedoch eine wesentliche

Hilfe, wenn den Eltern schon beim ersten Beginn der Erkrankung sichere Beratung zuteil wurde.[18]

Niemals kann ein Reglement von Essensmengen, Kalorien, Gewichtsziel usw. an der grundlegenden Störung etwas ändern! Es ist auch nicht sinnvoll, durch ein Therapieprogramm, z. B. mit Malen, Heileurythmie, Gesprächen usw., vorwärtskommen zu wollen, wenn nicht Grundelemente im Elternhaus, im Leben und Streben veränderungsfähig sind.

Durch eine Erziehung zu Folgsamkeit, Lenkbarkeit, Leistungsstreben und zivilisatorischer Anpassung werden die Vorbedingungen zu den hier beschriebenen Krankheiten gelegt, wenn das rhythmische Vermögen des Kindes und die Prozesse der Inkarnation schwach sind und durch die Bedingungen der Umgebung behindert werden. Da aber die Krankheitsentstehung nur gesamtheitlich aus den familiären, kulturell-zivilisatorischen, individuellen und entwicklungsspezifischen Störungen verstanden werden kann, ist auch für eine Vorbeugung und Behandlung nur ein umfassendes Konzept erfolgversprechend. Jedes einseitige Vorgehen muss nach unseren Erfahrungen fruchtlos bleiben. Jeder verzettelte Ansatz lässt kostbare Zeit der Entwicklung verstreichen, was seinen Niederschlag in der deutlich schlechteren Prognose findet.

Zur Therapie

Diese bedarf eines sehr breiten Ansatzes, da es sich um Störungen der Persönlichkeitsentwicklung handelt, die aus ihrem Wesen nicht punktuell begriffen und behandelt werden können.[19]

1. Familientherapie

Zunächst scheint es notwendig zu sein, Eltern und Betreuer über das Krankheitsbild behutsam aufzuklären und eine Beruhigung und Entkrampfung der Situation zu versuchen. Dies ist ein wesentlicher Teil der Familientherapie, bevor das Kind aus dem Milieu herausgenommen wird, was oft notwendig und häufig nicht aufgeschoben werden kann. Die enge, aber weitgehend partnerschaftliche Beziehung zur Mutter ist ein Hemmnis für die Mädchen und ihre Persönlichkeitsreifung. Damit dieser Bezug zur Mutter nicht zerrissen, aber doch gelöst wird, bedarf es einer Vertrauensgrundlage, aus der heraus die Eltern zu handeln lernen.

Für die Eltern muss der Prozess der Neuorientierung so lange breit angelegt werden, wie es möglich ist, das Kind in die Familie zurückzuführen. Grundlinien der Erziehung, der Lebenseinstellung, der Konfliktlösung in der Familie und das Verständnis für die Entwicklungsprozesse des eigenen Kindes sind zu legen. Dies ist ein langer Weg, der häufig nicht genügend beschritten wird, weil die Eltern nicht in der Lage und bereit sind, Gewohnheiten und Lebenshaltung zu verändern. Solange jedoch existenzielle Bedrohung und schwere Erschütterung mit der Erkrankung einhergehen, sind Ansatzpunkte möglich. Häufig sind auch die ärztlichen Einsichten für die Eltern völlig unzureichend, so dass auch dadurch ein Umlernen nicht zustande kommen kann. Man denke nur an die törichten verhaltenstherapeutischen Verfahren mit Zielgewicht! Können Eltern dagegen, da das Kind für sie eine neue Lebensaufgabe geworden ist, deutliche Schritte der Veränderung in ihren bisherigen Lebensgewohnheiten machen, so bessert sich die Prognose erheblich. Eine solche Begleitung der Eltern muss lebenspraktisch, aber mit dem Hintergrund neuer geistiger Orientierung geschehen. Sie kann nicht im Sinne einer Verhaltensmodifikation erledigt werden!

2. Pädagogisch-therapeutische Führung
In der täglichen Führung der erkrankten Kinder und Jugendlichen mit Anorexie oder Bulimie sind Grundprinzipien der Erziehung aus der Anthroposophie, die dem Alter entsprechen, aufzugreifen, die besonders die Entwicklungsphase der Neun- bis Zwölfjährigen mit dem Schwergewicht der rhythmischen Vorgänge berücksichtigen. So muss ein intensiver, rhythmischer Wechsel von Wachen und Schlafen, die rhythmische Gestaltung des Tagesablaufes (einschließlich der Mahlzeiten) eingerichtet werden. Tagsüber wechseln sinnvolle Aktivitäten mit besinnlicher Beruhigung, heiteren und ernsten Augenblicken, die Einzelansprache und das

Mitleben mit gesunden Kindern. Ein solch durchgeplantes Leben mit dem Vorbild gesunder Kinder vermittelt einen sichernden Halt, der allmählich kleine Metamorphosen erfährt und dann eine Komponente der Verselbstständigung bekommt. Die Tätigkeiten, zu denen die Mädchen häufig drängen, sollen den Lebensnotwendigkeiten in Haus, Stall, Garten oder der Werkstatt entsprechen. Sie müssen gut geführt werden, um das oberflächlich-hektisch, auf Anerkennung hin Getane allmählich in eine interesseweckende Gründlichkeit überzuleiten. Die innere Unruhe lässt nämlich die Mädchen nach immer neuen Tätigkeiten suchen, die nicht zu Ende geführt werden. Aber nur Ausdauer und übende Wiederholung ist sinnvoll. Sobald das Tun zur perfekten Routine gerät oder zum Anlass äußerer Anerkennung, ist der pädagogisch-therapeutische Wert dahin.

Themen wie das Essen, die Speisen, die Kalorien, das Gewicht oder das Kochen werden zunächst ausgeklammert. Es gibt weder Waage noch Kalorientabelle, sondern nur eine diskussionslose Selbstverständlichkeit des Essens unter Führung des Therapeuten und Erziehers.

3. Psychotherapie

Wir verfolgen im Sinne eines anthroposophisch-psychotherapeutischen Ansatzes weder analytische noch psychodynamische oder verhaltenstherapeutische Konzepte, da diese die Kinder überfordern oder aber die Anpassung verstärken. Allenfalls fließen in die zunächst klar führende Psychotherapie später Elemente der Logotherapie Frankls und der nichtdirektiven Beratung (C. R. Rogers)[20] mit ein. Selbstverständlich ist das Vorgehen der Entwicklungsstufe der Patienten angemessen. Nicht die intelligente, redende Psychotherapie, nicht das mitleidende Einfühlen, nicht die aggressive Verzweiflung kann wirksam sein. Anorexie und Bulimie sind nicht am Schreibtisch durch geistreiche Gespräche und Theorien, auch nicht durch verordnete «Maßnahmen» anzugehen, sondern lediglich auf dem Boden einer liebebegründeten Stabilität und schöpferischen Herzlichkeit.

Die psychotherapeutischen und erzieherischen Begleiter sollten erkennen, dass das, was das Kind braucht, auch von ihnen *gelebt* werden muss – nur dann können sie dem Kind Hilfe geben, aber es auch zur Selbstständigkeit führen. Innere Maßstäbe, soziale und situative Einschätzung, Wahrhaftigkeit und Sicherheit müssen im täglichen Miteinander sichtbar werden. Diese «Übungsbehandlung» geht dahin, aus dem Intellektualisieren, dem konventionellen Reden und Argumentieren weiterzuschreiten zu Humor, Fantasie, Mut und Bildhaftigkeit. In kleinen Schritten muss dieser Übergang geübt und am Vermögen des Kindes abgespürt werden, um es nicht in Versagenssituationen hineingeraten zu lassen. Überforderungen können zu schweren Rückschlägen führen! Mangelnde Forderung dagegen verhindert Fortschritte! So kann ein kleines Risiko, etwas Blamage oder eine Auffälligkeit geübt werden. Ungewohntes kann mit Hilfe ertragen und bewältigt werden.

Die Übungen werden nachträglich gemeinsam betrachtet. Das dabei entstandene positive Gefühl der Selbstüberwindung stärkt die Seele. Stützen und Fordern müssen rhythmischen Wechsel erfahren.

4. Haltung der «Begleiter»
Als führende Begleiter sollten nur Wenige, möglichst Erfahrene tätig sein, die sich nicht von den Patienten in eine Mitleids- oder Konfrontationshaltung drängen lassen. Dies stellt erhebliche Anforderungen an ihre innere Sicherheit, die Stabilität, die Fantasiefähigkeit, an die Übersicht und an ihren tätigen Einsatz.

Dringend muss vor einer symbiotischen Bindung oder erotischen Beziehung zu diesen Mädchen gewarnt werden! Sobald vom Betreuenden auch nur ein Schuss persönlichen Nutzens aus dieser Beziehung erwächst, sind zwar äußere Erfolge möglich, aber der Patient ist in der Persönlichkeitsentwicklung stehengeblieben, die innere Fortentwicklung stagniert oder regrediert.

Die beschriebene innere Haltung des Begleiters, die nur im Sinne einer Erziehung der Bewusstseinsseele gesehen[21] werden kann, ist die entscheidende therapeutische Hilfe für die Erkrankten. Diese Führung muss so lange fortgesetzt werden, bis sich allmählich der Prozess der Ich-Verwirklichung aufschließt. Diese zeigt sich in Mut, Begeisterung, Planung und Ziel, als Weg in die Zukunft.

Es ist außerordentlich wichtig, durch sehr enge Absprache und Verständigung während des Tages auch kleinste, scheinbare Widersprüche und insbesondere Konflikte unter den Bezugspersonen zu vermeiden, so dass die soziale Eindeutigkeit und Orientierungsmöglichkeit besonders am Anfang der Behandlung den Mädchen erlebbar wird.

Jeder Übergang, der von einem zum anderen Begleiter im Lauf von Jahren stattfinden muss, damit keine Vereinseitigung entsteht und Vielfältigkeit individueller Seelenhaltungen erlebt wird, will außerordentlich sorgfältig begleitet werden. Den langsamen (Nach-)Reifeprozess der Persönlichkeit, die modifizierte Ich-Inkarnation darf nicht beschleunigt werden. Je schneller z. B. eine Gewichtszunahme bis zur Normalisierung erreicht wird, desto weniger ist eine wirkliche Heilung erfolgt, sondern lediglich die Anpassung verbessert worden.

5. Intensivtherapie

Freilich müssen die Patienten aus ihrem kachektischen (allgemein geschwächten) Zustand zunächst befreit werden, damit überhaupt eine gewisse psychische Zugänglichkeit möglich wird. Diese initiale und leider häufig vitale Intensivtherapie ist in der Regel der Klinik überlassen, da sie zu viele schwere Risiken birgt und sowohl Überwachung als auch Labordiagnostik neben ausgedehnter pflegerischer Erfahrung voraussetzt (parenterale Ernährung und Substitution = Sondenernährung und Infusion). Häufig hat aber auch diese Phase, falls sie nicht nur internistisch-technisch bewältigt wird, für die psychische Seite sehr wertvolle Aspekte. Es wird nämlich dem Patienten sein Zustand als Krankheit deutlich – man ist offensichtlich wirklich krank. – Es ist außerordentlich wichtig, dass dabei körperliche Beruhigung durch strikte Schlaf- oder Liegekuren erreicht wird und die Patienten nicht durch besorgte und vermehrte Zuwendung zum Invaliden erzogen werden. Daher ist ruhig-sicheres, sachlich-herzliches Umgehen in dieser Zeit besonders notwendig. Der Tag sollte hier mit kleinen Abwechslungen genau und streng ohne Ausnahmen geregelt sein. Ziele, die die Zeit, das Gewicht, Vergünstigungen beim Essen usw. betreffen, sollten nicht gesteckt werden!

6. Künstlerische Therapie

In der künstlerischen Therapie[22] (nähere Hinweise und Anregungen auch auf musiktherapeutische Aspekte bei H. Köhler, Kap. III) sollten beim Malen die Farben zum inneren Erleben gebracht werden. Es ist bemerkbar, dass beim Umgang mit Farben zunächst keinerlei Akzent von den Patienten auf das Papier gebracht werden kann und erst allmählich mit Überwinden der Krankheitssituation eine gewisse Differenzierung möglich wird. Es sind Übungen in den Polaritäten mit Blau und Gelb, im Wechsel mit Rot und Blau angezeigt, wobei das Erlebnis der Mischung zum Grün bzw. zum Violett besonders intensiviert werden sollte. Die meist recht guten zeichnerischen Fähigkeiten sollte man zunächst nicht aufgreifen; im Aquarell sollte zunächst nicht geschichtet werden, da die Unsicherheit gesteigert werden und die notwendige Bewusstheit dieser Technik zu Versteifungen führen kann. Dagegen verhindert eine gut geleitete Nass-in-Nass-Technik die Festlegung am besten und gibt der Erlebnis- und Übungsseite des Malens am meisten Raum.

7. Heileurythmie

Heileurythmisch[23] haben wir zunächst konsonantisch im Sinne der «Evolutionsreihe» gearbeitet, weil die Kinder sich in diesem Bereich vorerst besser zurechtfinden. Ziel sind jedoch die vokalischen Übungen von U, E (besonders auf dem Rücken) und schließlich I. Zur Arbeit mit den Vokalen braucht es aber sehr viel erfahrene Vorbereitung, z. B. mit «einwickelnder und auswickelnder Spirale, Dur-Moll-Gegensätzen, Rot- und Blau-Gebärden». Das L wird in allen Metamorphosen geübt. Insgesamt wird in jedem Fall die Vertiefung und Kräftigung der Ich-Wirksamkeit in der von ihr durchgestalteten Seelen-, Lebens- und Körperleiblichkeit angestrebt.

8. Physiotherapie

In der Physiotherapie haben wir mit Melissenölbädern, teilweise auch mit vorsichtigen Überwärmungsbädern gearbeitet, um allmählich eine reaktive Wärmebildung anzuregen. Hier ist es auch wichtig, dass der entfremdete Körper akzeptiert und erlebt werden kann und das Schamgefühl seinen richtigen Stellenwert durch die Begleitung des Bades erhält. Auch die rhythmische Massage nach Ita Wegman kann helfen, den Körper in seinen Auf- und Abbaukräften zu erleben und den Rhythmus im physiologischen Bereich anzuregen, um dadurch eine Stabilisierung der Stimmung zu erreichen. Dies ist auch besonders bei den rein bulimisch Kranken von erheblichem Wert, die ja allermeist nach außen hin nicht als krank erscheinen. Dazu Lebereinreibungen mit Stannum Ungt. 0,4 %.

9. Medikamentöse Therapie
Medikamentös wird man als Hauptkomponente Silber (Arg. met. praep. D 4–6) und Eisen (Meteoreisen) verwenden, um bei der Anorexie die Aufbauseite und die Inkarnationskraft anzuregen. Phosphor und Sulfur morgens und abends wirken im rhythmischen Wechsel in der Funktion für das Ich. Aurum stellt die Befestigung der menschlichen Mitte in das physiologische Geschehen. Auch Blei in hoher Potenz als Distanzierung und Begrenzung der überstarken Eindrucksfähigkeit und Schaffen des individuellen Eigenraumes. Oxalis ist je nach Anamnese auch als Leibwickel einzusetzen.

Bei schweren depressiven Verstimmungen mit Suizidtendenz oder anderen lebensbedrohlichen Zuständen müssen selbstverständlich auch allopathische Medikamente, besonders Psychopharmaka, eingesetzt werden, die aber bei Anorexie und Bulimie erwiesenermaßen als Dauertherapie nicht taugen.[24] Der pathologische Prozess, wie er hier begriffen wird, kann jedenfalls auf Dauer hierdurch nicht positiv beeinflußt werden. Anregungen zur weiteren medikamentösen Differenzierung ergeben sich aus Henning Köhlers Arbeit.

Zur Prognose

Aus den Erfahrungen unserer Arbeit in den letzten sechs Jahren (Sonderkrankenhaus Therapeutische Gemeinschaft für Kinder- und Jugendpsychiatrie, 79691 Neuenweg) ergibt sich, dass die Prognose[25] von der Länge der Erkrankungsdauer vor der Behandlung abhängig ist. Als Faustregel muss man die Erkrankungsdauer, von den ersten Anzeichen an gerechnet, als klinische Behandlungszeit ansetzen. Je älter die Patienten sind, desto schlechter stellt sich die Prognose. Es muss daher davor gewarnt werden, die manifeste Anorexie durch Zuwarten zu verschärfen, z.B. durch langwierigen diagnostischen Ausschluss organischer Ursachen, der ja bei einer Initialbehandlung in der Klinik selbstverständlich sein muss. Es sollten aber auch keine psychischen Gewaltaktionen gegenüber Eltern und Kind stattfinden, sondern eine sichere Vorbereitung auf die notwendig kommende ganzheitliche Therapie, die auch ambulant eingeleitet werden kann. Es sollten jedoch keine ambulanten Behandlungen durchgeführt werden, wenn die Laufzeit der Erkrankung schon länger als ein halbes Jahr beträgt und wenn die Patienten unter 40 % des Ausgangsgewichtes gesunken sind. Die Möglichkeit der Zurückführung der Kinder in die Familie sofort nach der klinischen Behandlung ist eher selten. Meist ist der Übergang nach einer Pflegefamiliensituation oder einem sozialtherapeutischen Jugendheim von zwei bis drei Jahren aber möglich, da nach dieser Zeit häufig eine Stabilisierung und Persönlichkeitsentwicklung eingetreten ist. Wir glauben, dass nur diese der Maßstab einer Heilung sein kann, und bezweifeln daher die Erfolgsangaben von «Heilungen», die im Zeitraum von Wochen oder wenigen Monaten angegeben werden.

Aus der eigenen Erfahrung und Literatur ist Bulimia nervosa wesentlich schlechter zu beeinflussen, da sie Befriedigung und Selbstverleugnung in sich trägt und als schwere psychosomatische Erkrankung sich kaum offenbart. Zur Anorexie hinzutretend ist die Bulimie prognostisch sehr ungünstig.

Zusammenfassung

Aus anthroposophischer Sicht sehen wir die beschriebenen Essstörungen der Anorexia nervosa und der Bulimia nervosa einerseits als zivilisatorisch-zeitbedingte Erkrankungen an, die durch ungünstig vorgeprägte

Vererbung, durch Erziehungshaltung und durch abgesicherte, existenziell wenig fordernde Lebensbedingungen akut werden können. Andererseits lässt sich aber auch eine karmisch bedingte Inkarnationsschwäche des Ich erkennen, durch die die Verwandlung des Leibes im Kindesalter nicht ausreichend geschieht.[26] Die Schritte der Reifung des rhythmischen Organismus geschehen daher unvollständig und verzerrt, so dass der Entwicklungsschritt zur Erdenreife hin in der Katastrophe endet. Die Entwicklung kann auch chronisch verlaufen, so dass ein Krankheitsausbruch sich zeitlich bis in die Adoleszenz oder noch weiter verschiebt.

Die Auseinandersetzungen der seelisch-geistigen Kräfte mit denen der irdisch-leiblichen Grundlage äußern sich in der Biografie, die eine sich entwickelnde Persönlichkeit durchschreitet. Wir glauben daher, von Störungen der Persönlichkeitsentwicklung sprechen zu können.

Aus der klinischen Erfahrung und dem täglichen Zusammenleben mit vielen dieser Patienten haben sich Grundzüge der Behandlung entwickelt, die skizziert wurden. Insbesondere aber wird die Notwendigkeit der Erziehung zum Therapeuten und Begleiter solcher Kranken gefordert. Sie scheint uns eine dringende soziale Aufgabe zum Ende des Jahrhunderts zu sein.

Johannes Bockemühl

Anmerkungen

1 Crisp u. a.: How Common is anorexia nervosa. *British Journal of Psychiatrie 218*/1976, S. 549-554.
2 Garfinkel und Garner: *Anorexia nervosa multidimensioned perspective.* New York 1982.
3 Zu weiteren rhythmischen (chronobiologischen) Aspekten im Rahmen hormonell-endokriner Funktionen siehe auch Kalnzy u. a. 1976, zitiert in: *Psychiatrie der Gegenwart, Bd. 1: Anorexia nervosa.* Berlin / New York 1986. G. Husemann, in: *Beiträge zur Erweiterung der Heilkunst*, 2/1986.
4 Zum Beispiel G. Schütze: *Anorexia nervosa.* Bern 1980.

5   B. C. J. Lievegoed: *Entwicklungsphasen des Kindes.* Stuttgart 1976. S. 93 ff.
6   R. Steiner: *Die Erziehung des Kindes vom Gesichtspunkte der Geisteswissenschaft.* Dornach 1960, S. 309 ff., in GA 34 (= Gesamtausgabe Bibliografie-Nr. 34). Die Vortragsfassung davon z. B. auch in R. Steiner: *Elemente der Erziehungskunst.* Themen aus dem Gesamtwerk 12. Stuttgart ⁹2004.
7   Joh. Bockemühl, in: *Beiträge zur Erweiterung der Heilkunst,* 4/1980.
8   Broque: *Biologische Daten für den Kinderarzt.* Berlin 1954.
9   H. Koepke: *Das neunte Lebensjahr.* Dornach 1983, S. 73.
10 J. R. Bierich: *Pubertät.* Berlin/Heidelberg 1981.
11 R.Steiner: *Heilpädagogischer Kurs,* GA 317, Dornach 1975, S. 18.
12 H. Thomae: *Anorexia nervosa.* Bern 1961.
13 Informationsschrift der ANAD-Selbsthilfe, Ungererstraße 32, 80802 München. Siehe www.anad-pathways.de
14 Garfinkel und Garner 1982, s. Anm. 2.
15 Garfinkel: Anorexia nervosa. In: *Psychiatrie der Gegenwart 1 / 1986*, S. 110.
16 R. Steiner: *Geisteswissenschaftliche Gesichtspunkte zur Therapie.* GA 313, Dornach 1984, 3. Vortrag.
17 B. C. J. Lievegoed: *Der Mensch an der Schwelle.* Stuttgart 1984, S. 205 ff.
18 Als einführende Lektüre empfehlen sich folgende Bücher: R. Steiner: *Die Erziehung des Kindes* (s. Anm. 6); H. Koepke: *Das neunte Lebensjahr* (s. Anm. 9); B. C. J. Lievegoed: *Entwicklungsphasen des Kindes* (s. Anm. 5); H. Müller-Wiedemann: *Mitte der Kindheit.* Stuttgart ⁶2003; F. Carlgren: *Erziehung zur Freiheit.* Stuttgart ⁹2005.
19 P. von der Heide (Hrsg.): *Therapie seelischer Erkrankungen aus anthroposophischer Sicht.* Stuttgart 1979.
20 C. R. Rogers: *Die nicht-direktive Beratung.* München 1972.
21 R. Steiner: *Die Theosophie der Rosenkreuzer.* GA 99, Dornach 1985.
22 Siehe dazu auch frühere Beiträge in der Zeitschrift: *Beiträge zur Erweiterung der Heilkunst,* von G. Husemann 2/1986 und M. Treichler 5/1980.
23 Siehe auch Joh. Bockemühl in: *Beiträge zur Erweiterung der Heilkunst* 2/1980.
24 B. Leiber: Therapieprinzipien der Anorexie und Bulimie IV, in: Pais 1986.
25 Zur Prognose siehe u.a. H. Chr. Steinhausen: Anorexia nervosa – Literaturübersicht. In: *Zeitschrift für Kinder- und Jugendpsychiatrie* 7/1979.
26 Dazu auch M. Treichler in: *Beiträge zur Erweiterung der Heilkunst,* 5/1980.

«Es ist, als wäre ich gar nicht da ...»
Zur Symptomatik der Pubertätsmagersucht

Das klinische Bild

Symptomatik und Differenzialdiagnose

Die Pubertätsmagersucht (‹Anorexia nervosa› = etwa: nervlich bedingter Appetitverlust) ist eine zuerst im 17. Jahrhundert beschriebene, in neuerer Zeit dramatisch um sich greifende Entwicklungsstörung, von der überwiegend Mädchen am Ende des zweiten/Anfang des dritten Lebensjahrsiebts (Verteilungsquote gegenüber Knaben etwa 40 : 1, die Angaben schwanken), also an der Schwelle der «Erdenreife» (Steiner) betroffen sind. Der englische Internist Sir Withey Gull führte 1873 die bis heute übliche Benennung ein, die sich gegen andere wie ‹psychogene Magersucht› oder ‹Pubertätsmagersucht› durchsetzen konnte.

Die Diagnose Anorexia nervosa wird gestellt, wenn eine scheinbar harmlose, zumeist durch Bagatellbegebenheiten ausgelöste Einschränkung der Nahrungsaufnahme keine vorübergehende Erscheinung bleibt, sondern zum zwanghaft-suchtartigen Dauerverhalten wird, bis hin zum vollständigen Kontrollverlust, d. h. bis die Nahrungszurückweisung umschlägt in ein für das Selbsterleben der Betroffenen objektives, also willentlicher Beeinflussung unzugängliches Unvermögen, überhaupt oder in ausreichendem Maße Nahrung aufzunehmen. Auslösefaktoren können Magenverstimmungen, grippale Infekte, seelische Belastungen, Stress und vieles mehr sein. Häufig scheinen am Anfang ‹Figurprobleme› zu stehen (weshalb man vielfach dazu neigt, die Krankheit als Abwehrreaktion gegen ein durch Werbung etc. suggeriertes weibliches Rollenklischee zu deuten), oder das Einsetzen der Regel bildet den Auftakt (was wiederum den Vermutungen Nahrung gibt, es handle sich um ein Problem der Triebabwehr). Verursachende somatische Befunde können nicht erhoben werden – selbst dann nicht, wenn die Patientin z. B. nach dem Essen unter heftigen Magenschmerzen leidet –, während sich in den vergangenen Jahren gezeigt hat, dass begleitende «morphologische und neurophysiologische

Befunde zu objektivieren sind. – Die meisten Patientinnen zeigen eine sogenannte ‹Pseudoatrophie› des Gehirns, die sich im Computertomogramm als Hirnfurchenerweiterung, Erweiterung der Hemisphärenspalte, seltener auch in Form einer Ventrikelerweiterung äußert und nach der Gewichtszunahme wieder reversibel ist.»[1] Gewisse Zeichen des Nachlassens der Gedächtnis-, Reaktions- und Koordinationsleistung erinnern an das Bild eines hirnorganischen Psychosyndroms. Unter anthroposophischen Gesichtspunkten hat Gisbert Husemann wieder besonders auf das Aussetzen der Sekretion der Hypophyse hingewiesen.[2] Wir haben solche Beobachtungen als somatische Begleitumstände zu werten, nicht jedoch im Sinne einer manifesten (hirn)organischen Prädisposition. Gegenteilige Vermutungen waren Anfang des 20. Jahrhunderts bestimmend, vor allem diejenige eines durch Hypophysenveränderung hervorgerufenen Kräfteverfalls (Kachexie), und führten in eine therapeutische Sackgasse.[3] Gert Schütze spricht von «sekundären somatischen Veränderungen» im Sinne von «Sparfunktionen des Organismus»,[4] wozu außerdem zu zählen sind: trocken-schuppige, graue Haut und Haarausfall (bei gleichzeitigem Wiedereinsetzen der kleinkindlichen Flaumbehaarung am Körper); hochgradiger Muskelschwund; Verlangsamung der Herztätigkeit; Absinken des Blutdrucks und der Körpertemperatur; Akrocyanose (Blaufärbung der Gliedmaßen); abnehmende Säureproduktion des Magens und Magenerschlaffung; Obstipation (Verstopfung); vegetative Dysregulationen und Hyperventilationsneigung. Das Ausbleiben der Regel (Amenorrhoe) ist insofern vom Katalog der ‹sekundären›, also zwangsläufig mit dem Hungern verbundenen Symptome abzugrenzen, als es bei einem erheblichen Teil der Patientinnen vor der Abmagerung auftritt. Wir können davon ausgehen, dass die seelische Situation im unmittelbaren Vorfeld des Krankheitsausbruchs hiermit in einem direkten Zusammenhang steht. Das Ausbleiben der Regel in Stress- oder Angstsituationen ist ja vielen Frauen bekannt.

Als diagnostische Minimalkriterien im äußerlichen Sinne gelten:
– die Weigerung, ein Normalgewicht zu erreichen
– der Verlust von mehr als 25 % des Ausgangsgewichts[5]

– Störung des Körperbildes (Unfähigkeit, die eigenen Körpergrenzen bzw. den Körperumfang realistisch einzuschätzen)
– übertriebene Angst, dick zu werden
– fehlender Nachweis einer anderen Krankheit oder Störung, die den Gewichtsverlust erklären könnte.[6]

«Im Vordergrund steht der eklatante Gewichtsverlust und die Nahrungsverweigerung, ein abnormes Essverhalten, Obstipation und Ausbleiben der Regel. Die Patientinnen versuchen unter allen Umständen, eine fortschreitende Gewichtsabnahme zu erreichen bzw. ein extrem niedriges Gewicht aufrechtzuerhalten. Diesem Zweck dient nicht nur die Nahrungsverweigerung, häufig kommt es auch zu selbst herbeigeführtem Erbrechen sowie zum Missbrauch von Laxantien. Viele Patientinnen versuchen auch, durch übermäßigen Bewegungsdrang (z.B. ständiges Hin- und Herlaufen, extreme Gymnastik, übertriebene sportliche Betätigung) ein niedriges Gewicht beizubehalten. Nicht selten findet man auch heimliches Naschen bei sonstiger Nahrungsverweigerung. Die Patientinnen sind sehr auf ihre Symptomatik fixiert und überwachen die Nahrungsaufnahme zuweilen mit einem Kalorienplan.»[7]

Differenzialdiagnostisch müssen zunächst organische Erkrankungen wie z.B. Tumoren im Bereich von Hypophyse und Hypothalamus oder auch Beeinträchtigungen der Nahrungsverwertung wie z. B. bei Morbus Crohn ausgeschlossen werden, wobei hier in der Regel das Fehlen der typisch anorektischen Verhaltensmerkmale schon bei der Erstvorstellung imponiert. Zudem sind episodische Essprobleme oder Appetitstörungen gerade bei weiblichen Jugendlichen keine Seltenheit und dürfen nicht voreilig als beginnende Magersucht eingestuft werden. Die erwähnte Körperbildstörung kann hier als Unterscheidungskriterium hilfreich sein. Es steht zu befürchten, dass die Statistiken, nach denen man die Heilungsaussichten ermittelt, durch eine nicht geringe Anzahl von Pseudo-Anorexien entstellt sind, also durch relativ leichte Essstörungen anderer Genese. In diesem Zusammenhang sei erwähnt, dass schon die Bezeichnung ‹Anorexia nervosa› solche Ungenauigkeiten impliziert: Die Pubertätsmagersucht ist weder ‹nervlich bedingt›, noch ist sie ein ‹Appetitverlust›, wie zu zeigen sein wird.

In Bezug auf die psychische Symptomatik bemüht man sich heute allerdings, zu unterscheiden zwischen Magersucht und Nahrungszurückweisung aufgrund anderer seelischer Erkrankungen. Hierbei tritt jedoch, wie allgemein zugegeben wird, die Schwierigkeit auf, «dass es unter den Patientinnen mit Anorexia nervosa (eben) auch solche mit einer depressiven Verstimmung und mit ausgesprochen zwanghaftem Verhalten gibt».[8] Dasselbe gilt nach unserer Erfahrung für Angstzustände und Tendenzen einer Persönlichkeitsspaltung. Man kann den Eindruck gewinnen, die Magersucht vermische sich sogar in den meisten Fällen mit anderen Konflikten, die sich unter ihr zu verstecken scheinen und im Behandlungsverlauf, oft nach Behebung der Essproblematik, zum Vorschein kommen. Wir haben auch erlebt, dass während des stationären Aufenthaltes verschiedene ‹klassische› psychopathologische Zustände nacheinander episodisch durchlaufen wurden. Davon wird weiter unten noch die Rede sein.

Das Psyche-Soma-Problem

Zur Frage des Zusammenhanges bzw. der Gewichtung von somatischen und psychischen Symptomen wäre an dieser Stelle zu sagen, dass wir weder die (allerdings heute kaum mehr vorgetragenen) einseitig organfixierten noch einseitig psychologisierenden Deutungen für befriedigend halten. Zwar ist es zu begrüßen, dass das Anliegen, vor allem die geistig-seelische Situation der Patientinnen zu erfassen, immer mehr in den Vordergrund getreten ist und im Schrifttum bei weitem überwiegt, aber man sollte nie außer Acht lassen, dass Seelenvorgänge in den Entwicklungsjahren immer auch hindeuten auf die Auseinandersetzung des Ich mit dem noch in Bildungen und Umbildungen begriffenen Organ- und Stoffwechselmenschen (was gerade bei der Magersucht förmlich ins Auge sticht).

Vereinzelt werden auch heute zentralnervöse Teilursachen der Krankheit diskutiert.[9] Dabei verweist man unter anderem auf die Beobachtung, dass das anorektische Bild von demjenigen des zwangsweise herbeigeführten Hungerns doch deutlich abweiche. Hier lässt vor allem die «motorische

Hyperaktivität» im akuten Mangelzustand, der eigentlich Erschöpfungszeichen erwarten ließe, «eine Unterscheidung eindeutig zu» (Schütze). Zu denken gibt auch der eklatante Realitätsverlust, der sich z. B. dadurch ausdrückt, dass die Beurteilung des eigenen Körperumfanges, resistent gegen alle Beweisführung (etwa durch Messen des Schenkelumfangs), völlig illusorisch ist oder die Proportionen wie in einem Hohlspiegel erlebt werden («Ich bin unten dick und oben dünn»). Zweifellos liegen hier Wahrnehmungsverzerrungen vor, die den Verdacht einer zentralnervösen Vorbelastung nicht völlig abwegig erscheinen lassen. Wir halten diese Ansicht, insofern sie auf manifest-organische verursachende Befunde abzielt (eine andere Frage wäre diejenige nach den im Organischen wirksamen ätherischen Bildeprozessen in ihrem Verhältnis zur seelisch-geistigen Reifung), dennoch für verfehlt,[10] nicht zuletzt weil sich zeigt, dass die genannten Irritationen durch eine primär heilpädagogisch-psychotherapeutische Behandlung reversibel sind. J. Bockemühl macht im Zusammenhang mit dem Psyche-Soma-Problem auf die ungenügend vollzogene ‹Atemreife› in der Latenzzeit aufmerksam.[11] Wir kommen darauf zurück.

Wenn wir also im Wesentlichen der heute dominierenden Auffassung zustimmen, es handle sich bei der Magersucht um ein Geschehen mit deutlicher psychischer Präponderanz und heftigen körperlichen Folgeerscheinungen, so allerdings unter dem Vorbehalt, dass besonders in Kindheit und Jugend körperliche und seelische Vorgänge zu eng miteinander verflochten sind, als dass der einfache Kausalschluss methodisch sinnvoll sein könnte. Wir bemühen uns in Anknüpfung an Rudolf Steiner um einen dynamischen Entwicklungs- und damit Krankheitsbegriff, der von Symptomkonstellationen im Vollzug der von Steiner beschriebenen stufenweisen Metamorphose von «Bildungskräften der Organe» in «geistig-seelische Funktionen» ausgeht: «Wer sachgemäß die Natur zu beobachten vermag, der weiß, dass man nur auf diesem Wege überhaupt zu einer naturgemäßen Anschauung über den Zusammenhang des Geistigen und Physischen beim Menschen kommen kann. Beim Menschen sind nämlich diese Kräfte, die wir ..., ich möchte sagen, als plastische kennenlernen, die unmittelbar Formen aus der Substanz heraus bilden, einfach herausgehoben aus den Organen und sind nun in dem, was bei ihm geistig-seelisch ist, vorhanden.»[12] Diese Umwandlung von Leibbildekräften in Bewusstseinskräfte vollzieht sich als Inkarnationsprozess durch Kindheit und Jugend und durchläuft eine Reihe von Krisen, deren dramatischste vielfach die ‹Pubertätskrise› ist, weil sich hier das Ich als Wesensmitte verankern und zur «Offenbarung ... im Willen»[13] gelangen will. Der junge Mensch erlebt seine ‹psychosomatische› Doppelnatur jetzt von einem schon übergeordneten Standpunkt aus als Konflikt. Es setzt ein zunächst tumultuarisches Ringen um Gleichgewicht, Harmonie ein zwischen den heftig aufschäumenden leibgebundenen und den aus der Leibgebundenheit sich lösenden Seelenkräften, vereinfacht gesagt zwischen Bewusstsein und Natur. «Ein Freiwerden psychischer Funktionen (erfolgt) in Etappen. Diese Etappen fallen stets zusammen mit bestimmten organischen Veränderungen.»[14] Um die Pubertät herum ist das seelische Erdenreifwerden als Erwachen zu logischem Denken, Urteilsvermögen, Zukunftsbewusstsein und biografischer Identität begleitet von den körperlichen Vorgängen der Geschlechtsreife und Gliedmaßenausgestaltung. Dies ist zunächst ein ambivalentes Geschehen, das starke seelische Spannungen mit sich bringt. Vom Ich aus entfaltet sich in diesem Konflikt die rhythmisch-ausgleichende Aktivität, die zum Ende des dritten Lebensjahrsiebts hin ein sensibles, aber verlässliches Gleichgewicht hergestellt haben sollte. Dies wiederum setzt voraus, dass sich in der Vorpubertät das Herz-Lungen-System als physiologische Basis des Seelenlebens rhythmisch stabilisiert und zur ‹Atemreife› entwickelt hat, um dem Ansturm der Pubertät gewachsen zu sein. Nur so kann das Ich die ‹Steuerung› übernehmen.

Unregelmäßigkeiten im je altersgemäßen Zusammenklang zwischen dem physisch-leiblichen und dem seelisch-geistigen Menschen hängen immer mit mangelnder oder fehlgeleiteter Ich-Aktivität in der betreffenden Entwicklungsphase zusammen (‹Inkarnationsstörungen›) und lösen einen – je nachdem mehr zur einen oder anderen Seite hin betonten – Zirkel von somatischen und psychischen Beschwernissen aus, der nur durchbrochen werden kann, wenn das Ich wieder in der richtigen Weise eingreift, d.h. wenn die Faktoren, die sich dem Verkörperungsimpuls der Individualität entgegenstellen, ihn fehlleiten oder ungesund beschleunigen, erkannt und beseitigt werden können. In manchen Fällen, von denen Lievegoed lapidar, aber treffend sagt, diese Kinder hätten «gar keine Neigung für dieses Leben», ist das Feuer des Inkarnationswillens nur ein schwaches Flämmchen. Es fehlt der Elan, der elementarische Lebensenthusiasmus, den wir im Trotz, in der Neugier des Kindes, in seinem stürmisch-täppischen Welteroberungsdrang finden, und wir stehen vor der pädagogischen und therapeutischen Frage, wie der kräftige ‹Entschluss zum Leben› gewissermaßen nachgeholt werden könne. Hierher gehören Kinder, bei denen zu beobachten ist, wie eine mehr im Seelischen sich ausdrückende latente Daseinsscheu die ganze Entwicklung durchzieht und eines Tages, zum Beispiel als jäh aufbrechende Angst, eskaliert. Oft geht eine allgemeine körperliche Blässe und Zerbrechlichkeit damit einher, die zum Zeitpunkt des ersten Ich-Erwachens (um das dritte/vierte Lebensjahr), manchmal auch später in der sogenannten Latenzzeit (zweites Ich-Erwachen etwa zwischen neun und zwölf) oder gar erst in der Pubertät hervortritt, als seien die Lebenskräfte schon aufgebraucht. Häufig sind diese Kinder ausgesprochene intellektuelle Frühentwickler, die in der Phase der Konsolidierung des Willens und biologischen Ausreifung versagen bzw. kapitulieren.

Andere Kinder, bei denen der Inkarnationsimpuls dergestalt ‹zurückgestaut› ist, dass die leiblichen Formbildungen von Anfang an, also schon im Nerven-Sinnes-Bereich (der im Regelfall zuerst ausreift), nicht bewältigt werden; solche, denen erbliche oder umweltzugefügte Belastungen unüberwindliche Hindernisse entgegenstellen, oder wieder andere, die sich ein makelloses Leibeshaus bauen, es dann aber nicht bewohnen wollen, seien hier nur am Rande erwähnt.

Psychosomatische Störungen in den Entwicklungsjahren weisen immer auf eine ungesunde Propulsion (dies stets in einem Bereich zum Nachteil eines anderen) oder Verlangsamung, Flüchtigkeit oder Stauung im Inkarnationsprozess hin, d.h. auf eine Disharmonie im Verhältnis zwischen den oberen und unteren Wesensgliedern. Was uns dann augenscheinlich entgegentritt als Auffälligkeiten im zentralen Nervensystem, im Bereich der rhythmischen Vorgänge des Herz-Kreislauf- und Atemsystems oder im Stoffwechsel, sind Manifestationen dessen, was wir andererseits als Unregelmäßigkeiten in den Seelentätigkeiten des Denkens, Fühlens und Wollens finden. Es sind also, um wieder zur Magersucht zurückzukommen, die psychischen und somatischen Befunde in dem Stadium, für das man den Katalog der diagnostischen Minimalkriterien festsetzt, als Ergebnisse der diskreten Vorgeschichte einer Inkarnations- oder auch Individuationsstörung zu werten, die das gesamte Wesensgliedergefüge betrifft und weder eine nur körperliche noch eine nur seelische sein kann, denn je weiter man in der Kindheit zurückgeht, desto aussichtsloser wird diese Unterscheidung.[15] «Die Anorexie», schreibt Bockemühl, «ist nur die dramatische Kulmination (einer) jahrelang sich zuspitzenden Störung, die freilich für den Ungeübten latent bleibt».[16]

Der unmittelbare Zusammenhang zwischen seelischen und körperlichen Erscheinungen wird bei dieser Krankheit geradezu ideal anschaulich, wobei man allerdings die Phänomene nicht grob analogisierend, sondern dynamisch lesen muss. Wir werden Bausteine zu einer solchen Phänomenologie weiter unten zusammentragen.

Anmerkungen zu: Das klinische Bild

1 *Deutsches Ärzteblatt*, Heft 48/85, «Differenzialdiagnose und Therapie der Pubertätsmagersucht».
2 *Beiträge zu einer Erweiterung der Heilkunst*, Heft 2 / 86.
3 M. Simmonds, «Über Hypophysenschwund mit tödlichem Ausgang» (1916), zitiert nach Schütze (vgl. Anm. 4). Auch in jüngeren Untersuchungen sind Vermutungen einer ‹Organminderwertigkeit› des hypophysären Systems aufgetaucht, so z.B. H. Asperger, *Handbuch der Kinderheilkunde*, Berlin – Heidelberg – New York 1969.
4 Gert Schütze, *Anorexia nervosa*, Bern 1980.
5 Hierbei tritt die Schwierigkeit auf, ein realistisches ‹Ausgangsgewicht› zu ermitteln. Die Patientin wird andere Angaben machen als die Eltern, und gerade in den Reifejahren verschiebt sich der Maßstab ständig.

6 Minimalkriterien nach PAIS, Heft 1/86, *Die großen Essstörungen: Anorexia nervosa und Bulimia nervosa.*
7 Siehe Anm. 1.
8 Siehe Anm. 1.
9 Siehe Anm. 4, S. 25.
10 Wenn M. Fichter (in: *Psychiatrie des Pubertätsalters*, Bern / Stuttgart / Wien 1985) schreibt, es seien «die bis heute beschriebenen körperlichen und laborchemischen Befunde bei Magersucht und Bulimia als Folge und nicht als Ursache der Erkrankung anzusehen», so halten wir allerdings auch diese Ansicht für übereilt, denn sie geht von einer Alternative aus, die sich so gar nicht stellt. Rudolf Steiner führt im *Heilpädagogischen Kurs* aus, dass wir im zentralnervösen System mit dem Haupt als Mittelpunkt eine ‹Synthese› des leiblich ausgefalteten Organgeschehens vor uns haben. Man kann deshalb davon ausgehen, dass Auffälligkeiten, die den Blick auf das zentrale Nervensystem lenken (primäre Hirnschädigungen seien einmal außer Acht gelassen) mit Organfunktionsstörungen (z. B. der Leber oder Lunge) zusammenhängen, die ihrerseits im Seelenleben ihr Äquivalent (nicht ihre Ursache oder Folge) haben. Dabei kommen nicht nur grobe Stoffwechselstörungen in Betracht, sondern auch subtile, gewissermaßen ans Seelische angrenzende, prozessuale Unregelmäßigkeiten. Hierüber arbeitet vor allem R. Treichler seit vielen Jahren.
11 *Beiträge zu einer Erweiterung der Heilkunst*, Heft 4 180.
12 Rudolf Steiner, *Geisteswissenschaft und Medizin*, 3. Vortrag, GA 312 (= Gesamtausgabe Bibliografie-Nummer 312, fortan GA 312).
13 B. C. J. Lievegoed, *Entwicklungsphasen des Kindes,* Stuttgart 1976.
14 Siehe Anm. 13.
15 Vgl. hierzu R. Steiner, *Allgemeine Menschenkunde als Grundlage der Pädagogik*, 1. Vortrag, GA 293.
16 Siehe Anm. 11.

Psychologische Faktoren

Appetitmangel?

«Die Vorstellung, dass Magersucht einfach ein entgleister maßloser Wunsch ist, abzunehmen, ist nicht haltbar», schreibt Marilyn Lawrence.[1] Dies entspricht der Erfahrung. Im Vordergrund steht nicht eigentlich der Abmagerungswunsch, sondern eine unbezwingbare Antipathie gegen den Vorgang der Nahrungsaufnahme und die damit verbundenen Körperempfindungen, Seelenvorgänge, häufig auch Gedankenassoziationen, die im Prinzip richtig, aber irreal übersteigert bzw. angst- oder ekelbesetzt sind. Die Vorstellung etwa, dass die Eingeweide nach dem Essen mit säuredurchsetztem, übelriechendem Nahrungsbrei gefüllt sind und aus diesem Brei Körperfett aufgebaut wird, kann wahnhafte (paranoide) Dimensionen annehmen. Das Hungergefühl wird als eine Art Anfechtung erlebt, sich zu etwas hinreißen zu lassen, was mit dem Gewissen unvereinbar ist und ästhetische Empfindungen kompromittiert. Der Abmagerungswunsch ist eine Begleiterscheinung des gestörten Verhältnisses zum Essen. Unsere Erfahrungen widersprechen der Ansicht, es werde ursächlich einem allgemeinen Schlankheitsideal nachgeeifert. Die Patientinnen beurteilen in der Regel fremde Körper ganz vernünftig, ja finden sich selbst auf älteren Fotos in einem Zustand schön, der ihnen während der Krankheit völlig unerträglich wäre. Nach einer Frau mit ‹Idealfigur› in der Umgebung gefragt, fällt ihre Wahl auf einen gut gewachsenen, weder zu dicken noch zu dünnen Körper. Sie haben keine Abneigung gegen korpulente Menschen. In vielen Fällen kontrastiert die Unfähigkeit, ausreichend zu essen, mit dem aufrichtigen Wunsch, zuzunehmen, auch um «wieder hübscher zu sein». Phasen völliger Fehleinschätzung des eigenen Körperumfanges wechseln ab oder überschneiden sich mit der ernüchternden Erkenntnis, «nur noch ein Gerippe» zu sein. Von den unangenehmen bis unerträglichen Empfindungen, die mit der Gewichtszunahme oder der bloßen Vorstellung einer

Gewichtszunahme verbunden sind, kann durchaus nicht kurzgeschlossen werden auf einen ‹Wunsch nach Abmagerung›. Es scheint sich vielmehr darum zu handeln, die körperlich vermittelten Kräfte der Erdenschwere für das seelische Erleben zu neutralisieren. Dies ist ein therapeutisch bedeutsamer Gesichtspunkt: Es muss (sehr allgemein ausgedrückt) zum Erlebnis gebracht werden, dass das ‹Sich-Herausheben aus den Schwerekräften› auch und besser auf anderen Wegen, bei gesunder körperlicher Verfassung, möglich ist.

Ebenso wenig haltbar wie die These des entgleisten Abmagerungswunsches ist diejenige des ‹Appetitmangels›. Gestört ist vielmehr das innere Verhältnis zum Ereignis des Appetits. Dieser bleibt nicht nur nicht aus, sondern macht sich im Gegenteil so drangvoll geltend, dass Angst aufsteigt, davon überwältigt zu werden. Im Gegenzug wird alle Kraft mobilisiert, um das Verlangen zurückzudrängen, und bald ist das Bestehenkönnen in diesem Kampf so lange zentraler Lebensinhalt, bis die vegetativen Funktionen durch den fortdauernden Mangelzustand ‹betäubt› sind, der Körper in Bezug auf seine Bedürfnismitteilung gewissermaßen resigniert. In diesem alarmierenden Zustand existiert dann kein Lebensinhalt mehr, da der letzte sich erübrigt hat, und es kann nun geschehen, dass der Körper tatsächlich keine Nahrung, auch keine künstlich zugeführte, mehr akzeptiert (statistisch geht man von einer Sterberate von 2 bis 4 % der behandelten und 15 % der unbehandelten Fälle aus). Zu fragen wäre also nicht, wie ein vermeintliches Ausbleiben des Appetits zu erklären ist, sondern wie es kommt, dass der Appetit, den wir umschreiben können als seelisch durchwobenes Hungergefühl (nur der Mensch vermag die Gier zum Wunsch, die Triebbefriedigung zum Genuss zu steigern), vom bewussteren, ich-geführten Teil der Seele nicht maßvoll integriert, sondern wie etwas bedrohlich von außen Eindringendes, Fremdartiges zurückgewiesen wird. Man hat, wenn man die Sache so betrachtet, den Eindruck, der (für das Jugendalter charakteristische) Prozess der seelischen Gefäßbildung für das erwachende Ich sei in unverhältnismäßiger Weise gefährdet durch die mit der trieb- und instinktverhafteten Leibesnatur verbundenen, ins Seelenleben heraufschlagenden Daseinsäußerungen, so dass in einer Art Panikreaktion versucht werde, Letzteren die Grundlage zu entziehen. Wir werden sehen, dass dieser Spaltungskonflikt bis zu einem gewissen Grade das ‹normale› Pubertätsgeschehen kennzeichnet, hier jedoch existenzbedrohende Ausmaße annimmt. «Die deutsche Bezeichnung Pubertätsmagersucht hebt in treffender Weise den Suchtcharakter der Erkrankung hervor; dagegen ist die Bezeichnung Anorexia nervosa irreführend, da Appetitmangel keineswegs ein typisches Symptom dieser Erkrankung darstellt.»[2] Indem ein rätselhaft radikaler und in mancher Hinsicht durchaus faszinierender Widerspruch entsteht zwischen dem Verlangen nach seelischer und demjenigen nach körperlicher Selbsterhaltung, setzt nun, um Letzteres zurückzudrängen, eine Art von pervertiertem Willenstraining ein, das uns, wäre es nicht so selbstzerstörerisch, nur größten Respekt abnötigen könnte. Und in der Tat stellt sich, wie schon erwähnt, nach einiger Zeit insofern der ‹Erfolg› ein, als die Reduzierung der Körperfunktionen zur allmählichen ‹Abstumpfung› der Leibes- und unteren Seelensinne führt.[3] Immer seltener ist nun der Entschluss zum Hungern nötig; der objektiv pathologische Mangelzustand wird subjektiv als der ‹normale› erlebt und wie einem natürlichen Verlangen folgend angestrebt. Er muss angestrebt werden, weil sich sonst unerträgliche Beschwerden einstellen. Die Patientinnen erleben, wenn sie sich zum Essen zwingen, Ähnliches wie der Drogensüchtige beim Entzug, bis hin zu Krämpfen, Panikzuständen, schweren Depressionen, Angst. Wir erkennen die Merkmale des Suchtverhaltens im fortgeschrittenen Stadium. Häufig beschreiben die Mädchen den Zustand des lebensbedrohlichen Ausgehungertseins als beschwerdefrei und sind kaum davon zu überzeugen, dass wegen der Gefahr eines Kreislaufzusammenbruchs körperliche Aktivitäten wie Waldläufe oder extreme Morgengymnastik nicht mehr gestattet werden können. Vergleichbares ist von schwer Drogensüchtigen bekannt, die sich fühlen, als könnten sie ‹Bäume ausreißen›, wenn aus medizinischer Sicht eine lebensgefährliche Vergiftung vorliegt.

Die Patientinnen können in diesem gefährlichen Stadium auf eine irritierende Art ‹ausgeglichen›, beinahe zufrieden wirken, vorausgesetzt, man lässt sie hungern. Ihre Haltung scheint zu signalisieren: Der Kampf ist beendet, ich habe kein Verlangen mehr. Eine Stimmung von Lethargie und wohltemperiert trauriger, gegenüber dem Therapeuten manchmal etwas herablassender Selbstgenügsamkeit umgibt sie dann, nur selten von jähen, ausbruchsartigen Äußerungen tiefer Qual unterbrochen. Gelegentlich wird, scheinbar ohne innere Bewegung, wie nebenbei erwähnt, es sei besser zu sterben, da zum Weiterleben kein Anlass bestehe. Die Tage sind ausgefüllt von gleichförmigen, oft stupiden Beschäftigungen. Zumeist wird die Anordnung der Sondenernährung ohne übermäßigen Protest, aber mit deutlichen Zeichen der Geringschätzung (‹Auch so werdet ihr nichts erreichen›) akzeptiert. Allerdings haben wir auch Fälle erlebt, wo gerade diese Anordnung das Gerüst der Selbstkontrolle zum Einsturz brachte und heftige Szenen heraufbeschwor.

Bei weniger schweren Verläufen und vor allem solchen, die rechtzeitig in Behandlung gekommen sind, trifft man die Mädchen häufiger im augenscheinlichen Krieg gegen sich selbst. Daraus resultiert die oft verwirrende Situation, dass die weniger dramatischen Fälle uns mit dem dramatischeren und auch bizarreren Verhalten konfrontieren. Wo das Finalstadium der Bedürfniskapitulation noch in einiger Entfernung liegt, begegnet man nicht selten einer fordernden, widerspenstigen Haltung. Der Therapeut wird als Verbündeter der niederzukämpfenden feindlichen Hunger- und Appetitgefühle eingeordnet, und das Problem ist, dass dies der Wahrheit entspricht. In dieser Phase ist bei vielen Magersüchtigen «eine ausgeprägte Neigung zu beobachten, sich mit Kochen, Füttern, appetitlichem Anrichten kalter Platten und leckeren Kochbuchrezepten zu befassen», weshalb «zahlreiche Autoren ... davon aus(gehen), dass Appetit und Hunger permanent erhalten bleiben und von den Patientinnen aktiv unterdrückt werden müssen. In diesem Sinne werden auch die von den Magersüchtigen selbst schuldhaft erlebten ... Attacken mit Heißhunger verstanden, während derer die Patientinnen alles in der Nähe befindliche Essbare in sich hineinstopfen.»[4] Vergleichbares spielt sich im insgesamt oft über viele Wochen hin blockierten therapeutischen Gespräch ab. Da gibt es seltene ‹Ausbrüche› von Offenheit, Bereitschaft zum Bündnis, unverhohlener Hilfesuche, ja Sympathie und Dankbarkeit. Die Mädchen reißen den Therapeuten förmlich an sich. Auch diese ‹Attacken menschlichen Heißhungers› werden im Nachhinein schuldhaft erlebt und dem Gesprächspartner demonstrativ zur Last gelegt. Sie leiten in der Regel eher einen Rückschlag als einen Fortschritt im Aufbau der Beziehung ein, so wie auch nach den Essanfällen das Hungern umso konsequenter fortgesetzt wird.

‹Das Kind geht fort, und man kennt es nicht›

Eine Situation, die besonders hohe Aufmerksamkeit verlangt, ist die Erstvorstellung. Man kann hier Patientinnen erleben, die abgesehen von ihrem besorgniserregenden körperlichen Zustand allein durch ihr souveränes, taktvoll-kontrolliertes, auch ein wenig blasiertes, überhebliches Auftreten imponieren und über ein erstaunlich reifes rhetorisches Instrumentarium verfügen. Dabei kann es sich um Mädchen handeln, die so krank sind, dass sie einer sofortigen künstlichen Ernährung bedürfen. Den Blick für die Auffälligkeit perfekt angepasster Unauffälligkeit muss man sich erst nach und nach aneignen, um hinsichtlich der Seelenlage der Magersüchtigen nicht fatalen Täuschungen zu unterliegen. Nicht immer ist der erste Eindruck so aussagekräftig, wie es J. Bockemühl beschreibt: «Das Kind spricht mit leiser, klagend monotoner Stimme. – Sehr angepasst, wagt es vielleicht einen scheuen Blick, sichert sich bei der Mutter ab, lächelt elegisch. Die Stimmung ist mitleidheischend, gedrückt.»[5] Die tief melancholische Grundstimmung ist zwar immer vorhanden, wird jedoch bisweilen so imposant, geradezu ‹literarisch› präsentiert, dass man es schwer hat, das Ausmaß des darunterliegenden Schmerzes zu würdigen. Dieser ist ja ebenso herabgelähmt wie das Hungergefühl, und wer erlebt hat, wie er im Behandlungs- und Besserungsverlauf, wenn die Fähigkeit des Sich-selbst-Erfühlens wieder erwacht, mit Elementargewalt hervorbricht, begreift, dass die Magersucht auch und nicht zuletzt eine Krankheit der meisterhaften, selbstverleugnenden Maskerade ist. Und man beginnt sich zu fragen, wie weit dieses Versteckspiel der Angst in den Biografien zurückreicht. «Bemerkenswert erscheint ... der Eindruck, der nach der ersten Konsultation bei uns selbst zurückbleibt. Wenn man sich seine Wahrnehmungen für die erste Begegnung nicht durch eine Anhiebsdiagnose verschließt, bleibt eine mitleiderregende Empfindung zurück, dem Kind trotz allem Bemühen doch nicht ... begegnet zu sein. Das Kind geht fort, und man kennt es nicht. Unbehagen, Ungewissheit und Undurchschaubarkeit bleiben zurück. Man hat keine ‹Tiefe› wahrnehmen können.»[6]

Zweifellos hängt es mit dieser ‹Undurchschaubarkeit› (aber auch mit dem immer neu sich stellenden Problem, Temperaments- und Charaktereigentümlichkeiten von krankheitstypischen Verhaltensmustern zu unterscheiden) zusammen, dass unter den verschiedenen Autoren nicht in allen Punkten Einigkeit darüber herrscht, welches die hervorstechenden Merkmale des anorektischen Verhaltens seien. Während der eine «die Magersuchtspatienten in einer tragischen Vereinsamung als ergreifend scheu und gleichzeitig starr, selten von Tränen umflort», erlebt, betont der andere mehr «die trotzige Eigenwilligkeit, Rücksichtslosigkeit und einsichtslose Eitelkeit», und ein dritter schildert die Patientinnen «nach ihrem äußeren Erscheinungsbild als empfindungslose, vergeistigte Astheniker, welche uns weltfern und lebensschwach, avital, zart und zerbrechlich, wie in einem Glashaus sitzend vorkommen, während sie – allerdings nur untergründig – in Wirklichkeit äußerst vital ... und explosiv seien».[7] Wir haben Bockemühls Schilderung einer elegisch-klagenden Stimmung wahrgenommen und selbst hinzugefügt, dass bisweilen ein formbewusstes, höflich-unverbindliches Auftreten die Kontaktaufnahme blockiert. Schütze vermutet, diese Differenzen stünden «in einer ursächlichen Beziehung zu den häufig sehr unterschiedlichen Auswirkungen, welche die Patienten auf ihre Kontaktpersonen haben».[8] Sicherlich gilt dasselbe auch umgekehrt. Zudem muss, wie wir sehen werden, zwischen verschiedenen ‹Formkreisen› der Magersucht unterschieden werden. Schließlich sollte man nie die Tatsache aus dem Auge verlieren, dass in der Krankheit immer ein ‹gattungsmäßiges› Geschehen in individueller Version auftritt. Dies kann in Einzelfällen zu völlig untypischen Bildern führen. So hat etwa Viktor von Weizsäcker eine Magersüchtige beschrieben als «poetische, schönheitsbegeisterte, literarisch, originell und geschmackvoll erlebende ... junge Frau»,[9] was unter verallgemeinernden Gesichtspunkten geradezu ein Widersinn ist (womit nichts darüber ausgesagt sein soll, wie oft eine solche weltoffene, genussfreudige Persönlichkeit im Dornröschenschlaf der Magersucht liegt und darauf wartet, aufgeweckt zu werden).

Es gibt allerdings auch Punkte, über die man sich (bei Beachtung des Prinzips der regelbestätigenden Ausnahme) einig ist. Zu beobachten ist in nahezu allen Fällen eine «überdurchschnittliche intellektuelle Leistungsfähigkeit bei gleichzeitiger Aktivitätssteigerung, gepaart mit einer ausgeprägten Energie des Beharrens und einer hohen Abstraktionsfähigkeit».[10] Die Mädchen sind pedantisch und bevorzugen monotone, fantasielose Beschäftigungen. Sie entfalten einen hektischen, inhaltlich oft sinnleeren, stets freudlosen Aktivitätsdrang und scheinen dabei über «schier unerschöpfliche Durchhaltefähigkeit zu verfügen», die «in deutlichem Kontrast (steht) zu dem zunehmenden körperlichen Verfall» (Schütze). Durchweg wirken sie «jünger, aber vernünftiger als ihr chronologisches Alter» (Bockemühl): «Neben psychische Infantilismen (fehlende Eigenständigkeit, stark eingeschränkte Entscheidungsfähigkeit) tritt ein intellektualisiertes reifes Denken» (Schütze). «Ihren Kindheitserinnerungen haftet ein eigentümlicher Glanz von Sehnsucht nach der unbekümmerten Geborgenheit und der unbelasteten Sicherheit der Liebe und der Zugehörigkeit der Kindheit an. Sie haben große Angst vor der anzustrebenden Eigenverantwortlichkeit und Selbstständigkeit in der Zukunft, die sie in lähmender Befremdung stehen lässt, in einer Art Totstellreflex des Werdens» (Stauder[11]). Dabei ist von Interesse, dass die gemeinsame Durchforschung der Kindheit nicht selten ergibt, dass von Geborgenheit und Unbekümmertheit gar nicht die Rede sein kann, die Mädchen also vorgeben, sich an etwas zu erinnern, was sie vermisst haben und wünschen. In anderen Fällen waren die Kinder tatsächlich so geartet, dass sie ein ‹überbehütendes› Verhalten der Umgebung provozierten. Es soll mit diesen Bemerkungen nicht etwa auf ‹schlechte Elternhäuser› verwiesen werden, denn inzwischen müsste klar sein, dass das kausalanalytische Suchen nach (wenn auch nicht vorsätzlich) ‹Schuldigen› in eine Sackgasse nach der anderen führt. Vielmehr scheint bei den Magersüchtigen schon in früherer Kindheit ein Gefühl der Geborgenheit und der Heimatlichkeit bei aller

Anpassung und Fügsamkeit (die überwiegende Mehrheit der befragten Eltern erinnert sich weder an eine Trotzphase noch sonst an irgendwelche Krisenzeiten) nie wirklich entstanden zu sein – vielfach eben trotz aller liebevollen Bemühungen der Umgebung. Dass dann die Gefahr besteht, dieses liebevolle Bemühen zu übertreiben, es auch noch aufrechtzuerhalten im Zustand verschwiegener Resignation («dieses Kind hat sich uns nie zu erkennen gegeben»), vielleicht elterlicher Verletztheit, so dass es einen verkrampft-pflichtgemäßen Zug annimmt, ist mehr als begreiflich. Die Mischung aus Folgsamkeit, Überempfindlichkeit, Verschlossenheit, Gewissenhaftigkeit, intellektueller Frühreife und ständiger latenter Unerfülltheit und Verängstigung, die spätere Magersüchtige durch ihre Kindheit tragen, überfordert viele Eltern verständlicherweise; dass in solchem zaghaftem Wohlverhalten, in solcher beflissenen Unauffälligkeit ein alarmierendes Zeichen zu sehen ist, hat sich noch nicht weit herumgesprochen. Da kann ein jahrelang mit Überzeugung und Hingabe für das ‹zarte, harmoniebedürftige Kind› gepflegtes, warmes und behütendes Familienleben völlig vergebens erscheinen, weil ein Ereignis wie ein Wohnungswechsel zu tiefster Verunsicherung führt. Und wenn gelegentlich beobachtet wird, dass die Mutter ihre Tochter ‹wie eine Puppe› behandelt, ist noch lange nicht ausgemacht, ob die Mutter das Kind in die Rolle der Puppe oder das Kind die Mutter in die Rolle der Puppenmutter gedrängt hat.

Alle Fachleute beschreiben übereinstimmend, dass die magersüchtigen Mädchen eine auffallende soziale Unreife bis hin zur Beziehungsunfähigkeit bzw. infantil-egoistischen Beziehungsmustern an den Tag legen. Sie fordern ausschließlich und sind davon überzeugt, dass die Umgebung, ja eigentlich die ganze Welt verpflichtet sei, sich nach ihren Bedürfnissen auszurichten. Dies steht in einem bemerkenswerten und menschenkundlich überaus aufschlussreichen Kontrast zu dem gerade umgekehrten Verhalten in den früheren Kindheitsjahren. Das prämorbide Bild extremer Angepasstheit kehrt sich im Krankheitsausbruch geradezu blitzartig um. Aus den sozial ‹pflegeleichten›, wohlerzogenen Lieblingen der Lehrer, Onkel und Tanten werden verstockte, mitmenschliches Entgegenkommen verweigernde Jugendliche, die sich mit der ganzen Welt verfeinden und eigentlich signalisieren: ‹Ich kann nur weiterleben, wenn alles um mich herum anders wird›. Teilweise äußert sich dies in Form von unerfüllbar «hohen idealistisch-moralischen Anforderungen» an die Umgebung, bis hin zu «ans Paranoide grenzenden Beziehungsideen», gepaart mit einer «übersteigerten religiösen Einstellung».[12] Asperger betont zu Recht, dass diese illusionistische Anspruchshaltung den Bezugspersonen zumindest anfänglich oft verschwiegen, also in stummer Anklage und überscharfer Registrierung ihrer Unzulänglichkeiten an sie herangetragen wird, so dass am Ende jedes Gesprächskontaktes eine unausgesprochene moralische Verurteilung des Therapeuten steht.[13] Auch diese Haltung freilich finden wir nicht immer und wenn ja, dann in unterschiedlicher Ausprägung.

Schließlich kommt aus psychologischer Sicht der Tatsache besonderes Gewicht zu, dass die Magersüchtigen in erschreckendem Maße interesselos gegenüber den Vorgängen und Erscheinungen der Umwelt sind. Sie scheinen jede Fähigkeit zum zweckfreien Genuss des Schönen, jede gesunde Neugier und allen sinnlichen Erfahrungshunger verloren zu haben. Dem entspricht, dass es buchstäblich gar nichts gibt, was geeignet wäre, ihre Fantasie zu beflügeln. Unsere Gruppenveranstaltungen (‹Jugendstunden›), in denen versucht wird, über ein literarisches, künstlerisches oder auch soziales Thema, über Rollenspiel oder biografische Betrachtungen, Pflanzenkunde oder Geschichte ins Gespräch zu kommen, sind oft ausgesprochen deprimierend. Alles, was nicht die Essensproblematik betrifft, ist ‹langweilig›; Exkursionen in die Natur, Theaterbesuche hinterlassen keinerlei Eindruck. Allenfalls mit abgehoben-religiösen Fragen («Gibt es ein Leben nach dem Tod?») kann es gelingen, einen Stein aus der Mauer der Teilnahmslosigkeit herauszubrechen. Bisweilen führt auch die Aufarbeitung von aktuellen zwischenmenschlichen Konflikten im Stationsalltag zu einer gewissen Beteiligung, desgleichen der vom Therapeuten moderierte Erfahrungsaustausch über die Krankheitsvorgeschichte. Es hat sich gezeigt, dass für die Durchführung der Gruppenstunden Beharrlichkeit und Unbeirrbarkeit vonnöten sind und Themen gewählt werden sollten, für die sich der Leiter selbst begeistern kann. Irgendwann springt dann ein Fünkchen über. Ratsam ist auch die Einteilung der Stunden in einen ‹tätigen› und einen mehr die innere Aktivität ansprechenden Teil. Wir kommen im Kapitel ‹Entwurf eines geisteswissenschaftlich begründeten Therapiekonzepts› darauf zurück. Fürs Erste muss festgehalten werden, dass ein geradezu autistisch anmutender Rückzug von jeglicher nicht notgedrungener Interaktion mit Mensch und Welt das Krankheitsbild kennzeichnet. «Der Ausdruck ‹tödliche Langeweile›, auf die Steiner schon 1910 als krankmachenden Faktor hinwies, hat heute eine neue bedrohliche Realität erhalten.»[14]

Dass die Magersüchtigen sich selbst inmitten dieser ‹Langeweile› einem unerhörten intellektuellen Leistungsdruck aussetzen, wie besessen lernen (und oft ihre Zustimmung zu einer Behandlung von der Zusage abhängig machen, dies weiterhin zu dürfen), vervollständigt den Eindruck einer in Starre und Mechanik verfallenen, leblosen Seelenverfassung. Die einzig akzeptable ‹Nahrung› ist das sterile, sinnlichkeitsfreie, abstrakte Wissen.

Anmerkungen zu: Psychologische Faktoren

1 Marilyn Lawrence, *Ich stimme nicht. Identitätskrise und Magersucht*, Reinbek 1986.
2 *Der Nervenarzt*, Heft 53/82, «Somatische Befunde bei Anorexia nervosa und ihre differenzialdiagnostische Wertigkeit».
3 Als ‹Leibessinne› bezeichnen wir nach Steiner den Tastsinn, Lebenssinn, Eigenbewegungssinn und Gleichgewichtssinn; als ‹untere Seelensinne› die zum Stoffwechsel hingeneigten Gesichtssinne (Geschmacks- und Geruchssinn). Die Bedeutung der anthroposophischen Sinneslehre für die Therapie wird noch näher erläutert.
4 Gert Schütze, *Anorexia nervosa*, Bern 1980.
5 *Beiträge zu einer Erweiterung der Heilkunst*, Heft 4 / 80.
6 Siehe Anm. 5.
7 Siehe Anm. 4.
8 Siehe Anm. 4.
9 Viktor von Weizsäcker, *Gesammelte Schriften Bd. 6*, Frankfurt 1986.
10 Siehe Anm. 4.

11 *Der Kinderarzt*, Heft 2/84, «Anorexia nervosa. Psychodiagnostische und psychotherapeutische Prinzipien bei der Behandlung».
12 Siehe Anm. 4.
13 *Schweizerische medizinische Wochenschrift*, Heft 93 / 1963, «Zur Problematik der Pubertätsmagersucht».
14 R. Treichler, *Die Entwicklung der Seele im Lebenslauf*, Stuttgart 2004. Dort wird zitiert aus R. Steiner, *Psychosophie, Pneumatosophie, Anthroposophie*, GA 115.

Das Weltbild

Das Jugendalter: Idealismus und Weltschmerz

Da die Magersucht offensichtlich in einem Zusammenhang steht zu dem geistig-seelischen und körperlichen Reifeschritt, für den sich die Bezeichnung ‹Pubertät› eingebürgert hat,[1] wäre eine Symptomatologie, die nicht nach einem möglicherweise ermittelbaren anorexietypischen Weltbild früge, unvollständig. Denn es wird ja in diesem Alter, wie H. Tellenbach schreibt, «die ganze Schwierigkeit der geistigen, ethischen, religiösen Orientierungen ... fühlbar». Die Jugendlichen entwerfen auf der «Suche nach daseinsbestimmenden Normen» ihr erstes weltanschauliches Konzept und schwanken zwischen Übernahme «der von den traditionellen Institutionen bereitgehaltenen Lösungen und Haltungen – oder aber deren skeptischer Ablehnung».[2]

Tellenbach spricht von der «Entwicklung ... der ethischen Urteilskraft im Gewissen»;[3] Rudolf Steiner sagte 1922 in Oxford, dass das Kind in diesem Alter (wenn es von intellektuell-moralisierenden Erziehern verschont bleibt) «selber die Gebote bildet, sich selber autonom, in Freiheit die sittlichen Gebote formuliert».[4] Hinzu kommt, dass die äußere Wirklichkeit (auch diejenige des eigenen Körpers) jetzt erst als ‹harte›, gesetzmäßig bestimmte Welt physischer Tatsachen bewusst erfasst und integriert wird. Es entstehen die bekannten Autoritäts- und Realitätskonflikte. Zwischen den beiden Polen der ‹sich vergewissernden› Hinwendung zur physischen Welt (Erwachen des logischen Denkens und naturwissenschaftlichen Interesses) und der Suche nach einer seelisch-geistigen Wirklichkeit entfaltet sich die Erotik, von Tellenbach im Gegensatz zu sexualistischen Interpretationen charakterisiert als «Lust an der geistigen Zeugung im Schönen», die sich entzündet am «Urphänomen ... der Schönheit des beseelten Leibes».[5] Man möchte noch weitergehen und sagen, das romantisch-erotische Verlangen richte sich nicht nur auf den

Nebenmenschen, sondern auf alles, was ist. Die «schöpferische Weltkraft des Eros», so Tellenbach, die «zur geistigen Dialogik führt, ... zeigt sich im Schwärmen der Mädchen füreinander und für Personen pädagogischen Führens, in der Tendenz der Jungen zu freundschaftlichen Idealen – für beide könnte der dichterische Spruch gelten: ‹Schon weil du bist, sei dir in Dank genaht›. – Der Eros erhöht den Freund über sich selbst hinaus in die reine Idealität.»[6] Mit dieser Haltung tritt der Jugendliche der ganzen Schöpfung entgegen, der Welt, durch die er sich seinen Weg bahnen wird. Die Dinge und Wesen erscheinen in einem Glanz, der vom ‹Möglichen im Wirklichen› kündet.

> Ich habe keine Geliebte, kein Haus,
> keine Stelle, auf der ich lebe.
> Alle Dinge, an die ich mich gebe,
> werden reich und geben mich aus.
> *(Rilke)*

Es ist eine Stimmung zwischen Einsamkeit, Sehnsucht und der Gewissheit, in der Hingabe an die Welt sich selbst zu finden. Steiner hat über die daraus erwachsende Kraft in anderem Zusammenhang geschrieben: «Die Natur wird zum Geiste erhoben, der Geist versenkt sich in die Natur. Jene wird dadurch geadelt, dieser aus seiner unanschaulichen Höhe in die sichtbare Welt gerückt.»[7] So lässt sich nicht nur das Wesen der Kunst, sondern auch das innerste Anliegen jugendlicher Menschen umschreiben, die nicht durch verfehlte Ansprüche der Umwelt, frühe Enttäuschung oder Angst «den Schritt in eine falsche Reife tun und ihren größten Reichtum (verlieren): die Freiheit, Ideen zu haben und ihren Impulsen zu folgen» (Winnicott[8]).

Albert Schweitzer schrieb in seinen Kindheitserinnerungen: «Im Jugendidealismus erschaut der Mensch die Wahrheit.» Steiner sprach von «Jugendweisheit», womit «nichts Pedantisches» gemeint sei, sondern etwas, das sich in die Welt stelle durch «Faustschläge des Gefühls, Spatenstiche des Willens».[9] Das Erlebnis, dass im Menschen Geist und Natur,

Idee und Stoff einander durchdringen, dass er ausgefaltet ist zwischen zwei Wirklichkeiten als Verbindung Schaffender, liegt den Daseinsäußerungen der Jugend, ihrer Hoffnung und ihrem Tatendrang, aber auch ihrer Angst zugrunde. Diese ‹Weisheit› ist kein intellektuelles, sondern eben ein entwicklungspsychologisches Phänomen. An der Schwelle zur Zukunft sind für eine recht schnell vergehende ‹biografische Sternstunde› erwachende Denkfähigkeit und kindliches Intuitionsvermögen verschmolzen zu einer Art Hellsichtigkeit. Die Sendung des Menschen wird im Innersten erfasst. Bangigkeit vor der Größe der Aufgabe liegt im Widerstreit mit drängender Ungeduld, sie zu ergreifen. In diesem Zwiespalt wird die ganze Welt zum Abenteuer, und Abenteuer ist immer verbunden mit Gefahr. Alles hängt davon ab, ob die Vor-Freude über die Furcht obsiegt. In jeder einzelnen Biografie ist dies zwischen Pubertät und Volljährigkeit die entscheidende Frage. «Was ist vor allen Dingen nötig?», fragt Steiner und antwortet: «Mut! – Wirklich Mut! Mut, sich zu sagen: Das Leben der Welt muss in seinen Fundamenten neu begründet werden. – Ich habe niemals etwas anderes im Unterbewusstsein der jugendlichen Menschen eingeschrieben gesehen. Das ist es wirklich: Die Welt muss aus dem Fundament neu begründet werden.»[10]

Es wäre zu einfach, dies lediglich als eine auf die Umgebungsverhältnisse gerichtete ‹kulturrevolutionäre› Stimmung zu interpretieren. Auch der innere Umbruch, der sich in jedem einzelnen Jugendlichen vollzieht, ist damit treffend charakterisiert. Alles bislang Selbstverständliche, unhinterfragt Hingenommene, will und muss ‹neu begründet›, auf eine neue Stufe der Realität gehoben werden. Über das Ausmaß der damit verbundenen Verunsicherung hat Steiner mit großer Eindringlichkeit gesprochen. Er forderte die Pädagogen auf, sich so gründlich von allen gewohnten Erziehungsrichtlinien freizumachen, dass ihre innere Haltung eine solche sei, die einräume, «dass auch einmal ein Tag kommen könnte, an dem die Sonne nicht aufgeht», denn dies entspreche der Bewusstseinsverfassung des Jugendlichen: «Da, meine Damen und Herren, geht manchmal die Sonne nicht auf, die früher aufgegangen ist.»[11] Das ist zwar einerseits metaphorisch zu verstehen, aber es kann auch ganz konkret genommen werden. Es ist gar nichts Ungewöhnliches, wenn ein Fünfzehn-, Sechzehnjähriger mit dem Gedanken spielt, die Sinne könnten ihm eine Illusionswelt vorgaukeln, wenn er mit dem Nihilismus kokettiert, mit dem schauerlich-schönen Begriff ‹Sinnlosigkeit›. «Es kommt mir ein entsetzlicher Gedanke», heißt es in Georg Büchners Stück *Leonce und Lena:* «Ich glaube, es gibt Menschen, die unglücklich sind, unheilbar, bloß weil sie leben.» So etwas ist den Jugendlichen nahe, und es soll ihnen nahe sein, denn wo viel Licht ist, da ist auch viel Schatten, und die ‹Rückseite› jenes Idealismus, der die Welt ‹aus dem Fundament neu begründen› will, ist die (manchmal provozierend gestellte) Frage, ob es solche Fundamente gibt. Gesucht werden glaubhafte Bestätigungen der Wirklichkeit.

So hat der Jugendliche die aktive Neuordnung und autonome Neubewertung einer in Chaos, Fragwürdigkeit sich auflösenden Vergangenheitswelt zu leisten, die Eroberung der Realität vom Bewusstsein her und ihre Öffnung zur Zukunft hin, verbunden mit der existenziellen Frage: Wo sind Gestaltungsräume; wo findet mein Tätigkeitsdrang sinnvolle Ziele? Heinrich Roth schreibt: «Ebenso wichtig wie die Umwandlung des Erlebnisdranges in echtes Interesse ist die Umwandlung des Tätigkeitsdranges in Gestaltungskraft.»[12] Hierzu bedarf es des Ideals, in dessen Licht sich die Welt als eine zukünftige, gestaltungsoffene und gestaltungsbedürftige darbietet; eines «Bildes (der) künftigen Entfaltetheit, einer verlockenden Endgestalt als eines dauernd anziehenden Zieles» (Roth). Der Jugendliche lebt in der Frage nach der idealen Substanz einer Welt, die er in ihrer Mineralität, ihrem Gewordensein erst jetzt erfasst. Die Jahre zwischen Pubertät und Volljährigkeit dienen der Realitätsvergewisserung, der Suche nach Wahrheit, wie Steiner sagt, «denn einen richtigen innerlichen Begriff von der Wahrheit bekommt der Mensch erst, wenn er geschlechtsreif geworden ist».[13] Im Vollzug dieses ‹Einweihungsweges› in die Erdenverhältnisse wirkt der Ent-täuschungs-Aspekt des Erfassens der «Geworfenheit» (Heidegger) in die Begrenzungen, Beschwernisse des Vorfindlichen übermächtig und kränkend, wenn der Idealismus, aus welchen Gründen auch immer, ins Leere läuft.

Donald W. Winnicott hat darauf aufmerksam gemacht, dass in der sogenannten ‹Latenzzeit›, also in den Jahren vor der Pubertät, die bevorzugten Spiele der Kinder sich subsummieren lassen unter das Thema: «Ich bin Herrscher in meinem Schloss.»[14] In der Pubertät dann, so Winnicott, wird zu einem Stück «Lebenssituation», was bisher Spiel war: «‹Ich bin Herrscher in meinem Schloss› ist (jetzt) eine Feststellung über das eigene Sein.» Es drückt sich darin, wie der Autor mit Recht hervorhebt, das Ringen um personale Identität und Autonomie aus, das leicht einen herausfordernden, ja aggressiven Zug annehmen kann. Das ist das eine. Aber das «Schloss» ist auch Mittelpunkt des Königreiches und das Königreich der je durchscheinende, bewusst umgriffene Teil der Wirklichkeit; jener Teil also, der ‹regiert›, d.h. beeinflusst werden kann nach Maßgabe übergeordneter Intentionen. Der König ist im Urbild derjenige, der weisheitsvoll und gerecht lenkt, seine Herrscherwürde also bezieht aus dem Wissen um das Gute und Wahre. Er fügt Idee und Wirklichkeit zusammen zum ‹Reich›. Als Bewahrer des Gewordenen und Architekt der Zukunft ist er verkörperte (Geistes-)Gegenwart. Erkenntniskühle und Willensfeuer verbinden sich zum (in den goldenen Insignien symbolisierten) Engagement des Herzens. ‹Ich bin Herrscher in meinem Schloss› heißt nicht nur: ‹Ich bestimme über mich›, sondern auch: ‹Ich habe das Zepter ergriffen, um die Welt zu verändern.› So kann der ‹Königsweg› der Jugend charakterisiert werden als Aufbau oder Eroberung eines inneren Weltreiches, eines Weltbildes, das Indikativ und Konjunktiv, Gewordenheit und Werdeziele verbindet zu einem Zukunftspanorama, in das hinein sich die Individualität entwirft. Personale Selbstbehauptung, Assimilation der physischen Realität und Idealismus sind einander durchdringende und bedingende Komponenten ein- und desselben Reifeschrittes, durch den das Kind, wie Müller-Wiedemann schreibt, mit der Möglichkeit zu «objektiviertem Denken und Verantwortlichkeit des Handelns (erst) im wirklichen Sinne des Wortes ... in seine eigene historische Gegenwart heraus(tritt), in die Erdenreife.»[15] I. P. Jakobsen spricht von einer «überwältigende(n) Zeit der Entdeckungen, wo (der Jugendliche) nach und nach in Beängstigungen und in unsicherem Jubel mit ungläubigem Glücksgefühl sich selbst entdeckt», voller Freude, «dass seine Kräfte in Schwung geraten».[16] Es treten «die allertiefsten Menschheitsfragen» hervor, «auf deren Beantwortung wir vielleicht schon längst verzichtet haben» (von Heydebrand[17]). Bei Steiner lautet der zentrale Ausdruck «Weltinteresse», und er hebt hervor, dass, wenn dieser unerfüllt bleibe, abgespeist mit grauer Theorie, «richtiges *Menschen*interesse für das ganze Leben nicht (mehr) möglich» sei[18] (Hervorhebung vom Verfasser). Denn die wirklich tief gegründeten, dauerhaften Menschenbegegnungen sind solche, die, getragen von Lebensbejahung, sich auf gemeinsame Intentionen, Interessen, Ideale richten. Dies gilt auch für das Verlangen nach dem anderen Geschlecht, in dem die ‹Neugier auf das Leben› kulminiert. Es kann in große, schöne Gefühle einmünden, aber auch schnell zur bloßen sexuellen Begierde abstumpfen. Ob Eros erfahren wird als Künder des ‹offenbaren Geheimnisses, dass liebende Überwindung von Gegensätzen ein Tor aufstößt zum Reich der Ungeborenheit, oder im jugendlichen Weltbild das philiströs-biologistische ‹Fortpflanzungs›-Dogma Platz greift, das Menschenliebe zur ‹Paarung› degradiert; ob in der Sexualität Lustgewinn gesucht wird oder eine hohe Form des Gesprächs – auch davon hängt Entscheidendes ab.

Realitätsverweigerung und ‹Inevidenz›

Wir haben uns nun, vor dem Hintergrund dieser allgemeinen Betrachtungen (die später unter dem Aspekt weibliche/männliche Pubertät wieder aufgegriffen werden), mit solchen Schicksalen auseinanderzusetzen, die in der biografischen Stunde der Realitäts*vergewisserung* unter einem Versagensschock zu stehen scheinen, der sie in die Realitäts*verweigerung* treibt. Warum es sich hierbei in erster Linie um Mädchen handelt, soll uns im Augenblick noch nicht beschäftigen.

Andrea Graf, eine Magersüchtige, die ein Tagebuch ihrer Krankheit publiziert hat, schreibt dort: «Ich sehe durchs Fenster. Nichts. Ich tue nichts, denke nichts, höre nichts, sehe nichts. Nichts als Nichts. Ein ganzes Leben einfach nichts.»[19] Man muss sich hüten (auch wenn die Autorin hier Samuel Beckett erwähnt), dies als literarische Stilisierung einer geltungssüchtigen Kranken abzutun. Es ist evident, dass für die meisten Magersüchtigen dasjenige, was wir die ‹Rückseite› des Jugendidealismus nannten (die Koketterie mit der Sinnlosigkeit, das ‹Maja-Gefühl›, das Büchnersche ‹Unglück zu leben›) in der Tat daseinsbeherrschend wird. Viele Patientinnen schildern, unter einem dauernden latenten Eindruck von Surrealität zu stehen.

«Ich komme mir vor wie in einem Alptraum. Manchmal kneife ich mich sogar, um zu prüfen, ob ich wach bin» (Regina K., 15 Jahre).

«Durch das Fehlen eines sicheren Gefühls der Selbstidentität», heißt es auch bei Toifl u.a.,[20] kommt es zu «nicht psychotischen Depersonalisations- und Derealisationsphänomenen (als) Folge der Isolierung des Ichs». Damit hängt es zusammen, dass man nicht müde wird, nach einer verursachenden Störung im zentralen Nervensystem zu suchen. Oft lässt sich anamnestisch (allerdings erst nach langen Gesprächen, denn die Erinnerung an die Zeit unmittelbar vor Krankheitsausbruch ist in Bezug auf innere Erlebnisse wie verschüttet) eine Entwicklung nachzeichnen, die von untergründig bangen Wirklichkeitszweifeln oder Entfremdungszuständen (Regina K.: «In der Disco kam mir auf einmal alles belanglos und seltsam vor; ich saß mit der Clique herum und kriegte nichts um mich herum richtig mit. So oft wie möglich ging ich tanzen, weil ich nur noch beim Tanzen das Gefühl hatte, voll da zu sein. Später bin ich dann nicht mehr hingegangen»), häufig bei gleichzeitiger Flucht in religiös-mystische Vorstellungen, übertriebene Beschäftigung mit Träumen o.ä., hineinführt in eine Verfassung, die auf quälende Art alles fern und gespenstisch erscheinen lässt. Die Welt wird, um aus eigenen Gesprächen zu zitieren, wahrgenommen «wie durch eine Milchglasscheibe» oder «wie ein Film, der jederzeit reißen kann». Auch die Menschen sind ‹Schatten›. «Jemand betritt mein Zimmer – mein Vater, eine Figur aus Becketts ‹Endspiel›» (Graf). Wir ahnen hier die Herablämung im Bereich der oberen Sinne (‹Sozialsinne›), insbesondere des Ich-Sinnes.[21] Die mangelnde Beeindruckbarkeit bzw. Wahrnehmungsblässe in der unmittelbaren Begegnung führt dazu, dass keine kontinuierlichen Beziehungen gelingen. Neben der Tatsache, dass nur sehr schwer ein gemeinsames Interessenfeld eröffnet und darauf hinblickend verbindendes Wollen hergestellt werden kann, ist dies, von der Sinnesseite her, das zweite deutliche Kommunikationshindernis. In den ersten Monaten leidet das Verhältnis zur therapeutischen Bezugsperson eklatant unter diesem Mangel. Jedes Gespräch hat wieder den Charakter einer Erstvorstellung; das Miteinander bleibt fragmentarisch, ohne ‹Historie›. Die Ergebnisse scheinbar gelungener, aufbauender Stunden werden ebensowenig bis zum nächsten Termin durchgetragen wie die aufgerissenen Probleme nach harter Auseinandersetzung. Wir haben Fälle erlebt, wo ein diesbezügliches ‹Tauwetter› sich dadurch ankündigte, dass plötzlich der Therapeut mit allen Anzeichen großer Bedürftigkeit, aber ohne äußerlich erkennbaren Grund, immer wieder (auch nachts) gerufen wurde, als wollten die Patientinnen sich seiner Existenz vergewissern. Es ist viel gewonnen, wenn man (natürlich im Rahmen des Verkraftbaren) auf solche für die oberflächliche Betrachtung ‹tyrannische› Anwandlungen eingeht, die nach unserer Erfahrung nie lange währen. Wichtig ist, dass jetzt um eine Beziehung gekämpft wird und der Therapeut sich abzuheben beginnt vom Grau der ‹Figuren aus Becketts Endspiel›. In dieser Situation erweist sich dann die große Bedeutung des stationären Teams, das den Patientinnen in einem weiteren Schritt ermöglicht, wieder Differenzierungen in ihrer mitmenschlichen Umwelt vorzunehmen, Sympathien und Antipathien zu (verteilen), Menschen als verschiedene Individualitäten deutlich zu erleben und anzusprechen.

Natürlich steht die mangelnde Evidenzerfahrung in Bezug auf die menschliche und nichtmenschliche Umgebung einerseits in einem Zusammenhang mit den Auswirkungen der Unterernährung. Dennoch handelt es sich nicht nur um ein Schwächesymptom (die Magersüchtigen geraten ja, wenn überhaupt, erst sehr spät in jenen tranceartigen Zustand, von dem Menschen berichten, die vorübergehend vorsätzlich gefastet haben – einen Zustand des Enthobenseins, genussvoller Leichtigkeit und starken Fantasieauftriebs, der irgendwann jäh in Apathie umschlägt), also nicht nur um einen Nebeneffekt im akuten Stadium. Vielmehr ist der gestörte Realitätsbezug offenbar schon Teil des Prologs, und der Suchtcharakter der Krankheit bezieht sich auf die eher panische als erhebende ‹Vollendung› einer lange schon angebahnten inneren Weltentfremdung.

Kasuistik Anna F.:
Die Patientin hat mir, nachdem es ihr besser ging und sie aus der Klinik entlassen war, im Verlauf unserer ambulanten Biografiearbeit berichtet, sie habe irgendwann den Eindruck bekommen, niemand zu sein; sie sei z.B. bei geselligen Zusammenkünften irgendwie «gar nicht da» gewesen, sozusagen unsichtbar für die anderen, und so sei man auch mit ihr umgegangen, nämlich gar nicht. Fotos zeigen, dass sie in dieser Zeit ein besonders attraktives und sicherlich umschwärmtes Mädchen war. Sie habe, wenn sie etwas sagen wollte, das Gefühl gehabt, niemand würde es verstehen, also sei sie immer schweigsamer geworden. Auch habe sie sich damals mit dem Problem befasst, dass ein endliches Universum ebensowenig vorstellbar sei wie ein unendliches. Schließlich habe sie sich zurückgezogen und eingesponnen in eine kleine Welt von täglich monoton wiederkehrenden Abläufen und Beschäftigungen. Dies habe ihr Sicherheit gegeben. Indessen sei die Sehnsucht gewachsen, wieder ein kleines Kind zu sein bzw. die Auflehnung dagegen, es nicht mehr sein zu dürfen, und sie habe angefangen, sich an ihrer Mutter festzuklammern. Es sei ihr dann aufgefallen, dass Gott sich wieder mehr um sie gekümmert habe, z.B. seien Wünsche in Erfüllung gegangen. – Anna war zu diesem Zeitpunkt vierzehn Jahre alt. Bald begann der Ehrgeiz, dem Hunger nicht nachzugeben. Beim zitierten Gespräch, mittlerweile sechzehnjährig und gewichtsmäßig außerhalb der Gefahrenzone, kam sie nicht von selbst darauf, dass ihre festgefügte, rituell durchorganisierte und ereignislose ‹Minimalwelt› Gott kaum eine andere Wahl gelassen hatte, als ihre Wünsche zu erfüllen. Fragen nach der Unendlichkeit etc. seien kein Thema mehr gewesen. Stattdessen begann sie Kalorien zu zählen und göttliche Fügung darin zu vermuten, wenn sie wünschte, es möge mittags keine Sauce geben, und es gab keine Sauce.

Von den meisten Patientinnen wissen die Eltern zu berichten, dass sie sich schon vor dem körperlichen Krankheitsausbruch zunehmend in eine innere und äußere Eremitage manövriert hatten, keinen altersentsprechenden Interessen mehr nachgingen, keine Kontakte mehr pflegten. H. Mesters spricht von «Flucht in ein autistisches Verhalten».[22] Dass untergründig tiefe Daseinsfragen bewegt, dann jedoch in eine entlegene Seelenkammer eingeschlossen werden, entspricht unseren Ergebnissen und wird auch von anderen Autoren bestätigt. Schmitt/Wendt berichten von Gesprächen im Stadium der Erholung, die vom «Sinn des Lebens, des Sterbens und des Krankseins» handelten, wobei «ein verzweifeltes Streben nach Orientierung» spürbar geworden sei und die «Einsamkeit, mit diesen Fragen fertig zu werden». Die Magersüchtigen hatten sich nach eigenen Angaben früher nie «getraut, ... darüber zu sprechen, aus Angst, nicht ernst genommen zu werden».[23] Ein erschrockenes Zurückweichen vor den altersentsprechend auftretenden weitreichenden Daseins- und Sinnfragen gehört zweifellos zu den charakteristischen Haltungen im Krankheitsausbruch und Verlauf, wobei der Grad der Bewusstheit und Erinnerbarkeit dieses Rückzuges variiert. Es ist manchmal sehr mühsam, später die biografische Bruchstelle gemeinsam aufzusuchen und dort anknüpfend zu zeigen, dass es statt Fluchtverhalten auch ‹adäquate Bewältigungstechniken› gibt. Eine hervorragende Rolle spielt hier die Wiedererweckung des Vertrauens in das Gespräch.

Hierbei erweist sich als besonders hinderlich, dass den Patientinnen die Sicht auf das Wesentliche versperrt ist durch einen hermetisch geschlossenen Kreis von Surrogat- bzw. Stellvertreterproblemen, die sie gewissermaßen als Schutzwall um sich aufgebaut haben. Lange Zeit steht der Gesprächspartner außerhalb dieses Kreises und findet die versteckte Eingangspforte nicht. Er ruft, um es plastisch zu formulieren, die Frage nach dem Sinn des Lebens hinein und erhält zur Antwort die Gegenfrage nach dem Sinn der Butter auf dem Brot, des Fettgewebes unter der Haut oder (auch solches kommt vor) des Kreuzworträtsellösens. Über Wochen und Monate hin ist man mit einem festen, gleichbleibenden Bestand von solchen völlig profan anmutenden Problemen konfrontiert, die mit zwanghafter Hartnäckigkeit aufrechterhalten werden. Jenseits aller verkrampften Deuterei zeigt sich jedoch oft, dass sie ‹Verschlüsselungs›-Charakter haben.

Kasuistik Katja H. und Anja M.:
Die sechzehnjährige Katja H. war auf qualvolle Art, bis hin zu Weinkrämpfen, von dem Problem umgetrieben, ob sie Kreuzworträtsel lösen solle, wolle, dürfe. Anfangs begingen wir den Fehler, sie von der Nebensächlichkeit der Frage überzeugen zu wollen. Als wir die Kreuzworträtsel dann jedoch als Thema für die Gesprächsstunden akzeptierten, zeigte sich allmählich, dass eine Fülle von tiefschürfenden und durchaus diskutablen Frageanliegen sich dahinter verbarg. Katja wollte wissen, ob Rätsellösen vergeudete Zeit und was überhaupt vergeudete oder sinnvoll genutzte Zeit sei; ob Bildung und Klugheit erstrebenswert seien, wo doch das Leben, wenn man weniger nachdächte, viel unkomplizierter wäre. Das Denken erzeuge doch erst die Probleme und Zweifel. Sie müsse nur zwischen sinnlosen und nützlichen Tätigkeiten unterscheiden lernen, um gesund zu werden. Menschen, denen solche Probleme gar nicht erst zu Bewusstsein kämen, seien zu beneiden.
Anja M., siebzehn Jahre alt, geriet in regelrechte Panikzustände, weil sie nicht wusste, wem sie ihre Wäsche zur Reinigung überlassen sollte: der Heilpädagogin, der Mutter, der Tante oder der Klinikwäscherei. Bei näherer Besprechung des Problems brach eine große Not hervor, die damit zusammenhing, dass man mit achtzehn Jahren volljährig wird und als der mütterlichen Fürsorge entwachsen gilt. Warum die Dinge so eingerichtet seien, dass Selbstständigwerden bedeute, alles zu verlieren, was einem lieb und teuer sei. Sie könne sich kaum vorstellen, jemals nicht fürsorgebedürftig zu sein, und habe den Verdacht, so ergehe es im Grunde allen, nur dass die meisten nicht den Mut hätten, es zuzugeben.

Der hässliche, schwarze Stein

Es wird deutlich, dass für das anorexietypische Weltbild etwas in Betracht kommt, das man als ‹Eintrübung› oder dauernde latente Grunderfahrung der Inevidenz und Vergeblichkeit bezeichnen könnte. Dem herabgeminderten Weltinteresse, den Entfremdungsphänomenen im Wahrnehmungsbereich und der Orientierungslosigkeit des Willens entspricht ein Vorstellungsleben ohne Weite, Übersicht und Sinnzusammenhang stiftende Eigenaktivität (Fantasie). Die Mädchen erscheinen uns wie verirrt in eine Nebellandschaft. Weder zeitlich (biografische und zwischenmenschliche Kontinuität erlebend, das Morgen entwerfend) noch ‹räumlich› (die Tatsachen der Welt vom Bewusstsein her umgreifend und durch das wache Urteil integrierend) eröffnet sich ihnen die Welt als Panorama. Der Handlungsraum Zukunft bleibt verschwommen, die Vergangenheit ist seltsam ‹leer› (unter Experten hat sich der Ausdruck ‹leere Anamnese› eingebürgert) und die Gegenwart starr. Die zum Zwanghaften tendierende Überformung und Unbeweglichkeit des Vorsteilungslebens innerhalb einer kleinen ‹Festung› von fixen Ideen und hartnäckig verteidigten (Fehl-)Urteilen steht in auffallendem Kontrast zur sonstigen Unschärfe der unmittelbaren und mittelbaren Welt-Wahrnehmung. Zweifellos wird die generelle Daseinsunsicherheit infolge mangelnden Obektivierungs- und Urteilsvermögens durch übertriebene ‹Befestigungsmaßnahmen› im Nahbereich kompensiert. Zwischenmenschliche Beziehungen sind, da sie in besonderem Maße der ‹Eintrübung» unterliegen, nicht geeignet, diesen Ausgleich herbeizuführen. Dies alles berechtigt in der Tat dazu, mit Mesters von Tendenzen einer autistischen Bewusstseinsverfassung zu sprechen.[24]

M. Lawrence macht aufmerksam auf das «Problem, nicht mit unstrukturierter Zeit umgehen zu können»,[25] zieht jedoch nicht den notwendigen Schluss aus dieser Beobachtung: Zeit ist immer Lebenszeit, also Weg, erlebbar nur in der Vorwärtsbewegung auf ein Ziel, eine Hoffnung, eine Erwartung hin. Deshalb ist das Gewahrwerden der Zeit eine spezifisch menschliche Qualität. Das Tier ist dem immerwährenden Jetzt ausgeliefert; es erleidet Zeit bewusstlos. Zur Zeiterfassung gelangt nur die sich selbst in ein Zukünftiges entwerfende Individualität. ‹Biografische Identität› ist ein anderer, präziserer Ausdruck für Zeitbewusstsein. Der Mensch, der, aus bewältigter Vergangenheit hervortretend und zur Urteilsfähigkeit herangereift, sich auf «verlockende» (Roth) Zukunftsziele hinzuordnen vermag, erlebt sich in der Gegenwart als frei, nämlich als Herr seiner Entschlüsse. Er hat Hoffnung, Lebensmut. Demgegenüber steht die resignative, vergebliche Grundstimmung der magersüchtigen Mädchen. Das Problem des Nicht-umgehen-Könnens mit unstrukturierter Zeit ist Ausdruck einer aus der geschilderten Inevidenzerfahrung resultierenden generellen Zukunftsangst, mithin Ausdruck des Abreißens (oder Nichtzustandekommens) biografischer Identität bzw. Kontinuität. Ein zur Willensseite hin verschlossenes (und damit auch in der Sinneswahrnehmung ungenügend involviertes) Vorstellungsleben wird immer wieder auf sich selbst zurückgeworfen und entwickelt irreale Eigengesetzlichkeit. Es ‹vertrocknet› gleich einem von der Bewässerung abgeschnittenen Garten. Wo das ‹Frühlingserwachen› der Jugend einsetzen, die erwachende Individualität, beflügelt durch die Fülle des Möglichen, sich zu visionären Schauungen ihrer Zukunftsgestalt erheben sollte, weicht stattdessen das Kind vor einer bedrohlich näherrückenden Nebelwand aus ‹unstrukturierter Zeit› angstvoll zurück und verkriecht sich in einem Versteck, das es nie wieder verlassen, in dem es verhungern würde, wenn niemand käme und es herausriefe.

Kasuistik Maria W.:
Maria war dreizehn Jahre alt, als die Krankheit ausbrach. Sie ist ein Beispiel für einen ‹lehrbuchmäßigen› Verlauf. Als ihre Periode einsetzte und sie körperliche Veränderungen an sich bemerkte, begann sie zu hungern. Demonstrativ verleugnete sie ihre Weiblichkeit durch ein burschenhaftes Äußeres (Kurzhaarschnitt, Cordhosen) und spielte mit kleineren Kindern Räuber und Gendarm etc., während sie sich von den gleichaltrigen Schulfreundinnen, die schon erste Liebeleien anfingen und sich schick machten, angewidert abwandte. Maria gehört zu den weni-

gen Patientinnen, die ganz dezidiert (ohne vorherige Lektüre psychologischer Fachliteratur) zum Ausdruck bringen, das Problem sei die Angst vor dem Erwachsenwerden. Es seien auf einmal Dinge mit ihr geschehen, äußerlich und innerlich, auf die sie eine «schreckliche Wut» bekommen habe. Als sie während der ambulanten Nachbetreuung, inzwischen vierzehnjährig, aufgefordert wurde, ihre Situation in Form eines Märchens zu beschreiben, vergaß sie im ersten Entwurf sich selbst. Eine Hexe (die Krankheit) und ein Zauberer (der Therapeut – zweifellos eine Höflichkeit an meine Adresse) stritten sich um einen kostbaren Stein. Im zweiten Anlauf brachte sie sich ein in Person eines alten ‹Kräuterweibleins›, das in einem «gemütlichen Steinhaus» am Waldrand wohnte und einen kostbaren Diamanten besaß, den es in einem Tresor aufbewahrte. Als das Weiblein einmal im Wald Kräuter sammelte, schlich sich die Hexe ins Haus, hexte den Tresor auf, raubte den Diamanten und legte stattdessen einen hässlichen schwarzen Stein hinein. Später kam wieder der etwas unglaubwürdige Zauberer und brachte alles in Ordnung. Die Hexe indessen ließ nicht nach in ihrem Bemühen, den Diamanten erneut zu rauben.

Wir finden hier unschwer eine märchenhafte Umschreibung der oben umrissenen Grundproblematik. Eine festlegende Deutung der Bilder soll nicht vorgenommen werden. Immerhin sei darauf hingewiesen, dass die ganze Szenerie (Wald, Kräuterweiblein, gemütliches Steinhaus) eine bestimmte Atmosphäre von Altehrwürdigkeit, Geheimnis und Geborgenheit atmet: Vergangenheitswelt, Dämmerung. Nur mit dem kostbaren Diamanten, um den sich alles dreht, hat es eine andere Bewandtnis. Er ist jedoch zweifach eingeschlossen (Steinhaus, Tresor), und nur deshalb, weil ihn das gute Weiblein zurücklässt, um im Wald Kräuter zu sammeln, kann sich die böse Hexe seiner bemächtigen und ihn mit dem schwarzen Stein der Traurigkeit und Angst vertauschen. Dies alles spielt sich am Waldrand ab: An der Grenze zwischen dem weiten, offenen Land und dem geheimnisvollen Halbdunkel, wo die Zauberkräuter wachsen.

Immer werden wir, auch durch ein solches Märchen, aufmerksam auf die Nichtbewältigung des Verhältnisses zwischen Innenwelt und Außenwelt, auf eine krisenhafte Zuspitzung des (jugendspezifischen) Zwiespalts zwischen Selbst- und Weltwahrnehmung. Wir finden ein Scheitern im Grenzbereich, wo Gestern und Morgen, Ich und Du, Innen und Außen, Denken und Wollen, Zentrum und Peripherie in ein harmonisches, Selbstbewusstsein und Weltinteresse erweckendes Verhältnis zueinander treten sollen und es nicht können. Hierher gehört das von Lawrence erwähnte Problem des Zeiterlebens, das ein Zukunftsproblem ist und damit ein Problem des bewussten Eintretens in die eigene Biografie.

Das ‹Ineffektivitätskonzept›

Was dies für den ab etwa vierzehn Jahren aktuellen Versuch des Entwurfs eines ersten ‹großräumig› orientierenden, vor allem auch die eigene Rolle im Weltgeschehen abschätzenden Realitätskonzepts bzw. Weltbildes bedeutet, haben wir in Bezug auf den allgemeinen Charakter des Wahrnehmungs- und Vorstellungslebens umrissen (‹Inevidenz›) und im Einzelnen nur insofern, als wir feststellten, dass an die Stelle weit ausgreifender Fragen und großzügiger Perspektiven ein kleiner ‹Schutzwall› von zwanghaft verfolgten, pedantisch-alltäglichen Themen und ‹Interessen› tritt. Dem entspricht das gewissermaßen ‹eingefrorene› Zeiterleben, das nur kleinste, möglichst immer wieder in sich zurückkehrende Wegstrecken umspannt. Wir haben auch gesehen, dass das Selbstwertgefühl, also die Einschätzung der eigenen Kompetenz und Bedeutung für andere, so weit herabsinkt, dass bisweilen der Eindruck entsteht, ‹gar nicht da zu sein›. Dies wird besonders hervorgehoben von Autoren, die sich vorwiegend von der Korrektur kognitiver Fehlleistungen, also falschen Denkens, Heilungserfolge versprechen. Schmitt u. a. heben als hervorstechendes Krankheitsmerkmal hervor, «die Erlebniswelt Magersüchtiger» sei bestimmt von einem «Konzept subjektiver Ineffektivität».[26] H. Bruch spricht von der «subjektiven Überzeugung der eigenen ... Untauglichkeit», und Schmitt ergänzt: «Die tiefsitzende Überzeugung der Mädchen, unfähig zu sein, ihr Leben nach eigenen Vorstellungen gestalten zu können, wird manifest zu dem Zeitpunkt, an dem sie mit den neuen Erwartungen der Adoleszenz konfrontiert werden. Das fehlende Gefühl von Zuversicht lässt das kranke Mädchen scheitern.» A. T. Beck macht aufmerksam auf die «Paralyse des Willens» als Folge der Überzeugung, nichts könne gelingen. Es steht also dem, was wir auf der Seite des Wahrnehmens bzw. der Realitätsvergewisserung ‹Inevidenz› nannten, auf der Seite des Willens (oder genauer: des Wollen-Könnens) die sogenannte Ineffektivitätsüberzeugung gegenüber, von Anhängern der kognitiven Verhaltenstherapie Ineffektivitätskonzept genannt in der Meinung, die Willensparalyse sei ein Resultat falscher Gedanken über das Wollen bzw. über die Möglichkeit, den Willen effektiv einzusetzen. Ohne dies ganz von der Hand weisen zu wollen, muss es in dieser kausalen Eingleisigkeit doch bezweifelt werden, denn die Biografien Magersüchtiger zeigen eine auffällige Willensschwäche schon zu einem Zeitpunkt, an dem ein «systematischer Denkfehler» (Schmitt) in Bezug auf die eigene Effektivität noch gar nicht vorliegen kann, weil die hierfür erforderliche Abstraktionsfähigkeit fehlt. Die Frage, warum bei späteren Magersüchtigen Störungen der Willensnatur (verzagende Grundhaltung, keine Trotzphase etc.) schon in frühester Kindheit auffallen, kann nur beantwortet werden, wenn man diese Willensnatur als solche in ihren leiblichen, seelischen und später erst kognitiven Erscheinungsformen untersucht, wozu bis heute weitgehend die menschenkundliche Begrifflichkeit fehlt.

Übereinstimmung besteht jedoch darüber, dass die magersüchtigen Mädchen sich selbst als untauglich beurteilen und dies, wie auch immer, zusammenhängt mit der von Beck erwähnten «Paralyse des Willens», die sich im Übrigen interessanterweise weder auf den intellektuellen Leistungsbereich erstreckt (die Mädchen sind herausragende Schülerinnen, lernen zäh und verbissen) noch auf die Erfüllung selbst- oder fremdauferlegter ‹routinemäßiger› Pflichten. Der Paralyse unterliegt die Fähigkeit, aus eigenem, schöpferischem Antrieb, aus den Kräften der Fantasie und Neugier, des Welt- und Menscheninteresses tätig zu werden.

Schmitt zitiert einige typische Äußerungen, von denen er annimmt, aus ihnen spreche der von der «Grundannahme der Untauglichkeit» herrührende Katalog systematischer Denkfehler:

«Nein-sagen ist unhöflich und ungezogen.»

«Wenn zwei zusammensitzen, reden sie über mich.»

«Weil meine Klassenkameradinnen mich zu Hause nicht besuchen, mögen die mich nicht.»

«Wenn ich mich durchsetze, sind die (anderen) enttäuscht und lassen mich allein; davor habe ich Angst.»

«Entweder du bist meine Freundin und bist immer nur mit mir zusammen, oder du bist keine echte Freundin.»

«Wenn ich anfange, mit einem Jungen zu gehen, bin ich ihm schutzlos ausgeliefert.»

Aus eigenen Gesprächen wären die häufig wiederkehrenden Äußerungen hinzuzufügen:

«Ihr könnt euch noch so anstrengen, was in mir vorgeht, werdet ihr nie verstehen.»

«Ihr wollt ja nur stolz auf euch selber sein, wenn ihr mich wieder zum Essen bringt. Was wirklich mit mir los ist, interessiert euch gar nicht.»

«Ihr könnt noch so schön mit mir reden, wer weiß, was ihr in Wirklichkeit über mich denkt und in euren Stationsbesprechungen erzählt.»

«Gebt doch zu, dass ich euch furchtbar auf die Nerven gehe. Keiner von euch mag mich, wie ich bin.»

Dies ist zweifellos die Sprache eines tief erschütterten Selbstbewusstseins und aufgrund dieser Erschütterung verzerrten Weltbildes in Bezug auf die mitmenschliche Umgebung. Aber noch etwas anderes, damit Zusammenhängendes wird deutlich, nämlich das Misstrauen. Dem Menschenbild (als dem zentralen Bestandteil des ‹Realitätskonzepts›) fehlt vollständig jener oben von Tellenbach als «geistige Dialogik» beschriebene Idealismus des Eros, der den Mitmenschen «über sich selbst hinaus» zu erhöhen vermag «in die reine Idealität». Die unausgesprochene Grundannahme ist offenbar, dass keine Liebe in der Welt existiere. Es stellt sich kein Erlebnis der eigenen inneren Schönheit (des ‹Diamanten›) ein, die von anderen entdeckt werden könnte, aber dies gilt auch umgekehrt. Die Wahrnehmung des menschlichen Gegenübers ist um einen wesentlichen, seelisch-geistigen Aspekt verkürzt. Infolgedessen werden äußerliche Maßstäbe an die Perfektion, Aufopferungsbereitschaft usw. der Freundin, des Freundes angelegt, die unerfüllbar sind und mit Zwangsläufigkeit zu immer neuen Enttäuschungen führen.

Statt spontaner jugendlicher Liebefähigkeit, schwankend zwischen Hingabe und Enttäuschung, Glück und Schmerz, begegnet uns eine Haltung des abstrakten theoretischen Abwägens von Vor- und Nachteilen der Freundschaft, durchsetzt mit erschreckendem Argwohn. In der Regel entsteht eine solche Haltung als Folge deprimierender Erfahrungen. Bei den meisten magersüchtigen Mädchen jedoch steht sie, gewissermaßen ‹vorsorglich›, schon am Anfang, noch ehe irgendwelche positiv oder negativ auswertbaren Beziehungserlebnisse außerhalb der Familie vorliegen.

Welt ohne Klang

Misstrauen entsteht, wo Vertrauen fehlt. Wenn keine Anhaltspunkte für die Annahme zu finden sind, Letzteres sei zerstört worden, müssen wir davon ausgehen, es sei als solches unentwickelt geblieben. Vertrauen ist zunächst, bevor es sich in den Prüfungen des Lebens zu bewähren hat, eine Entwicklungserrungenschaft wie der Schönheitssinn oder das Urteilsvermögen. Der ganze Mensch in seinem leiblich-seelisch-geistigen Gefüge ist am Vertrauensbildungsprozess der Kindheit beteiligt, und es handelt sich nur insofern um eine Frage der intellektuellen Einstellung zur Welt, als sich in dieser Einstellung widerspiegelt, was als Grund-Daseinsgefühl den wahrnehmenden, fühlenden und wollenden Menschen durchdringt. Wir kommen im nachfolgenden Versuch einer menschenkundlichen Betrachtung der Phänomene darauf zurück. Hier sei nur, gewissermaßen als Bild – aber doch als sehr konkret sprechendes Bild – daran erinnert, dass wir das Phänomen des Misstrauens als Lebenshaltung von gehörgeschädigten Menschen kennen und identifizieren als allgemeine Daseinsunsicherheit infolge des Ausfalls oder der Schwächung eines Wahrnehmungsbereiches, der am weitesten und umfänglichsten zur Welt hin aufgeschlossen ist und erfahrbar macht, «wie (die Dinge) in ihrer Innerlichkeit sind, wenn sie zu tönen anfangen» (Steiner[27]). Der Ton, der, so heißt es weiter, «die Innerlichkeit der Dinge zum Erzittern (bringt)», gibt Kunde von den lebendigen Qualitäten der Welt. Aber auch von der Seelenart eines Menschen liegt viel im Klang seiner Stimme, in den Modulationen seines Sprechens. Etwas wie eine ‹Taubheit› seelischer Art liegt auch bei den Magersüchtigen vor und erklärt ihr erschüttertes Selbst- und Weltvertrauen. Sie sind gewiss nicht physiologisch gehörgeschädigt, aber es ist doch so, als vernähmen sie nicht den verheißungsvollen ‹inneren Klang› der Welt, die besondere, individuelle ‹Tönung› eines Menschen, auch nicht die eigene; als seien sie nicht erwacht zu jener Haltung des liebenden Aufgeschlossenseins für das, was sich als seelisch-musikalisches Durchwobensein der Erscheinungswelt, Menschenwelt dem gesunden Jugendlichen offenbart und ihn ‹hindurchlauschen› lässt durch die Oberflächenbeschaffenheit, Äußerlichkeit der Dinge und Wesen. Das kleine Kind lebt ‹in› den Dingen. An der Schwelle zur Erdenreife stehen sie dem distanziert sich abgrenzenden Schauen gegenüber, und wenn nun nicht diese ‹Klangwahrnehmung› der neuen, objektiveren Beziehungshaftigkeit Musikalität verleiht (was nichts anderes heißt, als dass die Welt ‹idealisiert› werden kann im ahnenden Erfassen ihrer Geistdurchdrungenheit), wird die Realität in ihrer Härte, Schwere und Undurchdringlichkeit zur Bedrohung. Wir können menschenkundlich nachweisen, dass das intensive kleinkindliche Darinnensein in den Dingen, das distanzlose Hingegebensein an sie, kräftig durchlebt werden muss, damit der spätere Vorgang der Ich-Welt-Trennung nicht zum Zerreißen des Zusammenhanges gerät, sondern neuen Zusammenhang stiftet. Wenn das kleinere Kind nicht genügend Willenskraft, Sympathiekraft in seinen Wahrnehmungsprozessen entfaltet hat, nicht in voller Selbstentäußerung «ganz Sinnesorgan» (Steiner[28]) sein konnte, ganz ‹sinnliches Willenswesen›, wird es später nicht ordentlich den Schritt zur intentionalen Willenshaftigkeit vollziehen können: Es wird gewissermaßen die Dinge, die nun vor ihm stehen als Objekte, nicht wiedererkennen, nicht in sich wiederfinden als Klang und Wesen. Und so wird ein Weltbild entstehen aus starren, tonlosen, gleich-gültigen Utensilien. Jeder Schritt dort hinaus ist ein Schritt in die Fremde, also in die Angst.

Rudolf Steiner nennt das, was dem gesunden Jugendlichen Mut und Kraft gibt, hinauszutreten in die Zukunft, in die Freiheit, «das Lieben, das Lieben für alles» und fährt fort: «Die Geschlechtsliebe ist nur ein Teil der Liebe, die sich heranbildet in diesem Lebensalter. Man kann in diesem Lebensalter sehen, wie sich die Naturliebe heranbildet, wie sich die allgemeine Menschenliebe heranbildet», und «es ist tatsächlich in der Entwicklung der Liebe etwas wie ein Vorgang des Erwachens. – Dasjenige, in das der Mensch hineinwächst, indem er die Liebe in sich allmählich entwickelt, ist ein langsames, allmähliches Erwachen, bis zuletzt das Stadium dieses Erwachens eintritt.»[29] Es kann aber nur eintreten, wenn jenes ‹Klingen› der Welt vernommen wird, auf dem alles Daseinsvertrauen beruht. Was in der Vergangenheit Seeleninhalt war, erscheint nun draußen wieder als das begrifflich zu Bestimmende; entäußerte Wirklichkeit, die neu errungen werden muss als Zukunft. Die Liebe, die den Schritt in diese Zukunft lenkt (die ‹Verlockung›, wie Roth sagt), entzündet sich an der draußen überall erklingenden Melodie einstiger Urverbundenheit; sie begründet das Verantwortungsgefühl für eine Welt, die ‹gegenüber› ist, aber nicht fremd. «Die sich an der mineralischen Materie entzündende Begrifflichkeit», schreibt Müller-Wiedemann, «lässt ... ohne die Wahrnehmung des in ihr waltenden, auf die Zukunft gerichteten Willens diese Zukunft ungestaltet: Zeitraum irrationaler Ich-fremder Mächte. Im Herzen erst wird zukünftige Gestaltung als Ich-verpflichtend wahrnehmbar.»[30]

Die Frage aus dem Hungerturm

Ein Weltbild bzw. (um diesen etwas farblosen, aber doch sehr korrekten Begriff weiterzuverwenden) ‹Realitätskonzept›, das durch die beschriebene allgemeine (seelische) Wahrnehmungsunsicherheit (‹Inevidenz›) und Willensblässe (‹Ineffektivitätsüberzeugung›) flüchtig und oberflächenverhaftet bleibt, dem jenes «Lieben für alles» (nicht im moralischen Sinne zu verstehen, als seien die Magersüchtigen etwa ‹lieblose Geschöpfe›, sondern als orientierende, den ganzen Menschen elementar erfassende Kraft des Erwachens) nicht Perspektive und Wertbewusstsein verleiht, bringt etwas mit sich, das man als ‹Fehleinschätzung von Entfernungen und Größenordnungen›, qualitativ und quantitativ, bezeichnen kann. Bedeutsame Dinge, Fragen, Probleme werden nebensächlich, Nebensächlichkeiten lebenswichtig, weil es darauf ankommt, sich am Nächstliegenden festzuklammern, statt auf das Fernerliegende mutig und interessiert zuzugehen. Das Zeiterleben «schrumpft» oder, wie wir es oben umschrieben, «friert ein». Ohne Zukunftspanorama, heraustretend aus einem merkwürdig eingetrübten Vergangenheitsraum, entwickeln die Mädchen ein enges, monotones Zeitempfinden, leben zumeist von Mahlzeit zu Mahlzeit, von Gespräch zu Gespräch ohne Überschau. Relativ kurz bevorstehende Ereignisse erscheinen ihnen als unwirklich weit entfernt; Fragen nach der oft nur drei, vier Monate zurückliegenden Zeit vor dem offensichtlichen Ausbruch der Krankheit werden beantwortet mit Sätzen wie: «Ach, ich weiß nicht, das ist so lange her.» Bis hin zur krassen Fehlbeurteilung des eigenen Körperumfanges, dem Für-wahr-Nehmen perspektivischer Täuschungen (etwa beim Herabblicken auf die eigenen Schenkel) oder der Ansicht, winzige Essensmengen seien gewaltig groß, reichen die Wahrnehmungs- und Einschätzungsfehlleistungen, die allerdings vom ‹vernünftigeren Teil› der Seele stets als solche erkannt werden. Es gelingt jedoch nicht, sie selbst-überzeugend zu korrigieren. – Im sozialen Bereich entspricht der ‹Enge› des Welterlebens bzw. dem Eingeschlossensein in das unmittelbar Umgebende die kleinkindhaft anmutende (aber nicht kleinkindhaft unbefangene, sondern durchaus verkrampfte) Fixierung auf die Familie. Echte Kriterien der Beziehungswahl fehlen: Es wird keine Wahl getroffen. Äußerlich bevorzugen die Mädchen den, der sich geduldig und ohne Ansprüche mit ihnen in ihrer Minimalwelt aufzuhalten bereit ist, aber auch hier entsteht keine wirkliche Verbindung. Eine geringfügige Meinungsverschiedenheit genügt, um den Kontakt zu unterbrechen. Im Kontrast dazu scheinen die weiter oben erwähnten, illusionär übersteigerten Beziehungsideen und Ansprüche an die Untadeligkeit der Bezugsperson zu stehen. Wir haben es hier jedoch nicht mit einer idealistischen Haltung im eingangs dieses Kapitels beschriebenen Sinne zu tun, sondern mit der Kehrseite davon: Starre, unlebendige, auch ungerechte und durch das Fehlen des ‹menschlichen Maßes› grob vereinfachende Vorstellungen dienen als ‹Panzer› gegen das Du. Auf erschütternde Weise stehen die magersüchtigen Mädchen in einer eigentlich menschenleeren Welt. Und aus dem Hungerturm tönt die klagende Frage: ‹Wo bist Du?›

Eine allgemeine, auf alle Lebensbereiche und Seelenbezirke sich erstreckende Orientierungslosigkeit und Erlebnisarmut bestimmt die Situation dieser Kinder an der Schwelle zur «Lebensreife» (Steiner), im biografischen Augenblick des Erwachen-Wollens für den Schicksalsraum Erde und Mensch, des Erwachen-Wollens also zur Hoffnung – eine Orientierungslosigkeit, die bis hinein in die Wahrnehmungen des eigenen Leibes die Existenz erschüttert und das Daseinsgefühl destabilisiert. Die Mädchen sind in einer ernsten, besorgniserregenden Seelenverfassung, und wenn es nicht gelingt, ihnen die Welt und sie für die Welt zu öffnen, ist die unweigerliche Folge der Tod oder das Gezeichnetsein fürs Leben. Es besteht heute kein Zweifel daran, dass die Fälle, in denen die Krankheit chronifiziert, und diejenigen, wo ein Hinübergleiten in ein anderes seelisches Leiden nicht verhindert werden kann, zusammengenommen den Anteil an wirklichen Heilungen bei Weitem übersteigen – um von der Sterberate (vgl. Kap. ‹Psychologische Faktoren›) hier gar nicht zu sprechen. Um die bis heute ungünstige Heilungsprognose verbessern zu helfen, müssen alle Anstrengungen unternommen werden, um aus dem geisteswissenschaftlichen Menschenbild heraus einen ähnlichen Beitrag zu leisten, wie dies zum Beispiel in Bezug auf den frühkindlichen Autismus in den vergangenen Jahren geschehen ist.

Es soll darum in einer nachfolgenden Abteilung dieser Schrift versucht werden, die Beschreibung der Phänomene in eine menschenkundliche Charakteristik überzuleiten und daraus Elemente eines Therapiekonzepts und geeigneter pädagogischer Vorsorgemaßnahmen zu entwickeln. Bevor dies geschieht, sei der als in sich abgeschlossene Arbeit früher schon an anderer Stelle erschienene Aufsatz «Verstellte Zukunft»[31] eingeschoben. In ihm wird der Aspekt der Entwicklungskrise unter dem Leitmotiv des Inkarnationsgeschehens und unter Einbezug der vorgeburtlichen Dimension vertieft und zugleich der wesentliche Aspekt der Polarität männlich-weiblich im Pubertätsgeschehen beleuchtet. Man wird das eine oder andere vorangehend schon Gesagte wiederholt, aber zugleich präzisiert finden. In einigen Punkten sind gegenüber der ursprünglichen Druckfassung Ergänzungen vorgenommen worden.

Anmerkungen zu: Das Weltbild

1. Bei R. Steiner findet sich in seinem pädagogischen Vortragswerk verstreut ein Kanon von sieben Begriffen für die verschiedenen Aspekte des Reifeprozesses der Präpubertät und Pubertät: Sinnesreife, Atemreife, Urteilsreife, Geschlechtsreife, Erdenreife, Lebensreife und Liebesreife.
2. *Psychiatrie des Pubertätsalters*, Bern / Stuttgart / Wien 1985.
3. Siehe Anm. 2.
4. R. Steiner, *Die geistig-seelischen Grundkräfte der Erziehungskunst*, 9. Vortrag, GA 305.
5. Siehe Anm. 2.
6. Siehe Anm. 2.
7. R. Steiner, *Kunst und Kunsterkenntnis*, dort: Goethe als Vater einer neuen Ästhetik, GA 271.
8. D. W. Winnicott, *Vom Spiel zur Kreativität*, Stuttgart 1979.
9. R. Steiner, *Die Erkenntnisaufgabe der Jugend*, Ansprache vom 20. Juli 1924, GA 217a.
10. Siehe Anm. 9.
11. Siehe Anm. 4.
12. A. Flitner, H. Scheuerl (Hrsg.), *Einführung in pädagogisches Sehen und Denken*, München / Zürich 1984.
13. R. Steiner, *Allgemeine Menschenkunde als Grundlage der Pädagogik*, 9. Vortrag, GA 293.
14. Siehe Anm. 8.
15. H. Müller-Wiedemann, *Mitte der Kindheit*, Stuttgart [6]2003.
16. Zitiert nach Tellenbach, siehe Anm. 2.

17 *Erziehungskunst*, Heft 5/1957, Von der wahren Willensnatur des Kindes.
18 R. Steiner, *Erziehungsfragen im Reifealter*, Sonderdruck aus GA 302a.
19 Andrea Graf, *Die Suppenkasperin. Geschichte einer Magersucht*, Frankfurt 1985.
20 *Zeitschrift für Kinder- und Jugendpsychiatrie*, Heft 13/85, Anorexia nervosa, psychopathologische Befunde in Beziehung zu Gewicht und neuroendokrinologischen Veränderungen.
21 Als ‹obere Sinne› oder ‹Sozialsinne› bezeichnen wir nach Steiner den Sprach- oder Lautsinn, Gedankensinn und Ich-Sinn, die in ihrem Zusammenspiel erst ‹Kommunikation› ermöglichen. Die Bedeutung der anthroposophischen Sinneslehre für die Therapie wird noch erläutert.
22 Zitiert nach siehe Anm. 20.
23 *Zeitschrift für Kinder- und Jugendpsychiatrie*, Heft 10/82, Die stationäre Behandlung magersüchtiger Jugendlicher unter dem Gesichtspunkt der sozialen Reintegration.
24 Ich habe Anfang 1986 unabhängig davon die Bezeichnung Vorform eines spätkindlichen Autismus gewählt. Vgl. auch in dieser Schrift das Kapitel ‹Verstellte Zukunft›.
25 M. Lawrence, *Ich stimme nicht. Identitätskrise und Magersucht*, Reinbek 1986.
26 *Praxis der Kinderpsychologie und Kinderpsychiatrie*, Heft 34/85, Psychotherapie der Pubertätsmagersucht aus der Sicht kognitiver Theorien. Dort auch die folgenden Zitate von Bruch u. Beck.
27 Chr. Lindenberg (Hrsg.), *Zur Sinneslehre*, Stuttgart 1980; dort: Anthroposophie, die Sinne des Menschen.
28 Siehe Anm. 4, 1. Vortrag.
29 R. Steiner, *Die pädagogische Praxis vom Gesichtspunkt geisteswissenschaftlicher Menschenerkenntnis*, 6. Vortrag, GA 306.
30 Siehe Anm. 15.
31 *Erziehungskunst*, Heft 1 und 2/86.

Verstellte Zukunft.
Die Pubertätsmagersucht als
Entwicklungskrise

Die Geburt des Astralleibs

Die Pubertät als Spaltung

Wie wir gesehen haben, besteht das Problem nicht darin, dass einfach kein Appetit mehr vorhanden wäre. Man muss deshalb auch die im Jugendalter, vor allem bei Mädchen, häufig vorkommenden Phasen von Appetitmangel deutlich von der Magersucht abgrenzen. Charakteristisch für Anorexia nervosa ist das besondere, schuldbehaftete Verhältnis der Mädchen zum Vorgang der Nahrungsaufnahme. Auf eigentümliche Weise ruft das Essen, häufig in offenem Konflikt mit heftiger Begierde, Angst hervor und wird zur Gewissensfrage. Der Urtrieb der physischen Selbsterhaltung durch Ernährung mitsamt allen ihm zugehörigen Empfindungen (wozu der Appetit als gewissermaßen kultivierte, auf eine höhere Sinnlichkeitsebene heraufgehobene Form des Hungers gehört) und Assoziationen wird nicht mehr als selbstverständlich-allgemeinmenschliche Regung naturereignishaft hingenommen, sondern (sittlich) problematisiert, seine Befriedigung schließlich als sündig verworfen. Es wäre falsch zu sagen, dies sei lediglich eine Art nachträglicher ‹ideologischer Überdachung› ganz anderer Vorgänge, an denen das Bewusstsein keinen Anteil habe, denn schon zu den anfänglichsten Symptomen des Krankheitsausbruches gehört das, was die Mädchen einhellig ihr ‹schlechtes Gewissen› nennen. Nicht umsonst hat die Krankheit so eindeutig eine Beziehung zu dem Entwicklungszeitpunkt des, wie Tellenbach sagt, Erwachens «der ethischen Urteilskraft im Gewissen», wobei sich dieses Ereignis bei den Magersüchtigen jedoch auf qualvolle Art irrig, nämlich selbstzerstörerisch vollzieht. Wir haben das Gegenbild echter jugendlicher Idealsuche vor uns. Letztere ist von weitender, weltöffnender und zukunftausmessender Art. Zwischen Erlebnishunger und Schamgefühl, Begeisterung und Zaghaftigkeit gelingt spontan die seelische Durchlichtung der aufgewühlten Willens- und Begierdenkräfte der Pubertät. In freudiger Erregung (auch furchtsam, aber aus Furchtüberwindung Selbstgewissheit schöpfend) blickt das Kind, das man nun, wie Steiner sagt, «als einen freien Genossen neben sich empfängt»,[1] sehnsuchtsvoll, tatendurstig und anteilnehmend hinaus in die Welt, die seine Zukunft ist. Urbildhaft vollzieht sich da etwas schlechthin menschlich Erstrebenswertes, was für diese kurze biografische Wegstrecke Geschenk sein kann, dann wieder abhanden kommt und durch bewusste Selbstschulung auf neuer Stufe wiedererrungen werden muss:[2] Das helle Licht des Ich-bin flammt auf, strahlt hinunter bis in die entlegenen Schattenregionen der Triebnatur, der sich gerade jetzt das erwachende Selbstbewusstsein erstmals gegenübergestellt sieht, und nimmt ihr viel von ihrer Bedrohlichkeit.

Den kranken Mädchen, von denen wir sprechen, wird dieses Lichtgeschenk nur sehr eingeschränkt zuteil. Nahezu ungemildert ist ihr Erschrecken vor dem, was Georg Kühlewind «nicht erkennende Gefühls- und Willensformen» nennt, «die der Mensch wie im Geschehen stehend und von ihnen mitgerissen erlebt».[3] Dieses Schattenreich, schreibt Kühlewind weiter, tritt «für den Menschen nur dann in die Sichtbarkeit, wenn er sich aus seiner nichtbewussten Identität mit seiner ‹Natur› ... durch bewusstes Streben, durch Bewusstseinsentwicklung herausgelöst hat». Für den Jugendlichen tritt diese Aufgabe für eine kurze Zeit, wenigstens halbbewusst, in die Erfahrung: ein Teil von jener «Weisheit», die Steiner der Jugend zubilligte. Es gibt jedoch immer mehr junge Menschen, denen das Erlebnis von Licht und Schatten, ‹Wildnis und Zivilisation› im eigenen Seeleninneren panisches Erschrecken verursacht. Die magersüchtigen Mädchen entwickeln reflexartig den unwiderstehlichen Drang, dasjenige, was «durch bewusstes Streben, durch Bewusstseinsentwicklung» zu erringen wäre, in einem autoaggressiven Gewaltakt zu erzwingen: Die ‹Wildnis› soll vernichtet werden. Rudolf Grosse schreibt, «die Kulmination der Ideal- und Begeisterungskräfte des in der Reifung Stehenden (lasse) durchaus die Begleitung eines immer bewusster werdenden Ahnens zu, dass in der eigenen Seele ungeheure Abgründe verborgen sind».[4] Aus diesen Abgründen erheben sich die «Impulse, die auf der Konstitution des physischen Leibes beruhen oder aus den Lebensprozessen stammen» (Kühlewind), eindringend in die Gefühls- und Vorstellungswelt und dort umso mehr als Fremdwirkungen erlebt, je stärker sich das Bedürfnis geltend macht, die Inhalte und Bewegungen des Denkens, Fühlens und Wollens frei zu gestalten. Dies ist «die Spaltungstendenz der Pubertät» (Rudolf Treichler[5]). Dem Streben nach innerer Autonomie stehen gegenüber die starken, unwillkürlich ‹mitreißenden› Kräftewirkungen der dunklen Seite der Existenz.

Was da aus Seelenabgründen heraufkommt, ist nicht per se ‹gut› oder ‹böse›, sondern elementar und objektiv. Auch ein Gewitter beispielsweise ist nicht ‹böse›, aber es kann lebensbedrohlich sein, wenn man ihm auf freiem Feld ungeschützt ausgeliefert ist. Ein Kind, das solches erlebt hat, wird dann allerdings vom ‹bösen Gewitter› sprechen und seine Angst damit meinen. Die magersüchtigen Mädchen sind in einer ähnlichen Lage gegenüber der eigenen Leibes- und Begierdennatur, dem Gewahrwerden der Erdhaftigkeit ihrer Existenz. Wer das Gewitter im Schutz des Hauses vom Fenster aus verfolgt, erlebt ein erregendes Naturschauspiel, und nur im Hintergrund schwingt leise (und eigentlich eher angenehm) Angst mit. Wer die Elementarvorgänge des Erdenreifwerdens, Geschlechtsreifwerdens im Schutz eines festgefügten Daseinsvertrauens, durchstrahlt von gesunder, ermutigender Idealkraft, als ein zwar sehr nahes, sehr persönlich berührendes, aber letztlich doch umgebungshaftes, nämlich nicht bis ins Allerinnerste vordringendes Geschehen erfährt, wird nicht von Panik ergriffen, sondern von einer schöpferisch-erregenden Furcht, an der sich Überwinderkraft übt.

Ist jedoch das Daseinsvertrauen brüchig und die Selbstgewissheit, das innere Sich-selbst-Erfühlen, zu schwach, als dass Idealkräfte darin reifen könnten, werden die leibvermittelten elementarischen Wirkungen als höchste Gefahr empfunden, denn sie drohen als unterindividuelle, gattungshafte Gewalten das biografische Ich aus seinen noch instabilen Verankerungen zu reißen. Und da es physisch-biologische Ereignisse sind, von denen sich das Kind in seinem Seeleninneren bedroht fühlt, identifiziert es seinen Leib als Quelle der Angst und Ort des Bösen.

Wir stoßen auf das Motiv der Sünde im urchristlichen Sinne. Paulus hat als Sünde den Zustand bezeichnet, «so ich ... tue, was ich nicht will»,[6] was mir also aufgezwungen ist, wozu ich gedrängt bin, ohne mich dafür entschieden zu haben. Vom Freiheitsstandpunkt aus ist die in mir wirkende Natur dann «die Sünde, die in mir wohnt» (Paulus), wenn ich sie nicht beherrsche, sondern von ihr beherrscht werde. Diese Fragen sind für die «Jugendweisheit», wie man immer wieder erleben kann, verblüffend evident (wenn nicht verheerende Kindheitsbedingungen den Sinn dafür schon früh verkrüppelt haben). Ob sich der zur Persönlichkeit heranreifende junge Mensch mit der erdhaften Seite seines Daseins verbindet oder verfeindet,[7] hängt davon ab, wie deutlich er das Idealbild freien Menschentums als Zukunftsverheißung in sich findet und die Kraft verspürt, dorthin gelangen zu können, über alle Hindernisse hinweg, ja an den Hindernissen wachsend.

Asketische Idealbildung?

Verfeindet sich aber das Kind mangels solcher Jugendzuversicht mit der eigenen Natur, tut es dies auch mit der äußeren, umgebenden, von deren Elementen wir als physisch-leibliche Wesen durchwirkt sind. Was sich in der gesunden Entwicklung als subtile, gleichsam ‹transparente› Schamgrenze aufrichtet zwischen dem selbstbewussten Seelenleben und den (inneren wie äußeren) naturgebunden-objektiven Bedingungen, unter denen sich jenes entfaltet: als Grenze, wo die aus unbewussten Willenstiefen aufsteigenden Impulse innehalten, sich ordnend und prüfend, wo aber auch das von außen Herankommende aufgehalten und dem Empfindungsurteil des Gewissens unterworfen wird; was in einem guten und hilfreichen Sinne diese Grenze der Scham, des zarten Vorbehaltes gegen Fremdes sein sollte, wird nun zur unüberwindlichen Barriere der Antipathie. Die Magersüchtigen weisen die Erde zurück. Das Hungern mutet an wie eine selbst auferlegte Buße, eine Selbstgeißelung – nicht für bestimmte Sünden, sondern um das Dasein in einem triebbehafteten Leib zu sühnen: das Dasein in einer Form, die uns zwingt, Erde in uns einzulassen.

Victor von Weizsäcker hat in diesem Zusammenhang von «asketischer

Idealbildung» gesprochen und hinzugefügt: «Das asketische Ideal braucht als solches noch kein verkehrtes Ideal zu sein, wenn nur die Medizin ... nicht so viele Mängel feststellen müsste ... Es gibt keine Religion, welche nicht den Gläubigen drängte, die Idee des Opfers, sei es durch leibliche Askese, sei es durch andere Verzichtsleistungen zu verwirklichen. Indem der Heilige dieser Verneinung des Biologischen einen hohen Wert beimisst, gewinnt er auch etwas, und der Verlust wird zum Genuss; selbst Qualen können dann eine Lust für ihn bedeuten. Aber freilich ist dieser Weg schwer, und wo er misslingt, ist das Ergebnis ... nicht Heiligkeit, sondern Krankheit.»[8] Obwohl nach unseren Beobachtungen der ‹masochistische› Faktor der Lust an der Qual viel weniger hoch zu veranschlagen ist, als dies hier geschieht, ist der Vergleich mit asketischen Idealbildungen gewiss nicht von der Hand zu weisen, wobei unter Berücksichtigung des Alters und des stark eingeschränkten, größtenteils in Nichtigkeiten gefangenen Vorstellungslebens der kranken Mädchen besser von asketischen Haltungen gesprochen werden sollte, die zur Idealisierung tendieren. Auch Schütze bestätigt einen Hang zu «hochgespannten asketischen Idealen, gepaart mit einer übersteigerten religiösen Einstellung».[9] Tatsächlich wird in einzelnen Fällen auf Befragen geäußert, erstrebenswerte Lebensziele seien Bedürfnis- und Selbstlosigkeit, Fähigkeit zum Verzicht und Opferbereitschaft. Der Wunsch, einen Beruf zu ergreifen, «wo ich anderen helfen kann», taucht bisweilen auf.

«Ich will keine Kinder, das kann ich mir einfach nicht vorstellen – mit allem, was dazugehört. Aber wenn ich schon selbst nicht Mutter werden kann, dann will ich wenigstens Kindern, die keine Eltern haben, die Mutter ersetzen.» (Katja H., 16 Jahre)

Hiermit kontrastiert die Unfähigkeit, in konkreten Alltagssituationen von den eigenen Problemen Abstand zu gewinnen und tatsächlich zu helfen. Versuche, die Mädchen als ‹Assistentinnen› in die pädagogische Spielgruppe einzubeziehen, scheiterten regelmäßig, obwohl die Idee zunächst große Begeisterung auslöste und als geradezu verheißungsvoll aufgegriffen wurde («Ich glaube, ich kann dann auch wieder mehr essen»). Das Helferideal ist während der Krankheit (später kann sich das ändern) ohne Wirklichkeitsbezug – man möchte von einer Art ‹Rechtfertigungsidealismus› sprechen, wie wir ihn ja alle von uns selbst kennen. Gemeint ist der Versuch, die Zerknirschung über eigene Unzulänglichkeiten dadurch zu mildern, dass man in die andere Waagschale gute Vorsätze wirft, diese jedoch vorzeigt wie vollbrachte Taten. Katjas oben zitierte Worte besagen eigentlich: ‹Was ich tue, wäre unanfechtbar, wenn ich zugleich anderen ein helfender Engel sein könnte.› Für die Gesundung hängt in solchen Fällen nicht wenig davon ab, ob es gelingt, diesen Gedanken nach und nach geradezurücken, d. h. die Einsicht zu wecken: ‹Wenn ich ein helfender Engel für andere werden will, kann das, was ich tue, nicht richtig sein, denn es hindert mich daran.› – In der Regel freilich werden solche Argumente erst dann akzeptiert, wenn der Dämon des Hungerns das Vorstellungsleben nicht mehr überwiegend bestimmt. In den Monaten des akuten Leidens «findet sich … ein wirklichkeitsbezogenes Wahrnehmen und ein selbstständiges Urteilen (trotz hoher Intelligenz, H. K.) … ebenso wenig wie eine eigenständige Begriffsbildung» (Bockemühl[10]). Die Patientinnen, die versuchen, ihre Nahrungsverweigerung in einen weltanschaulichen Kontext zu stellen, sind nach unseren Erfahrungen in der Minderzahl. Was Weizsäcker, Schütze und andere als «hochgespannte asketische Ideale» beobachten, ist, soweit wir sehen, als bewusste Vorstellungsbildung eher selten anzutreffen und dann ohne wirkliches Engagement, nämlich entweder der erwähnten inneren ‹Überlebensstrategie› dienend (der Errichtung einer letzten Bastion des Selbstwertgefühls), oder Ausdruck einer auf die Umwelt (nicht auf die eigene Person) gerichteten Überanspruchshaltung, wie wir sie auch bei schwer depressiven Persönlichkeiten finden, die aus der Unerfüllbarkeit ihrer Erwartung immer wieder den Schluss ziehen, von der ganzen Welt betrogen und verkannt zu sein. Wir haben kaum einmal gehört, dass die Idee des Opfers, ein religiöses Ziel, eine Heilserwartung oder Ähnliches an das Hungern geknüpft worden wäre, etwa in der Absicht, Letzteres als logische Konsequenz einer allgemeinen verzichtsethischen Philosophie zu begründen, und wir haben auch keinen Anlass für die Vermutung, dergleichen werde im Geheimen kultiviert. Häufig dagegen formulieren die Mädchen klar und mit großer Überzeugung die Verwerflichkeit der Nahrungsaufnahme: Essen sei etwas Erniedrigendes, Beschmutzendes usw., dies sage ihnen ihr Gewissen (oder gelegentlich auch einmal Gott).

Die Regel ist, dass anstelle der Entwicklung echter sozial-ethischer, religiöser oder auch ‹asketischer› Wertvorstellungen im positiven Sinne – von Steiner einmal beschrieben als die Haltung «des schon im Geistigen wurzelnden Verzichts, ... schöpferischen Verzichts» im Gegensatz zur «Selbstpeinigung»[11] – alles Denken und Trachten, alle Sorge sich konzentriert auf das Problem der Sündhaftigkeit des Erde-Aufnehmens. Der Konflikt kreist im Wachbewusstsein um den Urvorgang der Ernährung, erstreckt sich jedoch als unwillkürliche Seelenhaltung auf die gesamte äußere Lebenswirklichkeit, die zurückgewiesen, verschmäht wird – dies jedoch nicht mit asketischem Motiv, etwa um in kontemplativer Innenschau Gott zu begegnen, sondern ohne bewussten Vorsatz, ohne irgendeine Art von positiver Orientierung. Die Mädchen sind dem, was ihnen da widerfährt, zu sehr ausgeliefert, selbst zu sehr davon verwirrt, als dass sie uns oder sich selbst erklären könnten, was es bedeutet. Selten bestreiten sie ernsthaft ihre Ratlosigkeit und Bestürzung. Zwar sind wir anfangs bisweilen mit der ‹Maske der Normalität› konfrontiert, mit einem gespielten, vielleicht trotzigen Erstaunen der Patientinnen über unsere Behauptung, sie seien krank, aber dann lassen die Durchbrüche der wahren, tiefen Verunsicherung und Qual nicht lange auf sich warten und führen dazu, dass die Maskerade sinnlos wird. Nun tritt der Zustand ein, in welchem sowohl das Essen als auch das Hungern Schuldgefühle auslösen und das Selbstwertgefühl untergraben. Nur anfänglich wird die durchgehaltene Selbstkontrolle gegen den Hunger (sie sind ja hungrig!) als eine Art Triumph erlebt. Später dominieren die niederschmetternden Einsichten: ‹Ich kann nicht essen, obwohl ich will, und darf nicht hungern, obwohl ich muss.› Die innere Stimme des ‹schlechten Gewissens› verbietet das Essen. Der Therapeut als das ‹andere Gewissen› (mit dem ein Teil der Seele ein scheues Bündnis schließt) verbietet das Hungern. Es scheint, als gäbe es aus dieser Situation kein Entrinnen. Was die Mädchen auch tun, wie sie sich auch verhalten: Es ist falsch.

Man sieht, dass Vergleiche mit der lustvollen Selbstkasteiung mittelalterlicher Mönche nicht greifen. Wir sollten, auch aus Gründen der Gerechtigkeit, von der Vermutung Abstand nehmen, für diese Kinder sei ihre schleichende Selbstvernichtung irgendwie vergnüglich, sondern uns auf die umgekehrte Feststellung beschränken, dass das Essen Qual bedeutet.

Kasuistik Anna F.:
Im Alter von sechzehn Jahren, während der ambulanten Nachbehandlung, versucht Anna aus eigenem Antrieb, die verschiedenen widerstreitenden Impulse, die sie in sich findet, als ‹Stimmen› zu identifizieren und zu beschreiben. Sie will wissen, woran zu erkennen sei, welche Stimme diejenige ihres wahren Ich sei, und erklärt: «Wenn ich ganz ruhig nachdenke, wird mir ganz klar: Das ist alles Unsinn, es gibt ja gar keinen vernünftigen Grund. Eine warme, freundliche Stimme in meinem Inneren, so ungefähr fühlt es sich an, und ich denke: Jetzt hast du es hinter dir. Aber da mischt sich dann eine andere Stimme ein, die mir sagt: Du darfst nicht, du wirst es bereuen. Es klingt wie eine strenge Zurechtweisung. – Eigentlich will ich ja gar nicht abnehmen; ich wünsche mir so sehr, zugenommen zu haben, wenn ich zu Ihnen zum Gespräch komme. Aber wenn ich gut esse und zunehme, kommt es mir so vor, als ob ich etwas verbrochen hätte. Ich fühle mich schuldig und habe Angst, bestraft zu werden, obwohl mich doch alle loben ...»

Man hat den Eindruck, das Ich habe gewissermaßen einen Beobachtungsposten außerhalb des Geschehens eingenommen und verfolge den Streit zweier innerer Mächte, ohne das Problem lösen zu können, welche von beiden die vertrauenswürdigere sei. Gelingt es dem Therapeuten, im guten Sinne als menschliche Autorität anerkannt zu werden, ist es seine Aufgabe, sich stellvertretend, mit Klarheit und Zuversicht, so lange der einen, lebens- und zukunftsbejahenden Seite zuzuneigen, bis das angstvoll zurückgewichene Ich des Kindes sich zaghaft anschließt. Es muss ihm gelingen, dass er durch seine Gegenwart die von Anna beschriebene «warme, freundliche Stimme» zum Sprechen und den ‹Gegenspieler› zum Schweigen bringt. Dies ist ein Prozess, der, wenn das Schlimmste überstanden ist, noch Jahre dauern kann.

Katja H. hat die Situation in einem besonders verzweifelten Augenblick, als sie mich nachts zu sich rief, einmal so umschrieben, dass ganz tief in ihrem Inneren, zugeschüttet von der Krankheit mit all ihren lächerlichen Problemen und Ängsten, ein kleines Licht glimme, ein Funke nur noch, der immer schwächer werde, immer weiter in die Ferne rücke.

«Noch ein bißchen ferner, dann erkenne ich es nicht mehr, dann vergesse ich, wie ich heiße, wer meine Eltern waren und alles.»

Und sie erklärte, wenn es gelänge, dieses Licht anzufachen zur Flamme, wäre sie gesund, denn die Krankheit würde darin verbrennen. – Man kann eine solche Schilderung, hervorbrechend aus Angst und Verstörtheit, getrost für bare Münze nehmen. Sie ist allemal aussagekräftiger als manche scheinbare Selbsterkenntnis, die den belesenen Therapeuten zufriedenstellen mag, aber am Kern der Sache vorbeigeht. Wenn ich z.B. im frühen Stadium der Gespräche die trockene Antwort erhalte: «Ich fürchte mich davor, Frau zu werden», so lautet die prompte Gegenfrage: «Und wo hast du das gelesen?»

Das ‹Heimwehsyndrom›

Das Bild des verglimmenden bzw. sich entfernenden Lichtes, das dem Kind in einer nächtlichen Stunde tiefster Not und Verlassenheit vor sein inneres Auge tritt, ist authentisch, unmittelbar sprechend. Es beschreibt imaginativ das Grundproblem, das sich in eine Reihe von Nebenproblemen verzweigt, von denen eines sicherlich die ‹Angst vor dem Frau-Werden› ist. Welches ist dieses Grundproblem? Wir wollen im Folgenden versuchen, es zu verstehen. Was aus allem bisher Gesagten schon deutlich geworden sein kann, ist der zentrale Aspekt der Unfähigkeit, hinauszutreten in die Zukunft; das heißt aber auch: sich loszumachen von der Vergangenheitswelt der Kindheit. «Die lichte, farbige Blumenwelt der Kindheit wird zerfetzt», schreibt Lievegoed über das Schwellenerlebnis der Pubertät:[12] «Es wird plötzlich dunkel, die ganze Zauberwelt bricht zusammen.» In diesem Dunkel aber glimmt nun jenes Lichtfünkchen als Wegweiser, das sich im Näherkommen als hell loderndes Feuer erweisen wird. Es muss jedoch die Kraft da sein, mutvoll und zielstrebig darauf zuzugehen, und die Gewissheit, dass das ferne Licht weder Täuschung noch Falle ist. Fehlt dies alles, kann uns das Bild eines Menschenkindes vor Augen stehen, das verzweifelt in den Ruinen einer unwiderruflich zerstörten Welt seine eigenen Spuren sucht und sich schließlich aus Trümmerresten eine karge Behausung baut, in der es sich verkriecht.

Der mönchische Asket vergangener Zeiten trug seine Selbstkasteiung als Liebeswerben an eine für ihn real erfahrbare höhere Wesenheit heran, der er sein Leben geweiht hatte. Indem er seine leiblichen Bedürfnisse austilgen wollte, richtete er den Blick ins Nachtodliche; sein Ziel war das ‹Sterben vor dem Sterben›, sein Verhältnis zur heiligen Jungfrau ein durchaus persönliches, inbrünstiges, wenn man so will auch sinnliches. Von allem, was sie beschämen würde, wollte er gereinigt sein, wenn er ihr gegenüberträte. Die magersüchtigen Mädchen kennen keinen Adressaten ihrer Selbstverstümmelung. Schilderungen, die irgendwie an die Erfahrung oder das Ziel der mystischen Vereinigung erinnert hätten, sind uns nie begegnet. «Der Tod ist wie eine geschlossene Blume, von der man nicht weiß, was in ihr ist.»[13] Der klassische religiöse Fanatismus ist ein Todeswahn, «das Ideal der Magersüchtigen (jedoch) ist nicht der Tod».[14] Während der Asket seinen Blick ins Nachtodliche richtet, streben die Magersüchtigen im biografischen Augenblick des ‹Betretens der Erde› zurück zur körperlosen Sphäre des Vorgeburtlichen, wo der Menschenseele Erlebnisse zuteil werden, die als Grundstimmung bis weit ins zweite Lebensjahrsiebt nachwirken. In den Jahren vor der Pubertät ist diese ‹Wegzehrung› verbraucht. Sogleich aber leuchtet in der Zukunft als Ziel der Verheißung wieder auf, was im Vergangenheitsraum als trostspendendes, Behagen und Wärme verbreitendes Licht erloschen ist. Den Magersüchtigen gelingt diese Umwendung der Seelenhaltung nicht. Das Hinaustreten aus dem Raum in die Zeit, aus dem Gewordensein ins Werden missrät zum Straucheln an der Schwelle, und im jähen Gewahrwerden ihrer Gegenwart fliehen sie zurück. Doch die Tür ist zugefallen. Es ist höchst aufschlussreich, dass von den Mädchen immer wieder zu hören ist, es sei noch etwas unerledigt, nachzuholen, nicht genügend ausgekostet usw. «Plötzlich soll die Kindheit vorbei sein, und ich merke, dass ich sie gar nicht richtig genossen habe; das ging so schnell und irgendwie an mir vorbei ...» (Maria W.) Es fehlt das Vertrauen in den festen Grund der Welt, das vorhanden sein muss, um sich auf den Weg zu machen. Schon im Jahre 1939 schrieb W. Leibbrand (vermutlich der Erste, der die Magersucht als Entwicklungsstörung deutete), es sei diese Krankheit eine «Flucht in ein vermeintliches Kindheitsverweilen», und fügte hinzu: «Durch Hungern versuchen diese Kranken, einen Stillstand zu erzeugen.» So werde «die unheimliche Macht des Werdens aufgehalten».[15] Stander spricht von einem «Totstellreflex des Werdens».[16]

Es ist zweifellos richtig, dass diese Kinder (allerdings selten im Sinne einer bewussten Zielsetzung) «ein Leben ohne Körper ... als geistiges Wesen anstreben», aber ob «in der erfolgreichen körperlichen ‹Auflösung› ... der *Triumph* (Hervorh. H. K.) des Geistes über den Körper zu sehen (ist)», scheint doch fraglich.[17] Vielleicht werden wir sowohl der Sache als auch den betroffenen Menschen eher gerecht, wenn wir einen anderen Schlüsselbegriff wählen: Heimweh. – Und erinnern wir uns: Dieses Heimweh, das sich äußert als «Sehnsucht nach der unbekümmerten Geborgenheit und ... unbelasteten Sicherheit ... der Kindheit»,[18] hat häufig gar keinen realen Anknüpfungspunkt in der Erinnerung. In manchen Fällen behaupten die Mädchen, sich eine Familienidylle zurückzuwünschen, die tatsächlich nie existierte. Wir hatten eine Patientin über viele Monate bei uns, die bis in Einzelheiten die einstigen Weihnachtsfeste, Wochenendfahrten etc. im Familienkreise beschrieb. Es stellte sich jedoch heraus, dass die betreffende Zeit von extremen Zerwürfnissen zwischen den Eltern und deren schließlicher Trennung bestimmt war. Von der Mutter erfuhren wir, es habe nie friedvolle Weihnachtsfeste oder Ähnliches gegeben. – In anderen Fällen war die Familie intakt, die Eltern verstanden sich und schufen eine häusliche Atmosphäre der Geborgenheit, ohne dass es ihnen gelungen wäre, dieses Kind (das vielleicht zwei kerngesunde, fröhliche Geschwister hat) einzubeziehen: Es blieb immer abseits, immer in sich selbst gekehrt, auf eine fast beängstigende Weise ‹brav›, aber unzugänglich.

Sollte es möglich sein, dass das ‹Heimwehsyndrom› nicht «erlernter Hilflosigkeit» (Seligman[19]) entstammt, sondern ‹mitgebracht› ist wie eine erbliche Belastung, nur eben nicht erblich?

Rudolf Steiner hielt am 12. Juni 1919 in Heidenheim einen Vortrag, in dem er seinen Zuhörern eine Beobachtung mitteilte, die, wie er betonte, ein aus damaliger Sicht neuartiges Phänomen betraf: Der Gesichtsausdruck neugeborener Kinder sei ein anderer als früher. Es sei etwas in den Kinderantlitzen «wie Trübe, wie Zurückhaltung gegenüber der Welt». Weiter heißt es dann: «Und geht man dieser merkwürdigen ... Tatsache nach, dann bemerkt man, dass die Kinderseelen, die sich durch die Geburt in die Welt bringen, bereits, indem sie durch Empfängnis und Geburt durchgehen, schon dasjenige in sich tragen, was dann ihrem Antlitz fast von der Geburt ab den melancholischen, vielleicht oftmals hinter allem Lächeln verborgenen melancholischen Ausdruck gibt, der früher nicht so auf den Kindergesichtern lagerte. Und in den Seelen, ganz unbewusst selbstverständlich, lebt etwas von der Stimmung des Nicht-Hereinwollens ins Leben. Die Seelen ... fühlen etwas wie ein Hindernis und Hemmnis, in diese physische Welt hereinzukommen.»[20] Etwa um dieselbe Zeit schreibt Kafka seine Erzählungen *Erstes Leid* und *Der Hungerkünstler*. Was Steiner nüchtern als geistige Wahrnehmung mitteilt, erschließt sich dem Dichter, der zweifellos ahnenden Zugang gerade zu den ernsten, besorgniserregenden Tatsachen und Vorgängen im übersinnlichen Bereich hatte, empfindungsgemäß. Aus seiner für menschheitliche Not und Tragik so empfänglichen Seele steigen als poetische Bildgestalten der vereinsamte, ‹autistische›, sich selbst unter mörderischen Leistungsdruck setzende Trapezkünstler *(Erstes Leid)* und der ‹Hungerkünstler› auf als fiktive Schicksale, die von jener «Stimmung des Nicht-Hereinwollens)› beherrscht sind.[21] Und es liegt nahe zu fragen, ob wir in der Magersucht nicht in dramatischer Kulmination wiederfinden, was Steiner, dem Geistesforscher, beim Hinblicken zur Schwelle der Geburt vor Augen stand und sich Kafka, dem Erzähler, aufdrängte gleichsam als Ahnung kommenden Unheils: Lebenswege, die, weil die Gefahr zu lange unerkannt bleibt, von jener latenten Schwermut im Aufbruch geradewegs hineinführen in ‹kafkaeske› Resignation oder, wie es Stauder ausdrückt, in einen «nihilistischen Sog des Daseins», ein «Verharren in der tödlichen Kapsel des Nichtwerdens».[22]

Zum Begriff der ‹Inkarnation›

An dieser Stelle muss zu unserem Ausgangspunkt gesagt werden, dass es nicht unserem Verständnis entspricht, das Seelenleben nach irgendeiner Richtung hin als bloßes Epiphänomen anderer, verursachender Faktoren anzusehen Deterministische Konzepte, seien sie neurophysiologisch, genetisch, behavioristisch, triebtheoretisch oder auch im Sinne eines mechanischen Kausalitätsbegriffes ‹karmisch› orientiert, werden der Komplexität des freiheitsbegabten Wesens Mensch nirgends gerecht. Die hier zugrunde liegende Entwicklungslehre des Kindheits- und Jugendalters geht davon aus, dass die Individualität sich aus einem vorgeburtlichen Dasein schrittweise in die Erdenleiblichkeit hineinarbeitet und diese aktiv aufbaut. In der Begegnung bzw. gegenseitigen Durchdringung der Individualität, die nicht geschichtslos und nicht erstmalig die Erde betritt, mit den Determinanten des Erbguts und der Umwelt entsteht die Seelenkonfiguration, mit deren Außenseite wir uns zunächst auseinanderzusetzen haben, wenn uns ein Mensch in seiner Eigentümlichkeit und Unverwechselbarkeit entgegentritt.[23] Georg v. Arnim schreibt: «Immer ... sollten wir uns dessen bewusst sein, dass sich sichtbar vor unseren Augen der Leib des Kindes zeigt, dass aber unsichtbar in ihm sein Seelen-Geist-Wesen, sein Ich, seine Individualität wirkt. Häufig kommt leiblich, etwa in Sprache und Bewegung, nur mit einer mehr oder weniger großen Einschränkung zum Ausdruck, was die geistige Individualität in sich trägt, was sie eigentlich sein könnte. – Geisteswissenschaftlich wird der Begriff Inkarnation verwendet, um diese Zusammenhänge zu beschreiben. Er drückt eine Tatsache aus, die aller menschlichen Existenz zugrundeliegt. Es ist das ‹Hineinwachsen› dessen, was wir nennen können ‹das geistige Ich-Wesen des Menschen› durch Embryonalentwicklung und Kindheit in seine Leiblichkeit. Es handelt sich eigentlich um einen fortgesetzten Anpassungsvorgang, um ein ständiges Sich-Hinentwickeln, sich Annähern des werdenden Leibes an das sich inkarnierende seelisch-geistige Wesen des Menschen. Embryonale Leibbildung, Entwicklung von Jahr zu Jahr durch die Kindheit hindurch, ist nicht nur Älter- und Größerwerden. Es ist unausgesetzte Wandlung und Umgestaltung des Leibes. Darin besteht ein wesentlicher Aspekt dessen, was mit dem Wort ‹Inkarnation› gemeint ist. – Wir lernen verstehen, wie viele kindliche Verhaltensstörungen ein Ausdruck der Tatsache sind, dass die Verbindung des Seelenwesens mit der belebten Leiblichkeit unvollkommen ist.»[24]

Wir haben schon mehrfach angedeutet, dass die Auseinandersetzung der Individualität mit der Leiblichkeit zugleich auch eine (bezugschaffende) Auseinandersetzung mit den umgebenden Realitäten ist. Dem Leib gehören die Sinne an, die uns wahrnehmend mit der Welt verbinden; er ist das Instrument, vermittelst dessen wir unseren Willen in der Welt verwirklichen und sie im nach-bildenden Denken als Zusammenhang erfassen; durch die biologischen Prozesse stehen wir in Korrespondenz mit den Naturreichen, und es ist zuletzt auch unser Leib, der uns Verständigung mit anderen Menschen ermöglicht. ‹Inkarnation› bedeutet also, bildlich gesprochen: Die geistige Ich-Wesenheit bereitet sich durch den Aufbau eines geeigneten Leibeshauses auf ihre Erdenbürgerschaft vor. «Der Prozess», so Hans Müller-Wiedemann, «schreitet von der Durchgestaltung der Räumlichkeit des Leibes durch das sich inkarnierende Ich fort zum Frei- und Verfügbar-Werden des Leibes als Zeitgestalt – als individuell gewordener Leib.»[25] Lievegoed stellt seinem grundlegenden Werk über die Entwicklung des Kindes[26] die Sätze voran: «Der Mensch ist ein Wesen, das teil hat an zwei Welten, an einer stofflich-körperlichen und einer göttlich-geistigen. Das Kind kommt zur Welt mit einem durch die Vererbung gebildeten Körper und mit seiner geistigen Individualität (Entelechie), einem Wesen spezifisch geistiger Natur. In diesem Zusammenhang wird der Ausgangspunkt ein anderer sein, als es in der Lockeschen Tradition der Fall ist, welche den Menschen wie ein in geistiger Hinsicht ‹unbeschriebenes Blatt› darstellt und im Hinblick auf die weitere Lebensentfaltung nur die genetische Potenzialität und den Einfluss des Milieus gelten lässt. (Hier) wird davon ausgegangen, dass innerhalb der menschlichen körperlichen und geistigen Lebensentfaltung eine genetische Potenzialität und *außerdem eine biografische* (Hervorh. H. K.) wirksam ist. Letztere offenbart sich innerhalb des Bewusstseins als das ‹Ich›.»

Grundlegendes hierzu findet sich bei R. Steiner unter anderem im ersten Vortrag seiner *Allgemeinen Menschenkunde*.[27] Müller-Wiedemann schlägt vor, «sich im Sinne einer biografischen Phänomenologie die Arbeit des Ich, das aus dem Vorgeburtlichen hereinkommt, so vor(zu)stellen, dass es in seiner Intention liegt, die Bildekräfte des Kosmos so aufzugreifen, wie der schaffende Künstler Ideen der Materie einprägt und sich im Geschaffenen erkennt». Dies führt dazu, dass «der Leib ‹Bild› des Ich (wird), nicht als symbolische, sondern als Gefühlserfahrung».[28] So befreit sich der werdende Mensch schrittweise aktiv von den zunächst bestimmenden Vererbungskräften, durch die er, wie Lievegoed sagt, «dem Tierischen verwandt ist», indem er sich den Leib ‹verfügbar macht›. Er wird zum ‹Beherrscher seiner Natur›. Nach und nach gewinnen die individuellen Schicksalsabsichten, um deretwillen die Seele herabgestiegen ist, die Oberhand über das Gattungswesenhafte, Allgemeinmenschliche. Die biografische Gestalt enthüllt sich.

Die Gefühlserfahrung des Leibes als ‹Bild des Ich› wird zur Grundüberzeugung, identisch mit sich selbst und Herr der eigenen Entschlüsse zu sein. Erst wenn «sich das Ich individuell in seinem eigenen Leibesraum erfährt»,[29] d.h. die ‹genetische Potenzialität› ergriffen und bewältigt hat, ist Weltzuwendung in Selbstbewusstheit möglich. «Nicht als eine vage Masse, sondern klar getrennt von der Umgebung» wird die bewältigte, nämlich individuell durchgeprägte Leibesnatur zur Garantin personaler Autonomie, d. h. «einer Ich- bzw. Selbsterfahrung..., die sich in zwischenmenschlichen Begegnungen behaupten kann, die, vor kognitive Probleme gestellt, die Gegenstände klar in Fokus bringt und damit eine Grundlage intellektueller Bewältigung schafft» und gegenüber der Welt «eine eigene Haltung bewahrt» (H. A. Witkin[30]).

Wir können zusammenfassend sagen, dass die Entwicklung in Kindheit und Jugend geprägt ist von einer «Spannung zwischen Ich und Vererbung» (Lievegoed), d.h. zwischen der übersinnlichen Wesenheit des Menschen, die, aus geistigen Welten stammend, gleichsam der Erde übergeben wird als Samenkorn ihrer zur Entfaltung drängenden biografischen Gestalt, und der noch «vagen Masse» des physisch-genetischen ‹Materials›, das ihr gegeben ist, um sich auf der Erde zur Erscheinung zu bringen. Dieses ‹Material› ist von elementaren, nichtindividuellen Naturkräften beherrscht, die im Vollzug des Leibaufbaus modifiziert, man könnte sagen: ‹gezähmt› werden. Die Individualität arbeitet sich durch ihre naturereignishaften Lebensgrundlagen «plastizierend» (Müller-Wiedemann) hindurch. «Dass der Mensch überhaupt zum Bewusstsein seines Ich kommt», heißt es bei Steiner, «das hängt davon ab, dass er ... sich seiner Körperlichkeit, seiner Leibesorgane bedient und sich mit seinem Leibe der ganzen Außenwelt gegenüberstellt. Sein Ich muss der Mensch erleben in seiner Körperlichkeit. Denn wenn der Mensch niemals auf die Erde heruntergestiegen wäre, um sich eines Leibes zu bedienen, so würde er ... zu allen möglichen großen Dingen der Welt kommen, aber nicht zu einem Ich-Bewusstsein.»[31] Die Bewältigung des ‹Leib-Seele-Konflikts› ist Ich-Erwachen im Erdenraum. Beherrschung der Ausscheidungen, Triebkontrolle (zuerst als ‹Zeitigung› oder auch ‹Aufschub›: es kann auf die Befriedigung eines Bedürfnisses gewartet werden), Bewegungssteuerung, Ausbildung der Geschicklichkeit und vieles mehr sind allseits bekannte Etappen auf diesem Weg.

Nie verläuft der Inkarnationsprozess reibungslos (und wo der Eindruck entsteht, dies sei doch der Fall, muss mit Sorge in die Zukunft geblickt werden). Es entspricht ja gerade dem Wesen und der Bedeutung dieses Geschehens, dass es einen spezifischen, ‹wachrüttelnden› Spannungszustand erzeugt, innerhalb dessen das Ich zum Engagement aufgerufen ist. Aber wir begegnen unterschiedlichen Formen und Graden der Erschwernis. «Es gibt Kinder», schreibt Lievegoed, «bei denen die Spannung zwischen Ich und Vererbung nicht besonders groß ist, und solche, bei denen diese Spannung sich stark bemerkbar macht. – Im zweiten Falle wird (die) Entwicklung von dramatischen Ereignissen betroffen. Namentlich während der ersten sieben Jahre wird sie von körperlichen Erscheinungen begleitet werden. Später, vor allem nach der Pubertät, spielen sich die Konflikte mehr im Psychischen ab.»[32]

Aus alledem kann ersichtlich werden, dass wir, indem wir die Phänomene einer Entwicklungsstörung beobachten, die sinnenfällige Seite eines irgendwie vereitelten, durch verschiedene in Betracht kommende Hindernisse aufgehaltenen oder fehlgeleiteten Individuations- bzw. Inkarnations- (Verkörperungs-) Prozesses erleben. Dies muss auch zur Beurteilung der Magersucht unser Ausgangspunkt sein. Um Art und Ausmaß der Störung zu verstehen, müssen wir jedoch zunächst den Regelfall, die Grundlinie, um die sich alle individuellen Linien ranken, verstanden haben. Für unser Thema kommt hierbei zuerst dasjenige in Betracht, was sich entwicklungsgesetzlich etwa zwischen dem dreizehnten und fünfzehnten Lebensjahr abspielt.[33]

‹Erinnerung an die Zukunft›

In der medizinischen, psychologischen und pädagogischen Literatur besteht weitgehend[34] Einigkeit darüber, dass der Eintritt in die sogenannte Pubertät einen Krisenzeitraum markiert, der sich, wie wir sehen werden, bei Mädchen und Knaben durchaus unterschiedlich ausnimmt. Wir sprechen von der ‹Geburt des Astralleibs›. Steiner hat diesen Ausdruck nach seinen eigenen Worten «der älteren Literatur» entnommen und «frei angewendet auf dasjenige in der menschlichen Wesenheit, was über das Sinnlich-Wahrnehmbare hinausliegt».[34] Gemeint ist, dass die individuelle Seelengestalt, bisher von Wachstums- und Organbildeprozessen absorbiert, sich nun ihr Dasein als relativ selbstständiges Wesensglied erkämpft in der Art eines ‹Geburtsvorganges›. Es werden diejenigen Kräfte aus dem Bereich der körperlichen (physisch-ätherischen) Gestaltbildung, innerhalb derer sie bisher tätig waren, entlassen, welche die ‹persona› begründen. Die leibliche Entwicklung muss bis zu einem bestimmten Punkt abgeschlossen sein (Beendigung des zweiten Gestaltwandels), damit dies geschehen kann, aber auch der ‹neue Säugling›, den wir Astralleib (oder ‹Empfindungsleib›) nennen, darf sich erst abnabeln, wenn er in der Grundsubstanz fertig ist. Ähnlich wie sich der physische Leib des Kindes im Mutterleib, ehe er als separat lebensfähiger Organismus austreten darf, zu einer gewissen Reife entwickelt haben muss, bildet sich etwa zwischen Zahnwechsel und Pubertät der Empfindungsleib als «neues, persönlicher wirkendes Seelenleben» (Treichler[35]) im Verborgenen und ringt sich nun mehr oder weniger schmerzhaft heraus.

Dieser Entbindungsvorgang tritt uns äußerlich als ‹Pubertätskrise› entgegen. «Wenn neben der frühen Kindheit ... ein Lebensabschnitt genannt werden soll, dem eine ähnliche, vielleicht noch bedeutsamere Rolle für die psychische Entwicklung zugesprochen wird, dann ist es die Pubertät, die Reifungszeit», schreibt G. Nissen und fährt fort: «Die Probleme, die hier zum ersten Mal im Zusammenhang mit der eigenen Identität, der ... Gliederung von Werten und mit der erotischen und sexuellen Einstellung angesprochen werden (hinzuzufügen wäre: mit dem Verhältnis zur Umwelt schlechthin, H. K.), bleiben nicht selten lebenslänglich bestehen. – Die Pubertät ist aus dieser Sicht ein Indikator, ein Aussichtspunkt auf Schwierigkeiten und Probleme, die jemand auch später, manchmal zeitlebens, mit sich haben wird.»[36]

Der Mensch als geistiges Wesen trennt sich erstmals deutlich vom ‹natürlichen› Menschen; im Seelenleben entsteht eine umfassende Grenz- bzw. Getrenntheitserfahrung. Das Denken erlebt sich in der rationalen Subjekt-Objekt-Scheidung, der Widerspruch Innenwelt – Außenwelt wird zum Problem. Durch das eigene Innere scheint ein Riss zu gehen. Das bewusste Wollen steht nicht mit dem Können, das Selbstbild im Sinne eines aufdämmernden Persönlichkeitsideals nicht mit der Seinsrealität, die Triebreife nicht mit der Seelenreife in Einklang. Kind und Erwachsener liegen nicht nur äußerlich im Kampf (‹Generationenkonflikt›), sondern vor allem auch innerlich als widerstrebende Kräfte: Vergangenheit und

Zukunft, Wehmut im letzten Abglanz der himmlischen Herkunft und forderndes Heranbranden der Erdenrealitäten.

Steiner charakterisiert den Astralleib «zunächst» als das Wesensglied, wo «des Menschen Triebe, Begierden, Leidenschaften (wirken), insofern diese empfunden werden; und es wirken in ihm die sinnlichen Wahrnehmungen». Wo Sinneswahrnehmungen als von der Außenwelt herkommend und Triebe, Begierden, Leidenschaften etc. als aus dem Inneren aufsteigend sich berühren, entsteht Seelenleben in seiner anfänglich urwüchsigen, spontanen, eher reflexartigen Form.[37] Später, so Steiner, werden «die Triebe, Begierden, Leidenschaften und so weiter durchleuchtet ... von dem, was das Ich aus dem Geiste empfangen hat. Das Ich ist dann vermöge seines Anteiles an der geistigen Welt Herr geworden in der Welt der Triebe, Begierden, Leidenschaften und so weiter. – Der Astralleib ... selbst wird dadurch verwandelt (und) erscheint dann ... als zweigliedrige Wesenheit, als zum Teil unverwandelt, zum Teil verwandelt.»[38] Der Prozess des ‹Heraushebens› eines Teils des Seelenlebens aus der Gebundenheit an die Leibesprozesse zum Geistigen hin nimmt mit der Geburt des Astralleibs ihren Anfang und vollzieht sich auf einer ersten, für das ganze weitere Leben fundamentalen Stufe durch das dritte Lebensjahrsiebt hindurch, bis um das 20./21. Jahr herum das Ich im freigewordenen Seelenraum ‹zu sich gekommen› ist und auch die ‹niedere Astralität› zu integrieren vermag. Der Sturm legt sich. Die «dualistische Phase» einer «Entzweiung mit sich selbst» (C. G. Jung[39]) ist im Kern überwunden.

Das ‹Jugendschisma› des Kampfes um eine seelische Mittellage zwischen Innenwelt und Außenwelt, Gestern und Morgen, Vorstellen und Wollen, Geist und Stoff, Sympathie und Antipathie ist zugleich ein gebieterischer Weckruf der schicksalsführenden Mächte an den werdenden Menschen: ‹Überwinde die Trennung *durch dich!* Nimm den Faden der Handlung auf, *deiner* Biografie, und schreibe sie nun selbst fort. Erinnere dich, was du wolltest. Füge zielvoll wieder zusammen zu höherer Einheit, was zerfallen musste. Finde die Mitte, um die sich alles ordnen kann zur Zukunft hin!› Tief im Innern wird diese mahnende, aber auch ermunternde Stimme vernommen. Ein Teil der Seele wendet sich grollend ab, ein anderer neigt sich erwartungsvoll lauschend hin. Wie stark das eine oder das andere sich geltend macht, ist wohl mitbestimmt durch Konstitution, Temperament, Erziehung. Aber es gibt noch einen anderen, darüber hinausweisenden Gesichtspunkt: Wenn es so ist, dass im Vorgeburtlichen ein Ausblick auf den Erdenweg erfolgt, der dann ins Vergessen sinkt, so können wir annehmen, dass mit dem Schwellenübertritt zur Erdenreife Erinnerung aufkeimt an das in jener «Sphäre der Zielsetzungen» (Steiner) Geschaute. Unter diesem Gesichtspunkt erscheint es naheliegend, dass in diesen bedrohlichen Zeiten immer mehr junge Menschen eine große Bedrückung empfinden durch die Last der vor ihnen liegenden Aufgaben, ohne dass ihnen der Grund für ihre Schwermut recht zu Bewusstsein käme – eine Stimmung des ‹Scheiterns schon im Aufbruch›, wie sie die existenzialistische Philosophie Sartres auf eindrucksvolle, aber vor den Erkenntniskonsequenzen haltmachende Art in den Mittelpunkt ihres Menschenbildes gestellt hat. Man versuche sich nur ganz konkret vorzustellen, der Mensch übersähe von seinem vorgeburtlichen ‹Aussichtspunkt› aus die Konsequenzen von Naturzerstörung, geistiger Veródung und Anhäufung von Massenmordmaschinen als seine zukünftigen Schicksalsbedingungen. Wir haben in diesem Zusammenhang weiter oben schon Steiners Beobachtungen der Veränderung im Gesichtsausdruck Neugeborener erwähnt, und ebenso kommt in Betracht, was in demselben Vortragszyklus als geistesgeschichtliche Signatur der Jahrtausendwende beschrieben wird.[40]

Dass der Zeitpunkt der Geburt des Astralleibs als ein solcher des Wiedererinnerns gelten kann, ergibt sich aus verschiedenen Darstellungen Steiners, die hier ausführlich zu referieren den Rahmen des Themas sprengen würde. So wird in der Grundschrift *Die Geheimwissenschaft im Umriss* ausgeführt, dass die Seele während ihrer Wanderung durch die geistige Welt zwischen Tod und neuer Geburt «in Bewusstlosigkeit versinkt», nachdem «der Astralleib neugestaltet ist». Die geistigen Vorbereitungen zum Aufbau der physisch-ätherischen Organisation, die nun folgen, erlebt der Mensch nicht mehr bewusst mit. «Das Bewusstsein kann erst wieder in der physischen Welt auftauchen, wenn die zur physischen Wahrnehmung notwendigen Organe gebildet sind.» Die Geburt des Astralleibs im physischen Raum ‹spiegelt› dann gewissermaßen jenes Geschehen, das der Mensch als «Zeuge seines Wiederaufbaues» in der geistigen Welt zuletzt mitvollzog. Über dieses vorgeburtliche Ereignis kurz vor dem «Zwischenzustand (der) Bewusstlosigkeit» bemerkt Steiner, es finde hier ein «Vorblick auf das kommende Leben» statt, der «all die Hindernisse zeigt, welche der Mensch hinwegzuräumen hat, wenn seine Entwicklung weitergehen soll. Und das, was er so sieht, wird der Ausgangspunkt von Kräften, welche der Mensch ins neue Leben mitnehmen muss».[41]

Wäre der Gesichtspunkt des ‹vorgeburtlichen Erschreckens› ein richtiger, so müssten allerdings Hinweise darauf zu finden sein, dass die betreffenden Menschen, die nun ihren Körper, durch den sie tätig werden und ihre Aufgaben ergreifen sollen in dieser Welt, auszulöschen trachten (als sei das Wiedererinnern der Hindernisse stärker als dasjenige des Entschlusses, sie zu überwinden), eine zaudernde, verzagende Stimmung schon durch die Kindheit getragen hätten: einen Mangel an Lebensglut, man könnte auch sagen: an ‹astralischem Überschuss›, der sich an die Welt verschwendet als Neugier, Erlebnishunger, Sinnenfreude, naive Begeisterung, Spontaneität. Denn andernfalls könnte man den Standpunkt einnehmen, die normal entwickelte Vernunft eines Pubertierenden genüge auch ohne Rückgriff auf Vorgeburtliches vollauf, um die deprimierende Zeitlage zu durchschauen. Nun haben wir aber den bemerkenswerten Umstand, dass aus den Anamnesen magersüchtiger Patientinnen und Patienten ein bestimmtes kindliches Verhaltensmuster, insbesondere für das zweite Lebensjahrsiebt (wenn die Eltern aufmerksam waren, aber auch schon früher), sichtbar wird, welches geprägt ist durch: Unauffälligkeit, übertriebene Pflichtschuldigkeit, zurückhaltendes Wesen, pedantische Zuverlässigkeit, Überanpassung bzw. Mangel an Eigenwilligkeit und Trotzhaltungen – kurzum, es sind Kinder, von denen Angehörige und Lehrer sagen, sie seien stets ‹vorbildlich› gewesen und kaum einmal in den Vordergrund getreten. Übereinstimmend wird ein starkes Sicherheitsbedürfnis bei gleichzeitiger verfrühter Intellektualisierung beschrieben. Die frühkindliche Trotzphase scheint in den allermeisten Fällen nicht stattzufinden, jedenfalls erinnern sich die Eltern an nichts Besonderes. Zwischenmenschliche Kontakte werden mit außerordentlicher Vorsicht geknüpft. Alle Schritte ins Leben sind zaghaft-tastende. Dieses Bild einer übermäßigen Anpassung und Zurückhaltung ist bei den «späteren Magersuchtspatientinnen wohl das auffälligste Persönlichkeitsmerkmal».[42]

Das ‹Geistselbst› und die Metamorphosen des Willens

Wir stehen hier in Bezug auf die Entwicklung des Astralleibs vor einem Phänomen, das sich von einer Seite, nämlich von der Seite einer geisteswissenschaftlichen Psychologie her, erhellen kann durch Heranziehung der Schilderungen Steiners im 4. Vortrag seiner *Allgemeinen Menschenkunde als Grundlage der Pädagogik* über die Metamorphosen des Instinkt- und Trieblebens. Dort wird dargestellt, wie die im physischen Leib beheimateten Instinkte, von der Bildekräfte-Organisation des Ätherleibs ergriffen, zu Trieben werden, also zu jenen ‹gattungshaften› Lebensäußerungen, die wir mit dem Tierreich gemein haben und die sich recht eindeutig in gewisse Formkreise unterteilen lassen (worum sich die Verhaltensforschung außerordentlich verdient gemacht hat). In einem weiteren Schritt wird dann die vom Astralleib, vom eigentlich Seelischen ergriffene Triebhaftigkeit zum Begierdenleben. Während der Trieb ein kontinuierliches Muster aufweist, haftet der Begierde jenes charakteristisch Seelische an, das sich als Situationsbezogenheit, Gebundenheit an Sinneseindrücke äußert. «Sie entsteht und vergeht.» Greift nun in dieses Zwischenreich, wo die Seelenregungen noch stark von Leibesprozessen durchwirkt sind, aber mit einer gewissen Selbstständigkeit auftreten, das Ich ein, entsteht das, was man Motivbildung nennen kann Es ist der ‹Rohstoff› der Begierdenhaftigkeit, des durchseelten Triebes, den sich das Ich zubereitet, um «innerlich ein Motiv zu fassen».[43] Nun macht Steiner mit besonderem Nachdruck darauf aufmerksam, dass «etwas leise unten an(klingt), wenn der Mensch Motive entwickelt»: ein «Wunsch», der sich nicht «vorstellungsgemäß», sondern eben als untergründiges (Anklingen) äußert. Gemeint ist der Wunsch, eine Sache gut zu machen, von Mal zu Mal besser zu machen, oder anders gesagt: sich höher- und weiterzuentwickeln durch die eigenen Taten, sie zu messen am Ideal, das hinter dem ‹Original› des Vollbrachten stets zurückbleibt. Gerade im Jugendalter führt dieser unterschwellige Impuls dazu, dass die Motivbildungen, einem durchaus nicht ganz bewusstseinsklaren Bedürfnis folgend, an Ideale angeschlossen werden. Und zweifellos gehört dazu die Zuversicht, vorwärtskommen zu können.

Woher stammt dieser tief eingewurzelte, mit Hoffnungskraft durchwirkte «reine Wunsch»? Steiner sagt dazu im nämlichen Vortrag, er sei ganz zukunftsgerichtet, ein «Element, was nach dem Tode übrigbleibt», weil es sich nie ganz verbraucht und «schon dem Geistselbst an(gehört)». Wir verstehen unter Geistselbst jene höhere Ich-Wirksamkeit, die immer gemeint ist, wenn wir vom präkonzeptionellen Lebensentwurf, vom eigentlichen Inkarnationsentschluss sprechen. «Es bildet sich aus und bereitet sich vor», schreibt Steiner an anderer Stelle, «um in einer neuen Verkörperung sich ein Vollziehen der geistigen Absichten in der irdischen Wirklichkeit zu ermöglichen.» Weiter heißt es dann: «Eine Art Gedächtnis für ... frühere Lebensläufe und der prophetische Vorblick für (die) späteren blitzen auf.»[44] Hier findet, anknüpfend an karmische Vergangenheiten, der intentionale Akt statt, der zur Erdenverkörperung mit bestimmten Absichten führt, daraufhin ins Vergessen sinkt und als jener latent-untergründige «Wunsch» zum Motivationsquell für das spätere Leben wird.

Wir können uns nun als wesentliche Verständigungshilfe für das Phänomen Magersucht vor Augen führen, dass in der Entwicklung des Astralleibs die geschilderten Übergänge vom Instinkt über den Trieb zur Begierde und schließlich zur Motivbildung beeinträchtigt sind durch eine Schwächung der Geistselbstwirksamkeit, die als Zukunft-eröffnende Grundkraft der Intentionalität Lebensleitmotive, Vorsätze, Entschlüsse ermöglicht. Ist der Inkarnationsimpuls ‹gebremst› (aber doch nicht so blockiert, dass die ersten Stufen der Leibausgestaltung betroffen wären), liegt die Folgerung nahe, dass die Resignation, die an der Schwelle der Erdenreife offen zutage tritt als eklatanter Motivationsmangel, ihre diskrete Vorgeschichte in den Stadien der Konsolidierung des Trieb- und Begierdenlebens hat, damit aber auch eine Vorgeschichte in Bezug auf die feineren, seelennäheren Strukturen des Ätherleibs, der ja neben seiner leibbildenden Tätigkeit auch das ‹Buch› der individuellen Lebenschronik ist, «Zeitorganismus» (Steiner) und damit Garant des inneren Erlebnisses biografischer Kontinuität, das um die Pubertät herum evident wird. Nicht nur die organischen, sondern auch die biografischen Gestalturbilder teilen sich dem Ätherleib mit. Indem aus der Geistselbstregion die beschriebenen Impulse zur Metamorphose der Seelenkräfte mehr oder weniger energisch hereinwirken, wird zugleich der Ätherleib mehr oder weniger genügend seiner höheren menschlichen Bestimmung als ‹Gefäß› des bewussten Seelenlebens zugeführt und gemäß dieser Bestimmung individualisiert. Vermittelst des individuell durchdrungenen Ätherleibs aber wird der physische Leib erst als der eigene empfunden und integriert.

Das Geistselbst muss betrachtet werden als eine Art ‹Katalysator› der Seelenentwicklung im Erdenleben, als integrales Prinzip, durch das zusammengehalten und final auf einen erst allmählich bewusstwerdenden Daseinssinn hingeordnet wird, was sich sonst haltlos nach allen Seiten verströmen, an die Welt verlieren müsste. Während das Tier in Bezug auf seinen Seelenleib, der mit der physisch-ätherischen Organisation nie in Widerspruch gerät, sich zu keinem Zeitpunkt von ihr absondert, durch eine höhere, gruppenseelenhafte Gesetzmäßigkeit bestimmt wird und entsprechend determiniert zur Welt kommt, ist der Mensch diesem Ordnungsprinzip von Anfang an nicht restlos unterworfen und entzieht sich ihm im Laufe seiner Entwicklung immer mehr, «denn als geistiger Mensch ist eben jeder seine eigene Gattung».[45] Es muss ein anderes, individuelles Prinzip seine Seelenkräfte ‹organisieren›, damit er nicht aus jeglichem Zusammenhang herausfällt (was wir bei behinderten Menschen erleben können, die zeitlebens auf Hilfe und Führung angewiesen sind). Dieses Prinzip ist das Geistselbst als der unmittelbar an das Erdenbewusstsein angrenzende Aspekt des ‹höheren Menschen›, durch dessen fortwährende Impulsierung wir nicht wie das Tier primär ökologisch, sondern biografisch organisiert sind.

Wir haben gesehen, dass Geistselbstwirksamkeit im Vorgeburtlichen eng mit der Vorbereitung dessen verbunden ist, was sich im Erdenleben als Astralleib entwickelt und um das vierzehnte Jahr ‹geboren› wird, d.h. sich frei der Welt gegenüberstellt. In die Grundsubstanz des Astralleibes ist der Schicksalsentwurf eingewoben, zugleich aber auch das, was sich dem von Steiner sogenannten «prophetischen Vorblick» an Hindernissen, Erschwernissen und Unbillen gezeigt hat. Was sich aus alledem als Grundeindruck ergibt, wird mitgenommen in die nun folgende «Bewusstlosigkeit» und beeinflusst das Verhältnis der sich inkarnierenden geistigen Ich-Wesenheit zu den Erdenkräften, mit denen sie sich verbindet und umkleidet. Man kann ganz konkret davon ausgehen, dass dieser vorausschauende letzte Eindruck vor dem Erdenabstieg für die späteren Magersuchtskranken ein niederschmetternder gewesen sein muss, geprägt von plötzlicher ‹Reue› über den schon irreversiblen, aber im entscheidenden Augenblick abgeschwächten Inkarnationsentschluss. Wir finden bei diesen Kindern eine frühe Entkräftung der Entwicklungsdynamik, die sich vor allem im seelischen Verhalten ausdrückt. Die im Inkarnationsgeschehen wirksamen Kräfte werden durch Wachstum und Leibbildung verbraucht und andererseits allzu schnell in die ‹Vergreisungs›prozesse (Steiner) der Intellektualität hineingezogen. Es steht offensichtlich dasjenige nicht ausreichend zur Verfügung, das wir oben ‹astralischen Überschuss› nannten: jener unverbrauchte, vorwärtsdrängende Rest, vermittelst dessen sich die Seele begehrlich, staunend, später sehnsuchts- und hoffnungsvoll zur Welt hinwendet (‹Sympathie›) und allmählich in den atmenden Dialog lebendigen Interesses mit ihr tritt, der den Übergang von der Begierdenhaftigkeit zur reiferen Stufe der Motivationsbildung kennzeichnet. Wir erleben dann, wie im biografischen Augenblick der Entbindung des Astralleibs dieser gleichsam ausgezehrt zur Welt kommt, abgetrennt von jenem Verjüngungsquell des ‹reinen Wunsches›. Und nun wird auch deutlich, dass die Ausbildung der feineren Ätherstruktur nicht hinreichend gelungen ist: die Individualisierung der Bildekräfte-Organisation. Nicht nur, dass der physische Leib und der Ätherleib subjektiv als Fremdkörper empfunden werden, ist in diesem Zusammenhang aufschlussreich, sondern auch der Mangel an biografischem Selbsterleben (defizitäres Zeitempfinden), die seelische Bezugslosigkeit, die Körperschemastörung als Störung des Form-‹instinktes› für den eigenen Leib.

Gehen wir der Stufenfolge nach, wie sie Steiner beschrieben hat, können wir in der nötigen Kürze sagen: Der Übergang vom Instinkt zum Trieb und die damit verbundene erste Verinnerlichung gelingt schon nicht durchgreifend. Indem «der übersinnliche Ätherleib sich des Instinktes» zu wenig «bemächtigt» (Steiner), bleibt die Willensnatur bereits im Elementarstadium zu stark von außen bestimmt bzw. peripher.[46] Jetzt haben wir das brave, angepasste Vorschulkind, das sich zwar gemäß den allgemeinen Gesetzen körperlich gut zu entwickeln scheint, sprachlich und intellektuell sogar vorauseilt, aber dabei recht unbeteiligt wirkt, wenig Selbstbehauptungsdrang zeigt, keine ‹Triebdurchbrüche›, keinen Trotz. Wie wir noch sehen werden, muss hier von der Sinneslehre her beachtet werden, dass der mehr instinkthafte Tastsinn nicht in der richtigen Weise Ergänzung findet durch den triebnäheren Lebenssinn.

Im später erfolgenden Übergang vom Trieb zur Begierde erleben wir dann, wie durch das ungenügend innerlich durchgeformte Instinkt- und Triebleben der eigentlichen Seelenleib-Bildung wesentliche Kräfte entzogen sind. Die zweite Verinnerlichung krankt an den Widerständen einer von der intellektuellen Seite her verfrühten, von der Willensseite her zu lange verschleppten Dominanz des Objektiv-Außenweltlichen gegenüber dem Subjektiv-Sinnlichen. Die Kinder entwickeln wenig Fantasie, aber viel Neigung zu abstrakten, pedantischen Denkverrichtungen und Handlungsmustern. Wir haben jetzt besonders auf den Eigenbewegungssinn zu achten, der zusammen mit dem Lebenssinn in Bezug auf Dynamik und Fantasiefülle des kindlichen Vorstellungslebens von großer Bedeutung ist.

In der emotionalen Urteilsbildung sind die sieben-, acht-, neunjährigen späteren Magersuchtskranken kaum engagiert. Zwar kommt etwas zum Vorschein, was man als besondere ‹ästhetische Note› zu deuten geneigt sein kann, aber es handelt sich weniger um starke seelische Reaktionen auf schöne oder hässliche Eindrücke (die sich bei gesunder körperlicher Entwicklung mit den Lebensprozessen verbinden zu sinnlich-leibnahen, aber schon bewusst differenzierbaren Erfahrungen zwischen Lust und Unlust), als um eine ganz unkindliche Affinität zu geschlossenen Ordnungen, Regeln, Symmetrien und übersichtlichen Arrangements, die ‹loyal› von außen übernommen werden. So wird dann, wie Schütze formuliert, «die brave Überangepasstheit der späteren Magersuchtspatienten … kontinuierlich verstärkt, zumal anfänglich diese Form der neurotischen Entwicklungsstörung sich besonders für Mädchen ausgezeichnet in gesellschaftlich bedingte, epochale Idealvorstellungen einfügen lässt».[47] Indem die Kinder einerseits im Frühstadium des Ausgeliefertseins an die Umwelt verharren, andererseits die überall beschriebene frühe ‹Vernünftigkeit› entwickeln, die nichts anderes ist als ein Zeichen seelischer Verarmung, entfaltet sich im Übergangsbereich zwischen Ätherleib und Astralleib nicht die vitale, rhythmische Gleichgewichtslage, die als Atemreife, Sinnesreife das Pubertätsgeschehen vorbereiten muss, damit es nicht zur Katastrophe des Identitätsverlustes gerät. Schon die Wortwahl zeigt, dass nun unser besonderes Augenmerk auch dem Gleichgewichtssinn, wie er geisteswissenschaftlich beschrieben wird, zu gelten hat, der sich in nämlichem Übergangsbereich konstituiert auf der Grundlage der durch die übrigen Leibessinne vermittelten körperlichen Evidenzerfahrung.

Was um das dreizehnte, vierzehnte, fünfzehnte Lebensjahr geschieht, ist ja nicht nur die ‹Rückblende› zur vorgeburtlichen Sphäre der Zielsetzungen, durch die der Inkarnationsimpuls motivbildenden Charakter erhält. Gleichzeitig werden in der Leibesentwicklung Kräfte wirksam, die nur der freigewordene Astralleib assimilieren kann, die jedoch ihrem Wesen nach nicht primär von individuell-biografischer, sondern von kosmisch-naturhafter Art sind und vom Ich hereingerufen werden, um die geschlechtliche Bestimmung, die es sich gewählt hat, zu vollenden. Durch diesen Einfluss wird der Mensch, indem er sich jetzt den genetisch-familiären Bindungen entringt, an den großen Umkreis dessen angeschlossen, was im Zusammenwirken von Naturreichen und Kosmos die ewigen Gesetze des Werdens und Vergehens, der Fortpflanzung und Zeugung sind. Indem er vom Geschöpf dieser Kräfte zu ihrem Träger wird, greift eine im eminentesten Sinne objektive, überpersönliche Bildewirksamkeit in die Region der Instinkte, Triebe, Leidenschaften ein. Dieser Wirksamkeit, die zunächst verbunden ist mit einer Entfesselung der Vitalkräfte, muss ein verhältnismäßig in sich gefestigtes, differenziertes Seelenleben gegenüberstehen, das die beiden Stadien der ersten und zweiten Verinnerlichung bewältigt hat und nun dieses Elementargeschehen zu integrieren und zu durchlichten, also in positive Willensimpulse umzuwandeln vermag. Anderenfalls wird das Kind in das Geschehen hineingerissen oder verweigert sich ihm panikartig.

Steiner beschreibt, wie im zweiten Lebensjahrsiebt «der Mensch gegenüber der Außenwelt relativ abgeschlossen» ist und gerade jetzt «die wunderbare Entfaltung der Individualkräfte» in dieser relativen Abgeschlossenheit beobachtet werden kann. Zum Zeitpunkt des Erdenreifwerdens nimmt dann «der Mensch das Fremde wieder in sich hinein».[48] Ist jedoch die Verinnerlichung in relativer Abgeschlossenheit nicht ausreichend gelungen, wird das Fremde nicht ‹hineingenommen›, sondern es bricht herein. Nur bei oberflächlichem Hinsehen mutet es paradox an, dass gerade ein bislang zaghaftes, angepasstes, überwiegend passives Trieb- und Begierdenleben nun den Ich-fremden Mächten besonders viel Angriffsfläche bietet. Die undurchdrungenen Willenskräfte werden jäh aus ihrem Schlummer gerissen und stehen als Aggressoren an den schlecht gesicherten Grenzen einer Seelenwelt, die ihnen gegenüber nicht gewappnet ist. Markus Treichler spricht einmal von «ungeordnet herumvagabundierenden astralischen Kräften».[49] Dies trifft den Kern. Wenn es aber an anderer Stelle mit Hinweis auf Steiner heißt,[50] die Magersüchtigen behielten die Wesensgliederstruktur des zweiten Lebensjahrsiebts, so meine ich, man müsse sich etwas anders nuanciert ausdrücken: Der Prozess der seelischen Eigenraumbildung hat nicht hinreichend stattgefunden und wird nun um das vierzehnte Jahr in pervertierter, panisch-autoaggressiver Art nachgeholt.

In der biografischen Stunde der Wiedererinnerung an den Schrecken, der die ganze Entwicklung latent begleitet hat, steht der Grund dieses Schreckens ‹leibhaftig› vor dem Kind als die Erde, die von ihm Besitz ergreifen will. Es hat unter dem unbewussten Eindruck der bevorstehenden Prüfungen so viel Schwächung erlitten, dass es diese Prüfungen nun tatsächlich nicht bestehen kann. So gleicht es im Augenblick der Geburt des Astralleibs einer Mutter, die einen hässlichen, abstoßenden, ohne Liebe gezeugten Säugling in den Armen hält, den sie niemals wollte und immer schon fürchtete.

«Ich liege in gekrümmter Haltung; mein Kopf ist erhoben und nach vorn geneigt, auch die Beine sind angezogen. Im Unterleib ist eine große, schwarze Höhlung. Eine große Eisenkugel mit rauer Oberfläche fliegt auf mich zu und senkt sich, übrigens sanft, in die Höhlung meines Unterleibs. Dort wächst sie mächtig und wird groß, dass ich nicht mehr über sie weg nach unten blicken kann. Ich bekam große Angst, ich werde die Kugel nie mehr los werden, sie drückt und beklemmt mich ... und ich erwache voll Erregung und Angst.»[51]

Anmerkungen zu: Die Geburt des Astralleibs

1 R. Steiner, Pädagogik und Moral, 26. März 1923, in GA 304 a.
2 Vgl. dazu: R. Steiner, *Der innere Aspekt des sozialen Rätsels*, 3. Vortrag, GA 193 (zur Verwandlung des Jugendidealismus).
3 Georg Kühlewind, *Das Leben der Seele zwischen Überbewusstsein und Unterbewusstsein*, Stuttgart 1982.
4 Rudolf Grosse, *Rat und Tat für die Erziehung*, Dornach 1980.
5 Rudolf Treichler, *Die Entwicklung der Seele im Lebenslauf*, dort: «Die Pubertätsmagersucht», Stuttgart 2004.
6 Röm. 7/20; zitiert nach Kühlewind, siehe Anm. 3.
7 Auch das widerstandslose Hingegebensein an diese Seite ist eine Abirrung, die in verschiedene andere Krankheitszustände münden kann. Wo die Distanz zusammenbricht, ist insbesondere das Denken selbst bedroht.
8 Viktor von Weizsäcker, *Gesammelte Schriften Bd. 6*, Über Träume bei sogenannter endogener Magersucht, 1937 (Berlin 1986).
9 Gert Schütze, *Anorexia nervosa*, Bern / Stuttgart / Wien 1980.
10 *Beiträge zu einer Erweiterung der Heilkunst*, Heft 4/1980.
11 R. Steiner, *Die Evolution vom Gesichtspunkte des Wahrhaftigen*, Vortrag vom 14.11.1911, GA 132.
12 B. C. J. Lievegoed, *Entwicklungsphasen der Kindheit*, Stuttgart 1976.

13 Andrea Graf, *Die Suppenkasperin. Geschichte einer Magersucht*, Frankfurt 1985.
14 J. E. Meyer, Das Syndrom der Anorexia nervosa, *Arch. Psych. Nervenkr.* 202/1961 (zitiert nach Schütze).
15 Wilhelm Leibbrand, *Der göttliche Stab des Äskulap*, Salzburg / Leipzig 1939.
16 Heinz Stauder, «Anorexia nervosa. Psychodiagnostische und psychotherapeutische Prinzipien bei der Behandlung», *Der Kinderarzt*, Heft 2/84.
17 Siehe Anm. 9. Schütze zitiert Meyer (vgl. Anm. 14) und Sours (*The Anorexia Nervosa Syndrome*, 1969).
18 Siehe Anm. 16.
19 M. E. P. Seligman, *Erlernte Hilflosigkeit*, München 1979. In diesem Buch wird in Bezug auf die Magersucht ein lerntheoretisches Konzept vertreten, wonach die Krankheit durch anerzogene falsche Denkmuster erzeugt werde.
20 R. Steiner, *Der innere Aspekt des sozialen Rätsels*, 5. Vortrag, GA 193.
21 Franz Kafka, *Sämtliche Erzählungen*, Frankfurt 1970.
22 Siehe Anm. 16.
23 Vgl. hierzu die grundlegende Unterscheidung zwischen dem symptomatischen und dem ‹eigentlichen› Seelenleben, die Steiner im 1. und 2. Vortrag des *Heilpädagogischen Kurses* (GA 317) einführt.
24 G. v. Arnim, *Was bedeutet Seelenpflege?*, Schriftenreihe ‹Soziale Hygiene› des Vereins für ein erweitertes Heilwesen, Bad Liebenzell 1981.
25 H. Müller-Wiedemann, *Mitte der Kindheit*, Stuttgart ^{6}2003.
26 Siehe Anm. 12.
27 Hier werden die übersinnlichen Wesensglieder in ihren Metamorphosen zur irdischen Erscheinungsform und ihrer Beziehung zu den Naturreichen beschrieben. GA 293, S. 21ff.
28 Siehe Anm. 25.
29 Siehe Anm. 25.
30 H. A. Witkin u. a., *Psychological Differentiation*, New York / London 1962, zitiert nach Müller-Wiedemann.
31 R. Steiner, *Anthroposophie, Psychosophie, Pneumatosophie*, GA 115; dort: Pneumatosophie, 4. Vortrag.
32 Siehe Anm. 12.
33 Steiner weist insbesondere im ersten Vortrag des *Heilpädagogischen Kurses* darauf hin, dass die intime Kenntnis der regulären Entwicklung Voraussetzung zum Verständnis von Entwicklungsstörungen ist.
34 Abgesehen werden muss von solchen Autoren, die jede Art von Entwicklungsgesetzmäßigkeit ablehnen zugunsten eines radikalen Standpunktes der

soziokulturellen Determination. So lehnt z. B. Heiner Ullrich in seinem 1986 im Juventa-Verlag Weinheim/München erschienenen Buch *Waldorfpädagogik und okkulte Weltanschauung* die anthroposophische Entwicklungslehre als vorwissenschaftliches, «normatives» Konzept rundweg ab, wobei er den Begriff der Individualität offensichtlich nicht verstanden hat, weil ihm sonst aufgefallen wäre, dass aus geisteswissenschaftlicher Sicht der Mensch sich schrittweise vom zunächst gegebenen ‹Normativen› emanzipiert (S. 101ff.).

35 Rudolf Treichler, *Die Entwicklung der Seele im Lebenslauf*, Stuttgart 2004.
36 G. Nissen (Hrg.), *Psychiatrie des Pubertätsalters*, Bern / Stuttgart / Wien 1985.
37 Diesen Vorgang, der nur ein Ausschnitt ist, hat die Verhaltenspsychologie im Auge.
38 R. Steiner, *Theosophie*, GA 9.
39 C. G. Jung, *Seelenprobleme der Gegenwart*, Freiburg 1973.
40 R. Steiner, *Der innere Aspekt des sozialen Rätsels*, 10. Vortrag, GA 193. Hier spricht Steiner von den großen Prüfungen, die auf die heutige junge Generation durch die Inkarnation der ahrimanischen Geistwesenheit bzw. deren Vorzeichen zukommen. Es ist aufschlussreich, dies zusammenzuschauen mit dem in der *Geheimwissenschaft* Gesagten hinsichtlich der Mitwirkung der Seele zwischen Tod und neuer Geburt an der Gestaltung der Erdenverhältnisse, in die sie sich inkarniert (vgl. Kapitel ‹Schlaf und Tod›).
41 Siehe Anm. 38.
42 Siehe Anm. 9.
43 R. Steiner: «Dadurch, dass wir sagen, im Menschen lebt noch von der Tierwelt her Instinkt, Trieb und Begierde, aber er erhebt diese zum Motiv, dadurch haben wir, wenn wir vom Willen sprechen, dasjenige, was beim gegenwärtigen Menschen vorliegt.»
44 Siehe Anm. 38.
45 Siehe Anm. 38.
46 R. Steiner, *Allgemeine Menschenkunde als Grundlage der Pädagogik*, 4. Vortrag, GA 293.
47 Siehe Anm. 9.
48 R.Steiner, *Heilpädagogischer Kurs*, 1. Vortrag, GA 317.
49 *Beiträge zu einer Erweiterung der Heilkunst*, Heft 5/1980.
50 R. Steiner, *Heilpädagogischer Kurs*, 8. Vortrag.
51 Traumschilderung einer Magersüchtigen; aus von Weizsäcker, siehe Anm. 8.

Wille – Außenwelt – Zukunft

Leiberfahrung und Weltinteresse

Wenden wir uns noch einmal dem ‹Regelfall› der Pubertätskrise zu. «Man soll ja in diesem Lebensalter», so heißt es bei Steiner, «das Subjektive (also das im freiwerdenden Astralleib erwachende Ich, H. K.) zum eigenen Leibe, ätherischen Leib und physischen Leib in ein Verhältnis setzen. Das setzt voraus, dass man überhaupt zur Außenwelt ein entsprechendes Verhältnis gewonnen hat. Und darauf hin kann man schon die ganze Schulzeit hindurch arbeiten.»[1] Wir haben im Vorangegangenen beschrieben, wie das «Subjektive» mit dem Physisch-Ätherischen (das einerseits den Vererbungskräften unterliegt, andererseits als Bildetätigkeit ins Seelische hinauffragt) in den verschiedenen Lebensaltern unter dem Aspekt der Metamorphose der Willenskräfte zusammenhängt. Nun müssen wir uns einen weiteren Zusammenhang deutlich vor Augen führen, der schon mehrfach angeklungen ist:

‹Außenwelt› ist der räumliche Aspekt derselben Qualität, die wir als zeitliches Phänomen Zukunft nennen. Man kann diese Gleichsetzung unter einem anderen Blickwinkel zweifellos anfechten.[2] Für die sich inkarnierende Menschenwesenheit jedoch gilt, dass sich Außenwelt als das Tätigkeits- und Ereignisfeld ihrer Erdenzukunft eröffnet. Die Geistwelt, aus der sie herabgestiegen ist, bildet den langsam verblassenden Vergangenheitsraum. Müller-Wiedemann spricht von der im zweiten Lebensjahrsiebt wachsenden «Sehnsucht, die sich auf eine solidarische, menschliche Gemeinschaft richtet (und) die Erde als ... gemeinsamen Schicksalsort erkennen lernt».[3]

Für das ganz kleine Kind ist Außenwelt keine wachbewusste Qualität; es erlebt sie elementar in ihren Wirkungen. Später, in der ersten Schulzeit, nimmt es, im mittleren Sinnesfeld erwachend, die Eindrücke in der Skala zwischen Abscheu und Zuneigung ordnend, seelisch an ihr teil, indem es seiner «Sinnesorganisation hingegeben sein will ... aber noch nicht von innen heraus mit dem Willen teilnimmt an dieser Sinnesorganisation».[4]

Jetzt eröffnet sich der Umgebungsraum als Gegenwartserfahrung. Zwar ist eine erste Stufe der ‹Zeitigung› (Müller-Wiedemann) schon ungefähr mit dem Schuleintritt erreicht (man kann erleben, wie die meisten Kinder erst um das fünfte Jahr Gestern, Heute und Morgen sowie die Tages- und Jahreszeiten sicher identifizieren), aber erst an der Schwelle zum dritten Lebensjahrsiebt erfolgt der Bewusstseinsumschwung, der Außenwelt als biografische Zukunftswelt kenntlich macht. Zukunft aber hat immer mit dem Willen zu tun (wie Vergangenheit mit dem vorstellenden Denken und Gegenwart mit dem Fühlen). Das Gewahrwerden der Zukunft ist gleichbedeutend mit dem bewussten Erfassen individueller Willensimpulse (Motive). «Biografische Erfahrung scheint sich nur dann zu bilden, wenn sie ... Vergangenheit als gelebte in die willensartige Aktivität des werdenden Ich, die zukunftsgerichtet ist, intuitiv mit aufnimmt. Eine derartige Aktivität kann ‹biografische Intentionalität› genannt werden.»[5] Aber auch auf dieser Stufe ist der Wille eine überwiegend leibvermittelte Ereignisform. Er entspringt zwar im reiferen Stadium nicht mehr allein der Triebregion und den Leidenschaften des leibnahen Seelenlebens, aber er bleibt auf diese als seine Instrumente auch dann angewiesen, wenn er sich zur relativen Freiheit der Intentionalität erhoben, also Anschluss gefunden hat an den biografischen Lebensentwurf. «Das Subjektive zum eigenen Leib ... in ein Verhältnis setzen» heißt also: die Willensorganisation vom Bewusstsein her ergreifen, sich den Leib zum Werkzeug bereiten – zum Werkzeug der Schicksalsgestaltung, des Sich-Verwirklichens in der Erdenwelt, die Außenwelt und Zukunftswelt ist. Wir haben damit einen zum Verständnis des Pubertätsgeschehens, aber auch der vorangehenden Jahre entscheidenden Begriffsdreiklang: *Wille – Außenwelt – Zukunft*.

Indem wir «berücksichtigen, dass da jetzt das Subjektive mit dem astralischen Leib sich selbständig entwickelt»,[6] indem wir diese innere Spaltung richtig auffassen, wird deutlich, dass der junge Mensch eine Grenze überschreitet; nicht mit einem einzigen und dann endgültig vollzogenen Schritt, sondern in Form eines, man könnte sagen, dauernden ‹Grenzverkehrs› zwischen dem eigenen seelischen Innenraum und der jetzt erst im vollgültigen Sinne davon abgespaltenen Außenwelt, die lockend, aber auch bedrohlich und fremd als Bewährungsfeld des Schicksals Konturen gewinnt. Dieses Geschehen ist, wie Rudolf Steiner sagt, «nicht ganz unähnlich dem Schmerz ... ist eigentlich ein fortwährendes Durchmachen von leisen Schmerzen. Das, was man da spürt, regt einen sofort an, sich mit sich selbst zu beschäftigen, wenn man nicht genügend nach der Außenwelt hin abgelenkt ist.»[7] Es ist also da eine Angst und, durch sie ausgelöst, eine Neigung, sich in sich zurückzuziehen.

Diese Angst hat im Sinne des oben Gesagten verschiedene Facetten. Es ist eine Angst im Anbruch der Zukunft, vor den irgendwo dort draußen in der Fremde verborgenen Ereignissen und Begegnungen, Aufgaben und Gefahren. Es ist damit aber auch eine Angst vor dem Ergreifen des eigenen Leibes – Angst, die Schritte dorthin zu lenken, in diese Unsicherheit. Ein Abschiedsschmerz ist in diese Angst eingewoben, ein Ekel im Gewahrwerden der eigenen Schwere, eine Trauer über das Erlahmen der Flügel der Kindheit, die, wie Lievegoed drastisch schreibt, «zerfetzt» worden sind. Aber der gesunde Jugendliche fühlt schon, dass ihm neue Flügel wachsen. Bei aller Furcht blickt er doch auch mit fiebernder Spannung vorwärts, ungeduldig wie der Läufer vor dem Rennen oder der Schauspieler vor dem Auftritt, die nicht daran denken dürfen, dass sie versagen könnten, um nicht das Versagen herbeizuführen. Auch sie haben ja Angst. Aber sie suchen sie. Es ist die schöpferische Angst, die sein muss, damit sich der Mut gegen sie aufrichte.

Wille, Außenwelt, Zukunft sind die Lebenstatsachen, zu denen die Seele ein Verhältnis sucht in der Krise des Erdenreifwerdens. Sie bezeichnen zugleich dasjenige, was errungen, erfasst wird, wenn der Mensch in ein bewusstes Verhältnis zu seinem Körper tritt. Auch vorher, die ganze Kindheit hindurch, sind diese Qualitäten als Kräfte tätig. Im Prozess der Individualisierung des Leibes und der Willensorganisation bildet die Zukunft gewissermaßen von innen, indem sie das Kind dazu fähig macht, ihr wahrnehmend gegenüberzutreten (was nicht metaphorisch, sondern wörtlich zu verstehen ist: Zukunft als am und im Menschen schaffende Kraft haben wir im letzten Kapitel als Geistselbstwirksamkeit kennengelernt); Außenwelt wird erlitten, nachahmend verinnerlicht; der Wille herrscht als unangefochtener Monarch des Allgemeinmenschlichen, aber er wird nicht beherrscht. Dann jedoch gruppiert sich das bislang unterschwellig Wirksame um die Seele, rückt von ihr ab, wird ‹ausgesondert› und sichtbar als Objektives. Dieser Vorgang erstreckt sich über den Zeitraum eines Lebensjahrsiebtes: die entscheidenden Schuljahre. Um die Pubertät erreicht er sein mehr oder weniger turbulentes Finale. Im Vollzug der Aussonderung[8] ist ein seelischer Innenraum entstanden, in dem sich das Ich verankern wird. Die Außenwelt ist draußen, die Zukunft vorn, der Himmel oben und die Erde unten: das raumzeitliche Koordinatensystem ist in den Grundzügen fertig. Und der Leib, vom Impulsator zum Vollstrecker des Willens heranreifend, Schauplatz der erwachenden Sexualität, Träger der Triebnatur, in dem alles weiterwirkt, was das Gattungshaft-Menschliche gegenüber dem eben zu sich kommenden Individuellen ausmacht. Wird nicht auch er ‹ausgesondert›?

Man muss sich vor Augen führen, dass der Leib genaugenommen ein Stück Außenwelt ist; individualisierte, angeeignete Außenwelt zwar, aber doch Außenwelt. Wer die Selbstbeobachtung nicht der Ideologie unterwirft, wird zugeben, dass sein Verhältnis zum eigenen Körper kein ‹Ich-bin›-, sondern ein ‹Ich-habe›-Verhältnis ist. Schon der Sprachgenius belehrt uns darüber. Man spricht instinktiv davon, dass jemand einen so oder so gearteten Körper hat. Wo aber gesagt wird, jemand habe einen lebendigen oder trägen Geist, muss ein Liebhaber der deutschen Sprache den Rotstift ansetzen, weil hier die Haben-Form zumindest unelegant ist. Nie geht uns vollständig das Bewusstsein dafür verloren, dass wir unseren Leib ‹angezogen› haben und eines Tages wieder abwerfen müssen. Die Stärke dieses Bewusstseins ist von Mensch zu Mensch, aber auch nach Altersstufen unterschiedlich. Wo es zu bestimmend wird, treten krankhafte Zustände auf; wo es fast gänzlich entschwindet, ebenfalls – wobei wir es in den Kindheitsjahren mit einem unterschiedlich nuancierten Daseinsgefühl zu tun haben, das erst später, frühestens im dritten Jahrsiebt, zur regelrechten Frage werden kann. Die rechte Mittellage zwischen zu starker oder zu schwacher Körperidentifikation ist Voraussetzung für seelisches Gleichgewicht, Mut und Schicksalsbejahung.

Betrachtet man daraufhin die Reifejahre, bemerkt man, dass im Verhältnis zum eigenen Körper zunächst ein Missklang einsetzt, ein Übergewicht nach der einen oder anderen Seite hin, ein Schwanken zwischen den Extremen. Nun muss das rechte Verhältnis wieder errungen werden. «Gerade weil es ein Aufsuchen eines Verhältnisses zwischen dem Objektiven und dem Subjektiven ist, gerade deshalb ist ein gewisses Ringen vorhanden.»[9] Dies umso mehr, als sich in den letzten Jahrzehnten ein «epochaler Erscheinungwandel der normalen Pubertät» (F. Affonso-Fernandez[10]) vollzogen hat, ein «Asynchronismus im körperlich und psychischen Reifeprozess». Die körperlich-sexuelle Reifung eilt der emotional-sozialen voraus.

Die latent immer vorhandene und bis zu einem gewissen Grade durchaus schöpferische Angst, von der wir sprachen, wird erst destruktiv, wenn die vorübergehende Chaotisierung des Wesensgliedergefüges (die, wie Alfonso-Fernandez anmerkt, «manche Autoren gar zu der Fragestellung (führt), ob die Psychose nicht ein für jeden Jugendlichen typischer physiologischer Zustand sei») bewusstseinsbeherrschende Dimensionen annimmt, also nicht peripher bleibt als Schwellenerfahrung, die zwar überall mitschwingt, aber in Schach gehalten wird. Es ist vor allem eine Seelenqualität des Jugendalters, die solches In-Schach-Halten des ‹Drachens der Selbstentzweiung› ermöglicht: das Weltinteresse. Wenn aber «der Mensch *nicht* (Hervorh. H. K.) genügend Interesse für die Welt draußen hat, wird er auf sich selbst gelenkt; dadurch beginnt er, in sich selbst allerlei auszubrüten». Was ist ‹Interesse›? Steiner hat diesem Begriff eine zentrale Bedeutung im Zusammenhang mit dem Pubertätsgeschehen zugewiesen.[11] Gemeint ist das innerlich beteiligte, aber ausreichend distanzierte Mitgehen mit den Vorgängen der Außenwelt; nicht das ‹Hinausgerissensein›, sondern die maßvolle Teilnahme. Interesse (‹Dazwischen-Sein›: nämlich im Gleichgewicht zwischen Innen und Außen) ist bewusste Hinwendung, gewissermaßen die Sympathie mit Erkenntnisvorbehalt. Sie ist nur möglich aus gebührendem Abstand. Nicht zu groß und nicht zu klein darf dieser Abstand bzw. Vorbehalt sein. Seine Überwindung ist immer zugleich

Überwindung der Körpergrenze in der Sinnestätigkeit: Dort begegnen sich Innenwelt und Außenwelt im Tasten, Lauschen, Riechen, Schmecken und der unmittelbaren Wahrnehmung des Du. Man begreift die Komplexität des Vorganges, der Steiner Rechnung trug, als er die präpubertäre und pubertäre Reifung untergliederte in: Erdenreife, Sinnesreife, Geschlechtsreife, aber auch Atemreife, Urteilsreife, Liebesreife und, zusammenfassend, Lebensreife, womit er über das damalige und zum Teil auch heutige Verständnis weit hinauswies.[12] «Um in das richtige Verhältnis zum Erleben des Systems des Physischen und *dadurch zur ganzen Umgebung* (Hervorh. H. K.) zu kommen»,[13] müssen Sympathie- und Antipathiekräfte, «soziale und antisoziale Triebe»,[14] Rückzug in sich selbst und Hingabe an die Welt, Körper und Seele den rechten ‹Pendelschlag› finden. Sympathie: Zuwendung mit der Gefahr des Selbstverlustes; Antipathie: Abgrenzung mit der Gefahr des Weltverlustes; Grundgebärden des Seelenlebens, die ihren Niederschlag darin finden, wie sich das ‹Subjekt› vermittelst seiner Leiblichkeit zur Umwelt in Beziehung bringt, und ihr Urbild haben im Atem und allen atemverwandten Prozessen.

Die Atemreife

Halten wir uns einen Augenblick beim Atem auf. Wie schon erwähnt, hat Bockemühl im Zusammenhang mit der Magersucht besonders auf die ungenügend vollzogene Atemreife hingewiesen.[15] Was ist darunter zu verstehen? Bockemühl schreibt: «Es ist die Physiologie des rhythmisch-dynamischen Vorganges, die psychologisch eine ausgleichende Ruhe und Selbstfindung bewirkt.» Man muss sicherlich auch umgekehrt sagen, dass die Psychologie eines rhythmischen-dynamischen Weltverhältnisses beruhigend und ausgleichend bis in die physiologischen Prozesse des Kreislauf-Atem-Systems hineinwirkt. Hier sei zurückverwiesen auf unsere Ausführungen im ersten Kapitel über das geisteswissenschaftliche Verständnis des Verhältnisses von Psyche und Soma. Steiner sagte über die in der sogenannten ‹Latenzperiode› stattfindende Konsolidierung der Atemprozesse: «Wie Atmung und Blutzirkulation sich innerlich harmonisieren, ... wie sich die Atmung allmählich der Blutzirkulation anpasst, das geschieht in der Regel zwischen dem 9. und 10. Jahr. Während zuerst bis zum 9. Jahr die Atmung präponderierend ist, wie dann durch ein innerliches Kämpfen im Organismus sich eine Art Harmonie herausstellt zwischen dem Pulsschlag und den Atemzügen, wie dann die Blutzirkulation präponderierend wird, das ist leiblich auf der einen Seite vorhanden, seelisch auf der anderen Seite vorhanden.»[16] Wenn man bedenkt, dass ein kleineres Kind im Durchschnitt 40–44 mal in der Minute atmet, während es später weniger als die Hälfte ist (16–20 mal), wird erahnbar, welch gravierende Änderungen sich hier vollziehen. Die Lungenatmung als rhythmisch-vermittelndes Geschehen zwischen Innen und Außen tritt mit dem Zirkulationssystem als einem rein innerlich-rhythmischen Geschehen in das stabile Verhältnis von 1 (Atem) zu 4 (Puls).

Indem die Atmung vom Herzen her beherrscht wird, gewinnt physiologisch der inwendige und in sich geschlossene Teil des rhythmischen Systems die Oberhand gegenüber dem peripheren, nach außen aufgeschlossenen. Steiner sagt: «Nach außen schließt sich auf das Herz durch die Lungen.»[17] «So schwingt in der Atmung», heißt es bei R. Treichler, «die fühlende Seele (insofern sie ihr organisches Zentrum und inneres Wahrnehmungsorgan im Herzen hat, H. K.) zwischen Leib und Welt, zwischen Lunge und Welt hin und her, wobei ihr die Gefühlserlebnisse an der Welt durch den Leib bewusst werden.»[18] Die Lunge als das am weitesten ins Leibesinnere sich einstülpende Stück Körperoberfläche ist hierbei mit einer Art Membrane zu vergleichen, die zwischen «denjenigen Kräften, die in uns hineinreichen durch die ... Atmung»[19] und dem gefühlstragenden bzw. gefühlsgetragenen Herz-Kreislauf-Geschehen schwingt. Frits Wilmar spricht von der «selbstlosen Drüse», die «ganz Hingabe» ist.[20] Jede Seelenregung, betont Steiner, ist verbunden mit einer «Modifikation des Atemrhythmus, durch die ... ein Gefühl auflebt».[21] So wird «die Lunge zum Instrument der fühlenden Seele» (Treichler), insofern Letztere sich zur Welt hin öffnet. Indem wir atmen, teilen sich dem Ich die Nuancen der wahrnehmenden Weltbegegnung als ‹Klangfarben› mit. Das Instrument, auf dem die atmend ein- und ausschwingende Seele hierbei spielt, ist die Lunge; das ‹innere Gehör› ist der Blutkreislauf, das Herz.

Nun wäre es aber unsinnig zu sagen, wir ‹fühlten durch die Lunge›. Sie ist vielmehr das Sensorium für jene Modifikationen des Atems, die innerlich als Gefühle erklingen. Was liegt den Modifikationen zugrunde? Hier stoßen wir auf den unauflöslichen Zusammenhang zwischen Sinneswahrnehmung und Atmung bzw. Nerven-Sinnes-System und Lunge, auf den Steiner hindeutet, wenn er die Sinnesprozesse als «durchgeistigte Atmung» bezeichnet: als das, «was sich als ein höherer Prozess hinzufügt zum Atmungsprozess».[22] Beides muss stets als Einheit betrachtet werden. Der «physischen Inspiration» (Steiner) der Lungenatmung steht gegenüber als äquivalentes «höheres» Atmungsgeschehen die Inspiration (wörtlich «Einatmung›) der Sinneswahrnehmung, und indem das, was wir ‹Eindrücke atmend› in uns hereinnehmen, modifizierend durchschlägt bis in die physiologischen Rhythmen, ist erst der ganze Mensch am Wahrnehmungsprozess beteiligt. Zugleich sind es die physischen Atmungsvorgänge, die es uns ermöglichen, Sinneswesen zu sein und dennoch unser Selbstbewusstsein zu behaupten. Indem das Atmen ein ständiges, leises Pendeln zwischen erhöhter und herabgedämpfter Sensibilität im Sinnesfeld mit sich bringt, können wir die Mitte zwischen Öffnung und Schließung, Hingabe und Distanzierung halten, die Mitte also zwischen den Extremen des Überwältigtwerdens von oder der völligen Abstumpfung gegenüber der Sinneswelt. Ausatmend verfestigt sich unser Vorstellungsleben, einatmend verflüssigt es sich wieder. So kann sich zwischen Überformung und Auflösung die «fühlende Seele» ausfalten als pulsierende, ausgleichende Vermittlerin. In ihr durchdringt sich die weltausgreifende Zentrifugalkraft der Willensnatur mit den zentripedalen ‹Gerinnungs›-Kräften des Wahrnehmungs-Vorstellungs-Menschen. Der seinem Eigenwesen nach zur Chaotisierung tendierende Wille erhält Formimpulse ‹von oben› und kann so bewusste Motivation, Intention werden. Das seinem Eigenwesen nach zur Sklerotisierung tendierende vorstellende Denken erhält Bewegungsimpulse ‹von unten› und kann so lebendig-bildschaffende und bildverknüpfende Tätigkeit werden. Steiner beschreibt vor allem im 5. Vortrag seiner

Allgemeinen Menschenkunde, wie dieses Ineinandergreifen zweier polarer Prinzipien bis in die physiologische Beschaffenheit der Organe, z.B. des Auges, hinein nachgewiesen werden kann.

Dies alles, was hier in Andeutungen verbleiben muss, sind Erscheinungsformen des Atems in der geisteswissenschaftlichen Bedeutung des Wortes. Der Mensch ist ein atmendes Wesen, wo immer er sich in einer beweglichen Mittellage zwischen Welt- und Wesensgegensätzlichkeiten halten muss, um Ich-Bewusstsein zu entwickeln. Steiner hat die Berücksichtigung der Geheimnisse des Atems geradezu an den Anfang aller pädagogisch-menschenkundlichen Wissenschaft und Praxis gestellt und in diesem Zusammenhang betont, dass insbesondere «die richtige Harmonie, der rechte Zusammenhang ... zwischen dem Atmungsprozess und dem Nerven-Sinnes-Prozess» beim kleinen Kind noch nicht gegeben sei und durch Erziehung hergestellt werden müsse,[23] also jener Zusammenhang, von dem wir gerade gesprochen haben. «Die Atemrhythmen des jüngeren Kindes (reifen) noch von außen», schreibt Müller-Wiedemann, d. h. das mit seinem ganzen Leib, seiner ganzen Stoffwechsel-Bewegungs-Organisation der Umwelt hingegebene Kind liefert auch seine Atmung dem äußeren Ansturm aus. «Erst nach dem 7. Lebensjahr wird zunehmend von innen, das heißt vom sich mit dem Rhythmischen verbindenden Ich selbst regulativ der Atem gestaltet.» Jetzt werden die von außen herankommenden Eindrücke gewissermaßen aufgefangen und ‹zubereitet›. Sie wirken nicht mehr als unverwandelte, spontane Leib-Einbildungen. «Die Bilder der Sinneswahrnehmung, die vorher Kräfte waren, die das Kind selbst stofflich-plastisch durchorganisiert hatten, gehen jetzt ... in den Rhythmus hinein. Sie dringen nicht mehr in die plastischen Prozesse vor, sondern werden im Rhythmus in ein musikalisches Element umgesetzt.»[24]

Wir haben im vorherigen Kapitel gesehen, wie dieser Entwicklungsschritt unter einem anderen Aspekt als Metamorphose von Instinkt- und Triebkräften in die seelenhaftere Form der Begierde beschrieben werden kann. Dem ‹Instinktiven› entspricht die unwillkürliche Umsetzung von Umgebungskräften in plastisch-leibbildende. Indem der Ätherleib dieses Geschehen ergreift, wird ein erster individualisierender Gestalt-Impuls als

Trieb darin wirksam.[25] Erst im Übergang zur Begierde (die wir hier verstehen als den auf anfänglicher Stufe schon persönlich-intentionalen und damit auch empfindungsmäßig auswählenden Drang nach Welterfahrung) beginnt ein vom Leibesgeschehen abgehobenes, autonomes Seelenleben sich als ‹musikalischer Raum› zu bilden.[26] Die Seele bereitet sich jetzt darauf vor, jene «leise unten anklingende» (Steiner) Schicksalsmelodie zu erlauschen als das Thema, um das sich alle anderen Melodien ranken werden. Das Kind «fängt ... jetzt an, ein Musiker zu werden, ein unbewusster, der nach dem Inneren hineinarbeitet. – Mit dem (nunmehr) selbstständigen, durch Atmung und Zirkulation wirkenden Gefühlssystem sondert (es sich) ab.»[27] Der Atem wird von innen her geführt und beruhigt sich; zugleich erringt sich das Kind eine gegenüber dem Ansturm der Sinneseindrücke Schutz bietende, selbstständige Gefühlswelt: «Ich bin Herrscher in meinem Schloss» (Winnicott). Auch das Atmen der Sinne beruhigt sich unter der Obhut des Herz-Lungen-Schlages. «Die richtige Harmonie ... zwischen dem Atmungsprozess und dem Nerven-Sinnes-Prozess» ist hergestellt.

Dies sollte etwa um das zwölfte Lebensjahr geschehen sein. Allerdings geschieht es, wie Steiner betont, nicht einfach von allein: «Die wichtigsten Maßnahmen in der Erziehung werden ... liegen in der Beobachtung alles desjenigen, was in der rechten Weise den Atmungsprozess hineinorganisiert in den Nerven-Sinnes-Prozess. Im höheren Sinne muss das Kind lernen, in seinem Geist aufzunehmen dasjenige, was ihm geschenkt werden kann dadurch, dass es geboren wird zum Atmen. Sie sehen, dieser Teil der Erziehung wird hinneigen zum Geistig-Seelischen: dadurch, dass wir harmonisieren das Atmen mit dem Nerven-Sinnes-Prozess, ziehen wir das Geistig-Seelische in das physische Leben des Kindes herein. Grob ausgedrückt, können wir sagen: Das Kind kann noch nicht innerlich richtig atmen, und die Erziehung wird darin bestehen müssen, richtig atmen zu lehren.»[28]

‹Im Atemprozess werden wir Seele›

Damit erweist sich die Sinnesreife als ein Aspekt der Atemreife. Ausreichend distanziertes, aber doch genügend aufgeschlossenes Wahrnehmen als Grundlage der Urteilsbildung ist nur möglich, wenn ausatmendes Abstand-Nehmen (Antipathie) und einatmendes Sich-Verbinden (Sympathie) ihr Gleichgewicht gefunden haben. Dies betrifft in besonderem Maße auch den zwischenmenschlichen Bereich, insofern wir hiermit den höheren Sinnen der ‹Wahrnehmung des Du als Ich› engagiert sind. Erst das bewegliche Wechselspiel zwischen der Hingabegebärde des «Hineinschlafens» (Steiner) in den anderen und des grenzziehenden Wieder-Zurückkehrens zu sich selbst schafft reife Beziehungshaftigkeit. Persönliches Seelenleben im eigentlichen Sinne entsteht dann, wenn das Ich über den Atem rhythmisierend, ‹mäßigend› in die Wahrnehmungsprozesse eingreift. «Im Atmungsprozess, nicht im Denken, werden wir Seele» (Steiner). Gleichwohl hat der Pendelschlag zwischen Sympathie- und Antipathiekräften als Urphänomen des ‹innerlich richtig Atmens› auch weitreichende Konsequenzen für das Denken.

Das Kind vor dem siebten, achten Lebensjahr ist durch seine überwiegende Einatmungstendenz eigentlich ein dauernder ‹kleiner Asthmatiker›, im direkten wie auch im übertragenen Sinne. Durch die immerfort weit geöffneten Sinnestore ist es der von außen heranbrandenden Eindrucksflut ausgeliefert, und so werden die Denkprozesse schon im Entstehen durchkreuzt. Jeder kennt diese assoziativen Sprünge und plötzlichen Abbrüche. Es ist in diesem Zusammenhang äußerst aufschlussreich, ein vielleicht fünfjähriges Kind zu beobachten, das eine längere Begebenheit schildern will: wie es hastet, zwischen den Worten laut hörbar einatmet, weil es noch nicht dazu fähig ist, seine Worte, Gedanken dem ruhig dahinfließenden Strom der Ausatmung anzuvertrauen; wie es ganz offenkundig erlebt, dass ihm die Gedanken ‹davonlaufen› wollen. Manche Kinder weinen, wenn sie etwas sagen wollen und gebeten werden, einen Augenblick zu warten. Dies ist keine ‹Unartigkeit›, sondern die berechtigte Angst, einen Augenblick später ‹den Gedanken verloren› zu haben. Wenn etwa die Erwachsenen in der Zwischenzeit etwas fertig besprechen wollen, ist das Kind in einer fast aussichtslosen Lage, denn es kann gar nicht anders, als nun ‹lauschend hineinzuschlafen› in das, was da besprochen wird.

Zwischen dem neunten und zwölften Lebensjahr wird im Vollzug der Atemreifung die Fähigkeit zu stringenten Gedankenverknüpfungen erworben, d. h. die Fähigkeit, eine Gedankenbewegung in nötiger Abgrenzung von ‹durchkreuzenden› Einflüssen durchzuführen. Dies aber ist nichts anderes als der Erwerb des kausal-operativen Denkens. Durch die Konsolidierung des Atems wird der dialektische Prozess möglich. Wer sich selbst bei einer logischen Operation beobachtet, kann auch hier feststellen, wie sich die kausale Abfolge zwischen zwei polaren Gesten gewissermaßen ‹einpendelt›: auf der einen Seite der vorwärtstreibende Willensimpuls, auf der anderen Seite die ‹zurücklauschende› kontemplative Gebärde. Wird der Bewegungsimpuls zu stark, ‹überstürzen sich die Gedanken›; ist er zu schwach, ‹kreisen sie in sich selbst›. Es ist unschwer zu erkennen, dass hier der Zeitfaktor eine Rolle spielt. Ruhiges, logisches Denken erfordert nicht nur ein gesundes Maß an Distanz, sondern entfaltet sich im ‹atmenden› Gleichgewicht zwischen Zukunft (Bewegungsimpuls) und Vergangenheit (Gedächtnis). «Vergangenheitsgewendete Zusammenziehung und zukunftsgerichtete Ausdehnung – als Rhythmus verstanden, das heißt als Veränderung in der Zeit – treten als eine Beziehung in Erscheinung. Die Beziehung von Vergangenheit und Zukunft selbst wird erlebt und führt zum Begriff. – Zeit wird gleichsam aus dem Rhythmus heraus begrifflich fest-gestellt» (Müller-Wiedemann). Im räumlichen Erleben der Begrenztheit im Leibe (Nerven-Sinnes-System) einerseits, des Ausgefaltetseins in die ‹Zeit-Spanne Leben› (rhythmisches System) andererseits entdeckt sich das Kind, atemreif werdend, als biografische Raum-Zeit-Gestalt. Und es ist diese Selbst-Entdeckung, die zugleich den Konflikt zwischen ‹Subjektivem› und ‹Objektivem› heraufbeschwört, der um die Pubertät herum eskaliert: ‹Hier bin ich – dort ist die Welt: Was habe ich in ihr zu tun?› Und: ‹Hier bin ich – da ist mein Leib: Was soll ich mit ihm beginnen?› Indem der junge Mensch nun der Welt wahrnehmend gegenübertritt, erlebt er sich in seinem leiblichen Unterworfensein unter die objektiven

Gesetze dieser Welt, ihre Schwereverhältnisse, ihre Mechanik, ihre Kausalität. Er trägt jetzt seinen Leib wie etwas Fremdes mit sich und muss sich neu mit ihm verbinden. Dies ist gewissermaßen der Schlussakt der Atemreifung: die Harmonisierung des ‹subjektiven› Seelisch-Geistigen mit der physisch-leiblichen Natur; das Hinabsteigen in den dunklen, steinernen Brunnen bis zum Grund (um ein häufiges, hiermit zusammenhängendes Märchenmotiv anklingen zu lassen). Durch das atmende Zusammenspiel der oberen und unteren Wesensglieder zwischen Verschränkung und Lösung wird der Mensch einerseits der Schwere enthoben und zugleich diese Schwere als schicksalsgegebene Erdverbundenheit akzeptiert und instrumentalisiert: der zielstrebige, ‹aufrechte Gang›.

«Wenn Sie Kinder beobachten unter elf Jahren», heißt es bei Steiner, «Sie werden sehen, dass alle Bewegungen noch aus dem Innern herauskommen. Wenn Sie Kinder beobachten nach dem zwölften Jahre, Sie werden beobachten, dass sie auf ihre Füße so treten, dass sie immer versuchen, das Gleichgewicht zu finden, dass sie das Hebelgleichgewicht, das Maschinelle des Skelettsystems innerlich fühlen … Nachher gewinnt der Mensch erst seine völlige Anpassung an die Außenwelt, indem er dasjenige, was er am wenigsten menschlich erlebt, das Knochensystem, erfasst.»[29] Jetzt hat er sein Gleichgewicht gefunden in den Schwereverhältnissen der Erde und im eigenen Leib, ist ‹atmend Seele› geworden und seelisch «ein richtiges Weltkind» (Steiner), das seinen Willen intentional zu ergreifen vermag und sich biografisch auf Ziele hinordnet.

Die Magersucht als Störung des Atmens

Im Ringen um das rechte Verhältnis zur umgebenden Welt wird die Frage nach der sogenannten Körperidentifikation, d. h. nach dem Maß des Bejahens oder Verneinens der leiblich vermittelten Erfahrung und Erfahrung des Leibes selbst schicksalsprägend. Der junge Mensch muss seine Beziehung klären zum ‹Objektiven› des eigenen physisch-ätherischen Systems, zum eigenen Sinneswesen, Willenswesen, und sich dadurch ins Einvernehmen setzen mit den Erdenverhältnissen draußen, mit der Natur, Gegenstandswelt, gesellschaftlichen Welt; dann aber auch – das ist die andere Seite desselben Vorganges – mit der eigenen Zukunft, die er hineingestalten will in diese Realität, von der er doch auch wiederum gestaltet wird.

Während im Sinnes- und Atemreifwerden das Verhältnis zum umgebenden Gegenwärtigen organisiert und durch den Eintritt in die Seelen-Gegenwart ‹Zeitigkeit› konstituiert wird, folgt nach dem zwölften, dreizehnten Lebensjahr das, was wir als Geburt des Astralleibs ausführlich dargestellt haben. Die zum selbstständig lebensfähigen, übersinnlichen ‹Leib› herangereifte Seele ringt sich frei. Sie tritt gegenüber der physisch-ätherischen Organisation in ein autonomes Dasein, erfasst sich als von dieser unterschieden und zunächst auch mit ihr im Konflikt. Im Gewahrwerden seiner Gespaltenheit wird das Kind bewusst ein dualistisches Wesen. Nur wenn das Kind ‹innerlich richtig atmen› gelernt hat, kann vermieden werden, dass das Spaltungserlebnis zur unerträglichen ‹Zerreißprobe› wird. Auf dem Spiel stehen Maß oder Unmaß des ‹Vorbehalts›, der geltend gemacht werden muss, um das Ich aufrechtzuerhalten an der Grenze, oder anders gesagt: es zu etablieren in seiner Mittlerfunktion zwischen subjektiver und objektiver Welt. Deshalb besteht die Aufgabe der Pädagogik im Jugendalter darin, dass wir «das einführen, was dazu führt, dass das Subjektive den Anschluss an das Objektive findet».[30] – Die Spaltung, die wir als ‹Aussonderung› charakterisierten, birgt dementsprechend zwei Gefahren, zwischen denen die Jugendlichen normalerweise hin- und herpendeln, nämlich diejenige des zu starken und diejenige des zu geringen Vorbehalts. Man ist in diesem Alter, wie es so schön heißt (und wer als Erwachsener in den so bezeichneten Zustand verfällt, macht jedes Mal wieder ein Stück Pubertät durch), ‹hin- und hergerissen›: zwischen Weltzuwendung und Weltflucht. Oft tritt beides gleichzeitig auf, und der Erzieher ist dann geneigt, sich sehr zu verschätzen in der Beurteilung dessen, was wirklich vorliegt: Ein ‹Rückzugsgefecht› kann gerade begleitet sein von äußerer Koketterie oder ‹Angeberei›, allerlei Attitüden werden hervorgekehrt, ein scheinbar souveränes Auftreten täuscht über qualvolle Unsicherheiten hinweg. Oder es geht die überstarke Außenweltaffinität, das Hinausgerissensein mit allen Fasern, einher mit einer Art von trotziger Innerlichkeit, einem grüblerisch-skeptischen Zug, der gegen das Gefühl der drohenden Selbstauflösung gleichsam als Festung aufgerichtet wird. «Es ist ja gerade das Eigentümliche der Menschennatur, dass der Mensch zu dieser Zeit im Äußeren das Gegenteil von dem vollbringt, was in seinem Inneren angelegt ist.»[31]

Beides, der zu starke und der zu geringe Vorbehalt, sind Reaktionen, die mit der Angst zusammenhängen. Vielleicht ist an dieser Stelle, um aus gewissen Extremformen etwas zu lernen, ein Blick auf die Heilpädagogik hilfreich. Es besteht, wie Holtzapfel gezeigt hat, ein enger Zusammenhang zwischen hysterischen und autistischen Erscheinungen bei Kindern,[32] obwohl sie uns zunächst ganz gegensätzlich vor Augen stehen. In beiden Fällen beherrscht zweifellos eine elementare Angst das Bild. Aber während das hysterische Kind im Reflex der Angstüberwindung panikartig offensiv wird, in den Schmerz geradezu hineinrennt, «ausfließt» (Steiner), hat das autistische Kind die Fenster zur Welt geschlossen, verweigert den Kontakt, selbst den zum eigenen Körper, bzw. reduziert ihn auf rein funktionelle Bezüge ohne inneres Engagement. Das hysterische Kind, so Holtzapfel sinngemäß, lebt dauernd in Todesängsten an der Schwelle. Es ist in solchem Maße überengagiert, dass es sich aufzulösen droht. Das autistische Kind verbleibt diesseits der Schwelle und verriegelt die Tore. Ihm ist die Außenwelt verschlossen, ein unlösbares Rätsel. Der kleine Hysteriker ist ihr vorbehaltlos ausgeliefert. Beide aber verlieren sich. Der eine, weil er sich ganz zurückzieht; die Seele aber erlebt sich selbstbewusst in der Begegnung mit der Welt. Der andere, weil er sich nicht zurückziehen kann; die Seele aber erlebt sich selbstbewusst in der Abgrenzung von der Welt. Die Gleichartigkeit des zugrunde liegenden Konfliktes zeigt sich, wenn beispielsweise das autistische Kind, durch einen gewaltsamen Eindruck aus sich herausgerissen, mit einer ‹hysterischen Explosion› reagiert oder wenn man beobachtet, dass das autistische Bedürfnis nach geschlossenen Räumen und übersichtlichen Arrangements auch bei Hysterikern ausgeprägt ist. Was uns hier, im Sinne urbildlicher Phänomene, vor allem interessieren muss, ist die beiden gemeinsame Grundverfassung der Angst bzw. des Schmerzes bei der Berührung mit der Außenwelt, die das eine Mal den Vorbehalt zusammenbrechen lässt, ihn das andere Mal aufrichtet als undurchdringliche Mauer. Wie wir gehört haben, sprach Steiner auch im Zusammenhang mit dem Pubertätsgeschehen von einem «fortwährenden Durchmachen von leisen Schmerzen», und in der Tat handelt es sich hierbei um dasselbe «seelische Wundsein»,[33] das in eher autistischer oder eher hysterischer Version auftritt, nur dass wir im ‹normalen› Pubertätsgeschehen die Symptome nicht rein vor uns haben, sondern verdeckt, modifiziert durch die tätige Individualität: Indem das Ich den Atem von innen her reguliert, wird ein Abgleiten in die eine oder andere ‹Irr-Sinnigkeit› verhindert.

Wir können vor dem Hintergrund dieser Überlegungen zur Sinnes-Atem-Reife und darauf folgenden «neuen Geburt auf der psychischen Ebene» (Bockemühl[34]), unter Einbeziehung aber auch des Kapitels über die Metamorphosen des Willens, davon ausgehen, dass bei den späteren Magersuchtspatienten der schicksalhafte Grundkonflikt erstmal in der Kindheitsmitte als konkrete (wenn auch noch verdeckte) psycho-somatische Entwicklungsauffälligkeit in Erscheinung tritt, wobei die somatischen Anteile als diskrete Schwäche im Bereich der rhythmischen Prozesse zu suchen sind. Die Magersucht, schreibt Bockemühl, «weist zurück auf die stillste, verborgenste Entwicklungsphase des Kindes, eine der entscheidensten für die Entwicklung der Individualität überhaupt. Dieser intime, geistig zentrale Akt der Entwicklung liegt in der Mitte der deutlich sichtbaren Säulen kindlicher Entwicklung: zwischen Zahnwechsel und Erden- oder Geschlechtsreife, in der Mitte des zweiten Jahrsiebts. Zwischen dem 10. und dem 12. Lebensjahr geschieht beim Kind eine physiologische Atemreife, wie es Rudolf Steiner bezeichnet. Sie drückt sich z. B. im Beginn der Stabilisierung des Pulsatemquotienten aus. Es geht uns hier um das Verständnis der Bildwirklichkeit des Atemvorgangs, aus dessen Störung die Anorexie begriffen werden kann. – Die Stabilisierung des Herz-Kreislauf- und Atemverhältnisses … ist der Vorgang einer zunehmend bewussten Beziehung des eigenen Inneren zu den anderen Menschen, zu den Erscheinungen der Welt, Vorgang gefühlsmäßiger Welterfahrung. Der Wechsel der Beziehungen, wie ihn die Ein- und Ausatmung vermittelt, schafft physiologisch (die Grundlage) des Prozesses der Selbstfindung, der Wahrnehmung des eigenen Wesenskerns, im Vergleich, im Abwägen mit sich selbst. Das Kind ortet sich und lernt sich begreifen als Eigensein im Wandel des zeitlichen Geschehens. Es entdeckt sein eigenes Wesen an den Erscheinungen der Umwelt. – Damit entsteht allmählich ein inneres dynamisches Gleichgewicht. – Dieser ... entscheidende Entwicklungsvorgang ist bei den später magersüchtigen Kindern gestört im Sinne einer Erstarrung.»[35]

Bockemühl spricht unter anderem von einer «primär schwächlichen Konstitution in diesem Bereich». W. Holtzapfel bestätigt dies, indem er auf die konstitutionellen Ähnlichkeiten zwischen Magersüchtigen und Lungentuberkulose-Kranken hinweist (asthenischer Körperbautyp) und in diesem Zusammenhang auch die Tendenz zu «erdflüchtigen Vorstellungen» erwähnt, die beide Krankheiten begleiten.[36] Was den Konstitutionstyp betrifft, ist allerdings zu beachten, dass die meisten späteren Magersüchtigen im Vorschulalter durchaus nicht schmächtig sind, sondern eher zu gesunder Fülle neigen, gleichzeitig jedoch schon zur Blässe. Erst im zweiten Lebensjahrsiebt setzt sich allmählich die ‹Schmalbrüstigkeit› durch, zunächst ohne besondere Umstellung der Ernährungsgewohnheiten. Die Mädchen sind mager, ehe sie mager*süchtig* werden. Körperfülle ist ja nicht nur eine Frage der aufgenommenen Nahrungsmengen, sondern auch eine solche des Umganges mit Nahrung, also des feineren Stoffwechsels, in dem das Seelische wirkt. Man kann deshalb davon ausgehen, dass schon im Krankheitsvorstadium ein mangelndes seelisches ‹Durchwärmtsein› der Lebensprozesse vorliegt. Obwohl sich normales Hungergefühl einstellt, führt doch eine latente ätherische Entkräftung schon zu ersten untergründigen, ganz unbewussten Formen der Nahrungszurückweisung. Die Aufbauprozesse des Ätherleibs sind reduziert durch das geringe astralische Engagement, während der Astralleib seinerseits zu früh in den Abbau hineingetrieben wird im Sinne einer vorzeitigen «Lösung ... aus dem unteren Organismus».[37] Dies bedeutet zugleich, dass die Metamorphose des schwächlich gebliebenen Trieblebens in eine gesunde Sinnlichkeit (Begierde) beeinträchtigt ist. Man kann sich den Übergangsbereich, wo Lebensprozesse und seelisches Empfinden ineinandergreifen, als eine webende, flutende Zone dynamischer Bildungen und Umbildungen vorstellen, aus der das Ich die individuelle Seelengestalt herausplasticiert. Die Disposition zur Magersucht bringt eine merkwürdige Leblosigkeit (bzw. «Erstarrung», wie Bockemühl schreibt) in dieser Zone mit sich, wo sich in der Kindheitsmitte die Atemreifung vollziehen soll.

Steiner hat darauf aufmerksam gemacht, dass mit dem Atemreifwerden ein subtiles Geschehen organischer Individualisierung in der Herzregion verbunden ist. «Das vererbte Ätherherz» wird bis zur Pubertät umgebildet in «unser eigenes» Ätherherz.[38] Wir haben dieses Problem im Zusammenhang mit der Pulsatemfrequenz schon gestreift. Die Herzgestalt als Ausdruck geformter Bewegung und bewegter Form, das ‹Urbild des Herzens›, wird von der Individualität als ihr eigenster Daseinsausdruck erfasst. Grob gesprochen: Das Ich nimmt Wohnung im Herzen.

Wir können diesen Vorgang von der seelischen Seite her verifizieren, indem wir uns erinnern, dass sich zur Pubertät hin die ‹Sehnsucht des Herzens› abwendet von den Eltern, der Familie: hin zu anderen, nicht blutsverwandten Menschen und Vorbildern, zum anderen Geschlecht, zu ‹Wahlverwandtschaften›. Dies geht einher mit dem erwähnten physiologischen Vorgang der Regulierung der aus-wendigen Lungentätigkeit durch den innerlich gefestigten Zirkulationsrhythmus. Dem wiederum entspricht psychologisch die Harmonisierung des Verhältnisses zur Außenwelt. Steiners Mitteilung zeigt, dass dieses vielschichtige Geschehen bis in konkrete Umgestaltungen der übersinnlichen Ätherstruktur des Herzens weiterverfolgt werden kann. Auf die Rolle des Herzens weisen in bemerkenswerter Weise auch H. Plügge und R. Mappes hin, wenn sie schreiben: «Der Verlust aller früheren Rückversicherung macht nunmehr die selbstständige Auseinandersetzung mit jedem Gegenüber notwendig. – Diese Neuorientierung verlangt ein Organ. Dieses Organ ist das Herz.»[39]

Wir wissen, dass die Magersuchtkranken auch während und nach der Pubertät noch in einer ganz unaltersgemäßen, verkrampften und infantilen Familienbindung verbleiben. Auch sie, ja sie ganz besonders spüren den ‹Verlust der Rückversicherung›, aber die ‹Neuorientierung› gelingt nicht. Wir haben deshalb allen Grund anzunehmen, es liege eine psychosomatische Vorbelastung im Sinne einer Entwicklungsstörung des rhythmischen Systems etwa zwischen dem neunten und zwölften Lebensjahr vor. Nebenbei sei erwähnt, dass manifeste Herzrhythmusstörungen als Begleitumstand der Anorexie bis hin zum plötzlichen Herztod zwar unzweifelhaft feststehen,[40] über eine signifikante diesbezügliche Neigung im Vorstadium jedoch nichts bekannt ist und auch gar nicht bekannt sein kann, da es sich um feine Unregelmäßigkeiten handeln würde, deretwegen man keinen Arzt aufsucht. Ganz unabhängig davon, ob die heutigen groben Untersuchungsmethoden hier möglicherweise Ergebnisse erbrächten oder nicht, können sich unsere Überlegungen auf eine Reihe von Phänomenen stützen wie: Blässe, leichte (in seltenen Fällen auch dramatische) Hyperventilationsneigung, periphere Kälte, das Gefühl des ‹Hohlseins›, die Neigung zu Gedanken- und Handlungszwängen etc. Dies alles kündigt sich oft schon vor dem akuten Krankheitsstadium an und deutet hin auf ein ungesundes Überwiegen der Ausatmung, was wiederum Anlass zu der Vermutung einer Dominanz des Lungenprozesses gegenüber dem Herz-Kreislauf-Prozess gibt.

Darüber hinaus besteht kein Grund, bei Gleichzeitigkeit der Symptome, in diesem Fall Abmagerung und Herzschwäche, einen Ursache-Wirkung-Schluss a priori zu konstruieren. Beides gehört zum Kanon der Phänomene, an denen wir die Krankheit erkennen. Mit demselben Recht, mit dem man sagt, der Nahrungsentzug führe zu Kreislaufstörungen, kann ein erweitertes Verständnis des Herz-Kreislauf-Geschehens im Sinne der Atemreife die umgekehrte Behauptung rechtfertigen, eine Störung in diesem Bereich ziehe den Hungerzwang nach sich.

Aus allem Bisherigen lässt sich folgern, die in früher Kindheit als Willensschwäche (Überanpassung, Triebarmut) leise anklingende Krankheit führe im zweiten Lebensjahrsiebt zu einer schon organisch-prozessual akzentuierten, aber vorwiegend auf seelischem Gebiet sich abspielenden Auffälligkeit und münde zur Pubertät hin in eine Bewusstseinsstörung massiver körperlicher Begleit- (nicht: Folge-) Symptomatik. Von den frühkindlichen Wesenseigentümlichkeiten wird noch im Zusammenhang mit den unteren Sinnen die Rede sein. Das durchgängige Motiv ist die geschilderte Inkarnationsscheu, die im Sinne einer geisteswissenschaftlichen Hypothese, also unter dem Gesichtspunkt der Plausibilität, bis ins Vorgeburtliche zurückverfolgt werden muss.

Anmerkungen zu: Wille – Außenwelt – Zukunft

1   R. Steiner, *Menschenkenntnis und Unterrichtsgestaltung*, Vortrag vom 16.5.1921, GA 302.
2   Vgl. dazu auch H. Köhler, ‹Über die Schönheit›, *INFO 3*, Heft 1/2/3, 1987. Hier erscheint die Außenwelt als ‹gewordene Welt› in einer ganz anderen Bedeutung.
3   H. Müller-Wiedemann, *Mitte der Kindheit*, Stuttgart ⁶2003.
4   R. Steiner, *Zeitgemäße Erziehung im Kindheits- und Jugendalter*, Vortrag vom 19.11.1922, GA 218.
5   Siehe Anm. 3.
6   Siehe Anm. 1.
7   R. Steiner, *Erziehungsfragen im Reifealter*, Vortrag vom 21.5.1922, GA 302a.
8   Es ist in diesem Zusammenhang interessant, dass das Wort ‹Sünde› etymologisch mit ‹Sonderung› zusammenhängt.
9   Siehe Anm.1.
10 In: G. Nissen (Hrsg.), *Psychiatrie des Pubertätsalters*, Bern / Stuttgart / Wien 1985. Fernandez unternimmt den interessanten Versuch der Entwicklung einer ‹transhistorischen Psychiatrie›.
11 Siehe Anm. 7.
12 Vgl. Anm. 1 zu ‹Das Weltbild›.
13 Siehe Anm. 1.
14 Für Bemühungen um eine ‹transhistorische› Psychologie könnte es von Interesse sein, wie Steiner in dem gleichnamigen Vortrag (12.12.1918, GA 186) die Verschiebung der Gewichte zwischen umweltbezogener und selbstbezogener Seelenhaltung im Verlauf der Geistesgeschichte charakterisiert. Hier wird ein großer Bogen von der Psychologie der Sympathie- und Antipathiekräfte im Menschen zur abendländischen Bewusstseinsentwicklung geschlagen.
15 In: *Beiträge zu einer Erweiterung der Heilkunst*, Heft 4/80.
16 R. Steiner, *Die pädagogische Praxis vom Gesichtspunkte geisteswissenschaftlicher Menschenerkenntnis*, Vortrag vom 17.4.1923, GA 306.

17 R. Steiner, *Okkulte Physiologie*, 9. Vortrag, GA 128.
18 R. Treichler, *Die Entwicklung der Seele im Lebenslauf*, Stuttgart 2004.
19 R. Steiner, *Die Auseinandersetzung des Intellekts mit dem Naturwissen*, Vortrag vom 7.8.1921 aus GA 206.
20 Frits Wilmar, *Vorgeburtliche Menschwerdung*, Stuttgart 1979.
21 R. Steiner, *Von Seelenrätseln*, Kap. IV.6, GA 21.
22 R. Steiner, *Okkulte Physiologie*, 4. Vortrag, GA 128.
23 R. Steiner, *Allgemeine Menschenkunde als Grundlage der Pädagogik*, 1. Vortrag, GA 293.
24 Siehe Anm. 3.
25 Es muss hier immer beachtet werden, dass wir vom Menschen sprechen und nicht vom Tier. Instinkt, Trieb sind als menschliche Willensformen von Anfang an zu unterscheiden von den entsprechenden Erscheinungen etwa bei höheren Säugetieren.
26 Vgl. in diesem Buch: ‹Welt ohne Klang und Weite›.
27 R. Steiner, *Die gesunde Entwickelung des Leiblich-Physischen als Grundlage der freien Entfaltung des Seelisch-Geistigen*, GA 303, zitiert nach Müller-Wiedemann.
28 Siehe Anm. 23.
29 R. Steiner, Die *geistig-seelischen Grundkräfte der Erziehungskunst*, Vortrag vom 22.8.1922, GA 305.
30 Siehe Anm. 1,
31 Siehe Anm. 1.
32 W. Holtzapfel, Klimm, König u. a., *Der frühkindliche Autismus als Entwicklungsstörung*, Stuttgart 1981.
33 R. Steiner, *Heilpädagogischer Kurs*, 4. Vortrag, GA 317.
34 Siehe Anm. 15.
35 Siehe Anm. 15.
36 W. Holtzapfel, *Krankheitsepochen der Kindheit*, Stuttgart 1978.
37 Siehe Anm. 18.
38 Zitiert nach Holtzapfel, vgl. Anm. 36.
39 H. Plügge, R. Mappes, «Befinden und Verhalten herzkranker Kinder und Erwachsener», in: *Befinden und Verhalten*, Stuttgart 1961, zitiert nach Müller-Wiedemann.
40 Erwähnt z.B. bei B. Leiber, «Die großen Essstörungen», in *PAIS*, Heft 2/86, oder bei D. Ploog, «Die Magersucht», in: *Naturwissenschaftliche Rundschau*, Heft 5/87.

Männliche und weibliche Pubertät

‹Seelische Geschlechtsmerkmale›

Vor dem Hintergrund dessen, was wir über das Problem des Vorbehalts, des Schwankens zwischen Weltzuwendung und Weltflucht ausgeführt haben, kann die Frage des Unterschiedes zwischen der Pubertätskrise bei Knaben und Mädchen aufgeworfen werden, die heute vielfach unterschlagen oder nur unter dem Gesichtspunkt der divergierenden Entwicklung der Geschlechtsmerkmale gestellt, ansonsten aber auf soziokulturelle Prägungen reduziert wird. Da wir es bei der Magersucht eindeutig mit einer ‹weiblichen Krankheit› zu tun haben, die andererseits unzweifelhaft in Beziehung steht zum Übergang zwischen dem zweiten und dritten Lebensjahrsiebt[1] und, wie sich aus allem bisher Gesagten ergibt, bei weitem nicht nur, ja sogar nur sekundär auf einer sexuellen Reifungskrise beruht, müssen wir versuchen, gerade von der seelischen Seite her zu verstehen, was Mädchen im Unterschied zu Knaben in dieser Zeit durchmachen.

Lässt man sich nicht irritieren durch jenes von Steiner charakterisierte und jedem erfahrenen Pädagogen bekannte ‹Vollbringen des Gegenteils im Äußeren›, wodurch der Jugendliche «sein eigenes Wesen verbirgt»,[2] zeigt sich, dass bei Knaben eine Tendenz besteht, zu stark außenweltorientiert zu sein, zu stark die Umgebung an sich heranzulassen und sich dabei zu verlieren: im Übermaß sich seelisch mit dem anzufüllen, was äußerlich ist. «Und so beginnt in diesem Lebensalter in dem Knaben die Welt zu rumoren, zu toben, aber die Welt, die auf der Erde die Umgebung bildet.»[3] Häufiger als bei Mädchen findet man, dass fremdbestimmte Maßstäbe und Wünsche, Selbstbildnisse ohne inneren Gehalt entwickelt werden. Man findet Surrogat-Ideale, denen etwas Profan-Willensbetontes anhaftet (Aktion, Power, Randale und so weiter: Das ist der Slang der männlichen Pubertät; die Neigung zu sexuellen Entgleisungen ist bei Knaben signifikant höher[4]), unwillkürliche Verhaltensmaskeraden, eine oftmals verblüffende

Bereitschaft, sich fremde ‹Stile› anzueignen in Sprache, Gestik, Mimik. Der Fünfzehnjährige, der aus einem Wildwestfilm herauskommt und nur schwer den Gesichtsausdruck des Helden wieder los wird, ist ebenso typisch wie der schlaksige, aufschießende Bursche, der sich ein zweifelhaftes Vergnügen daraus macht, zum Staunen der Tischrunde drei Riesenportionen Schnitzel mit Pommes Frites in sich hineinzuschaufeln und danach zu erklären: «So, das war die Vorspeise.» Hier zeigt sich seine Grundhaltung zur Welt, sein Konflikt. Denn es ist ihm natürlich spätestens seit der zweiten Portion übel; er hat natürlich furchtbare Angst, die Tortur nicht heil zu überstehen.

Ein Mädchen hat mit diesen Dingen in der Regel keine Probleme. Es kopiert nicht unwillkürlich die Filmheldin, obgleich es freilich für sie schwärmt. Aber es bleibt bei sich, verwechselt sich nicht mit ihr. Zu sinnlichen Genüssen wahrt es einen gezierten Abstand, der männliche Altersgenossen zur Weißglut reizen kann. Beim Essen wird genippt, genascht, aber nicht zugelangt. Man kann in der pädagogischen Praxis mit Jugendlichen täglich erleben, dass Mädchen in Bezug auf ihre personale Identität reifer sind als Knaben. Wenn M. Lawrence meint: «Wir Mädchen (werden seit unserer Geburt) durch unsere Sozialisation dazu gebracht, uns im Wesentlichen auf die Bestätigung durch andere zu verlassen», weshalb die Frau dazu neige, «ihren Wert nach den Maßstäben anderer zu messen»,[5] so hat man den Eindruck, im misslungenen Bemühen um einen feministischen Standpunkt gegenüber der Magersucht werde den Frauen unisono eine Persönlichkeitsschwäche unterstellt, die zumindest in den Jugendjahren viel eher bei den Knaben anzutreffen ist.

Der Vorbehalt ist bei Mädchen – sofern er nicht durch gezielte Suggestion zertrümmert wird[6] – eher im Übermaß gewahrt. Sie sind in sich gefestigter, sicherer im Urteil, zugleich introvertierter. Ihr stolzes, freimütiges, vielleicht herausforderndes Hintreten vor die Welt widerspricht dem nicht, denn es ist im Grunde eine kaschierte Antipathiegebärde und zugleich dasjenige, wodurch es «sein eigentliches Wesen verbirgt», denn was in Wahrheit vorliegt, ist keine innere Haltlosigkeit, sondern dass «dem Mädchen gerade in diesen Jahren die Außenwelt ein Rätsel (wird)».[7] Die

Knaben sind sich selbst ein Rätsel. Sie grübeln in sich hinein, füllen sich an mit Surrogaten und bemerken doch immer, dass sie es nicht sind. «In dem Knaben», heißt es bei Steiner, «tritt einem entgegen ein Mensch, in dem die äußere Umgebung rumort. – Er weiß mit sich selbst nichts anzufangen, der Knabe. – Er kommt in ein Staunen hinein, in ein Kritisieren, Skeptizieren gegenüber sich selbst; er kommt in eine Haltlosigkeit gegenüber sich selbst.»[8] Die Leistung, die er zu erbringen hat, ist die Aufrechterhaltung des seelischen Innenraums gegenüber einer heftigen Außenweltaffinität auf der Stufe der Begierdenhaftigkeit. Er muss darum kämpfen, im Strudel des Lebens seine noch zaghaften individuellen Daseinsmotive nicht immer wieder zu verlieren. Steiner spricht von einem «förmlichen Ansturm» der Willenskräfte gegen das Nervensystem: Es wird dem Knaben «in der Innenwelt viel unverständlich». Im Mädchen hingegen «hat man ein Menschenwesen vor sich, ... das nun vor der Welt erstaunt, das in der Welt die Rätsel findet. – Beim Mädchen wird in der Außenwelt viel unverständlich.»[9] Die Leistung, die es zu erbringen hat, ist die Öffnung nach außen, gleichsam die Überwindung einer ‹Schamgrenze›, um Welt, Erde an sich heranzulassen. Es muss darum kämpfen, seine anklingenden Daseinsmotive an die Welt anzuschließen.

Die Außenwelt wird im Grunde als etwas Unreines empfunden. Pubertierende Mädchen pflegen in Bezug auf ihre Umgebung besondere Ästhetiker zu sein, ganz anders als Knaben, die sich problemlos in furchtbarer Unordnung aufhalten können. Was bei Mädchen in «Putzsucht» (Steiner) und oberflächlichen Ästhetizismus ausarten kann, ist ein Wesenszug, mit dem die Knaben nichts anzufangen wissen. Sie haben damit zu ringen, sich nicht im Chaotischen, Ungeordneten zu verlieren, und beginnen gerade deshalb, sich bisweilen, wenn Weltschmerz über sie kommt, heftig angezogen zu fühlen von der ihnen ganz wesensfremden Atmosphäre, welche Mädchen um sich herum erzeugen, indem sie ihrem Drang gehorchen, sich eine reinliche, duftende, mit hübschen kleinen Arrangements ausgestattete Enklave innerhalb der ‹unsauberen› Welt einzurichten.

Die Haltung, die hier zum Ausdruck kommt, ist auch in anderen Bereichen anzutreffen. Sowohl die Ess- und Tischgewohnheiten, die mehr dem

Auge als dem Gaumen zu dienen scheinen, als auch der Umgang mit dem eigenen Körper haben eine ästhetizierende Note, sind also mehr auf den Nerven-Sinnes-Menschen und weniger auf die Willensnatur bezogen. Die rätselhafte und deshalb immer etwas bedrohliche Außenwelt wird, das ist der eigentliche Vorgang, durch Schönheit, Symmetrie im unmittelbaren Umfeld übersichtlich gestaltet; das Mädchen hat nun die Neigung, sich innerhalb dieses ‹magischen Kreises› zu verschanzen. Außerhalb ist die Fremde. Und wenn man bedenkt, dass das ‹Sich-Schmücken›, ‹Sich-Schönmachen› hier seine Wurzeln hat, wird man die diskriminierende Vereinfachung von der weiblichen Eitelkeit (als ob Knaben nicht eitel wären!) schnell als solche durchschauen. Nicht einen ‹schlechten Charakterzug› haben wir vor uns: Der Körper, im Prozess der Erdenreife für das Bewusstsein als ein Stück ‹objektive Welt› abgespalten, ist Teil der Enklave. Er wird ästhetisch aufgewertet, worin sich eine leise Abscheu vor seiner ‹Niedrigkeit› äußert. Wer Mädchen in diesem Alter genau beobachtet, wird bemerken, dass sie durch ihr ganzes Handeln und Gebaren eigentlich ständig kleine ästhetische Aufwertungen der Dinge und Verhältnisse und eben auch ihres eigenen Körpers vornehmen.

Charakteristisch für Mädchen im Jugendalter ist eine zarte Antipathiegebärde gegen die irdischen Verhältnisse in ihrer Schwere, Dunkelheit, Urwüchsigkeit. In diese Antipathie mischt sich aber eine zaghafte Faszination, eine innere Geste der ‹Fürsorglichkeit› in höherem Sinne, die umschrieben werden kann als unbewusster Wunsch, die sinnliche Welt mit Übersinnlichem zu durchsetzen. Dies ist etwas im schönsten Sinne Menschenwürdiges, wozu wir uns alle im Laufe des Lebens hinerziehen sollten, aber alles hat seine Zeit, und der menschliche Lebenslauf ist durchzogen von Gefahren, die damit zusammenhängen, dass das eigentlich Richtige zu früh oder zu spät geschieht und dadurch falsch wird. Der ungestüme Knabe (natürlich kann dies auch für Mädchen gelten; es handelt sich hier darum, auf tendenzielle Unterschiede aufmerksam zu werden), der von seinen Willenskräften, mit denen er eines Tages in der Welt etwas bewegen soll, zu früh hinausgerissen wird, vergisst, was er bewegen wollte, und verliert sich in planlosem Aktionismus. Das Mädchen, dessen Schönheitssinn und Streben nach Idealisierung im Übermaß bestimmend wird, noch ehe es mit beiden Beinen fest auf der Erde steht, weiß schließlich nicht, worauf es seine Sehnsucht sinnvoll richten soll, und verliert sich in Pedanterie, «Putzsucht» oder Modegeglitzer. Was wir oben als Atemreife beschrieben haben, schafft die Voraussetzungen dafür, dass die ‹seelischen Geschlechtsmerkmale›, die sich im Jugendalter ebenso wie die körperlichen durchsetzen, nicht in krasse Einseitigkeiten ausarten, sondern verschiedenartige, aber gleichwertige ‹Ausgangspositionen› zur Entwicklung des vollen, übergeschlechtlichen Menschentums bilden; dass also das männliche Wesen genügend stark in der Frau, das weibliche genügend stark im Mann wirke. Auch zwischen diesen beiden Polen ist das Leben ein dauerndes Atmen. Vollzieht sich die Atemreife als entscheidender Schritt der Individualisierung vor der Geschlechtsdifferenzierung nicht in gesunder Weise, werden die weiblichen oder männlichen ‹Gattungs›-Eigentümlichkeiten zu Hindernissen auf dem Weg der Ichfindung. Das zwischen dem dreizehnten und fünfzehnten Lebensjahr aufbrechende Schisma eröffnet dann nicht den inneren Frei-Raum, in dem sich das Ich als Wesenskern unbeschwert amend aufrichten kann, sondern es tut sich ein Abgrund auf, aus dem persönlichkeitsfremde Mächte bedrohlich aufsteigen und ‹den Atem stocken lassen›.

Der übermächtige Vorbehalt

Was bei gesunden Mädchen die im Vergleich mit Knaben größere Reife des Selbstbewusstseins ist, tendiert nun, z.B. bei der Magersucht, zur Abirrung in krankhafte Introversion; quälendes Hinstarrenmüssen auf sich selbst, den eigenen Leib und die rätselhaften Ängste, die er absondert. Die weibliche Abgrenzungsneigung steigert sich ins Extrem und wirkt dadurch wiederum entpersönlichend, ruft Starre, Zwanghaftigkeit hervor. Mangelhafte Ich-Durchdrungenheit der rhythmischen Prozesse und das damit verbundene Defizit an seelischer Autonomie im Dialog mit der Welt führen dazu, dass die ‹weibliche Urgeste der Zurückweisung, die mit der Erdenreife hervortritt, nicht als spontane Einstimmung der Seele ins ‹Moll›, sondern krampfhaft, ins Destruktive verkehrt, vom vorstellenden Bewusstsein aus erfolgt in Form von ‹Maßnahmen› der Selbstzucht, des Sich-Einschließens. Aus der starken gedanklichen Beteiligung lässt sich jedoch nicht folgern, dass es sich um freie Entschlüsse handle, denn dieses Denken ist nicht frei, sondern angststarr, in sich kreisend und auf sich zurückgeworfen, zukunfts- und aussichts-los.

In der Pubertätsmagersucht wächst sich die weibliche Krise der Erdenreife aus zu einer, so möchte man sagen, merkwürdigen Prologform eines spätkindlichen Autismus. Man erwartet eigentlich ständig das Hinübergleiten in einen ‹echten› autistischen Zustand. Wir können ja dem Vorangegangenen unschwer entnehmen, dass die weibliche Pubertät schon im Regelfall eine zarte autistische Note aufweist im Gegensatz zur hysterischen Tendenz bei Knaben. Der ästhetizierende Zug, die überwiegende Antipathiegebärde: der starke Vorbehalt bei gleichzeitigem Sicherheitsbedürfnis in Bezug auf äußere Strukturen, die im Vergleich zum Knaben verhältnismäßige Unbeeindruckbarkeit und leise Genussfeindlichkeit – dies alles weist in eine bestimmte Richtung. Wir erkennen eine Neigung zum ‹Kopfwerden›, also Innenraum, Vorstellung, Vergangenheit. Steiner hat diese Einseitigkeit übrigens explizit mit der Unterernährung in Verbindung gebracht,[10] und es ist sicher keine zufällige Parallele, wenn Holtzapfel zur Veranschaulichung des autistischen Bildes ausgerechnet das folgende repräsentative Beispiel wählt: «Mehrere unserer Patienten griffen … auch bei intensivem Hunger niemals selber zum Brot, obwohl sie ihre Gliedmaßen bewegen, nach Gegenständen greifen und mit ihnen hantieren konnten. Einige Eltern versuchten, diesen vermeintlichen ‹Trotz› zu durchbrechen, indem sie die Kinder vor dem gefüllten Teller sitzen ließen. Sie mussten diesen Erziehungsversuch aber aufgeben, da die Kinder … ‹vor vollen Tellern verhungert› waren.»[11] – ‹Vor vollen Tellern verhungern›: ein Grundmotiv.

Es gibt Behandlungsformen der Magersucht, in deren Verlauf die Patientinnen zunächst gefüttert werden. Auch wo keine Anorexie-Disposition vorliegt, neigen Mädchen stärker als Knaben zum Unterernährtsein. Man mag dies und alles andere über den Unterschied zwischen Mädchen und Knaben Vorgebrachte als gesellschaftlich geprägtes Verhalten einschätzen oder etwas genetisch oder karmisch bedingtes Geschlechtsspezifisches darin erkennen – der Streit ist müßig. Denn die Dinge greifen ineinander, und selbst die Annahme einer vorgeburtlichen, schicksalshaften Belastung verweist uns ja, wenn wir die Sache genügend durchdenken, wiederum auf die Umwelt, in die das Kind hineinwächst. Vererbung, Geschlecht, Milieu, Karma: dies alles verdichtet sich zur biografischen Evidenz mit ihren allgemeinen und individuellen Aspekten.[12]

Hierzu gehört das Phänomen, dass junge Mädchen mehr als Knaben zu dieser Abschirmung, diesem Kopfwerden, diesem zarten Autismus neigen. Knaben im Jugendalter sind der Gefahr eines generellen Überengagements ausgesetzt. Sie verstehen alles Mögliche, nur nicht sich selbst. Mädchen bauen sich einen ästhetischen Schutzwall gegen die unverständliche Außenwelt. Die äußere Blässe, die anämische Tendenz steht, darauf weist Steiner des öfteren hin, im Kontrast zu einem starken, differenzierten Innenleben. «Der astralische Leib der weiblichen Natur ist in sich differenzierter, wesentlich reicher gegliedert als der astralische Leib des Mannes.»[13]

Während die Knaben also in besonderem, vielfach krisenhaftem Ausmaß den irdischen Umgebungskräften ausgeliefert sind, wird «dem Mädchen ... etwas von dem ganzen Kosmos, von dem Universum eingepflanzt»,[14] und es erlebt dies gleichsam als inneres Heiligtum, das geschützt, verborgen werden muss vor dem Ansturm der Erdenkräfte. Knaben pflegen auf der letzten Wegstrecke zur Volljährigkeit mehr oder weniger rabiate Atheisten zu werden; sie müssen in irgendeiner Weise dasjenige individuell durchleben, worin die atheistische Weltanschauung menschheitlich ihre Wurzeln hat: das vorbehaltlose Ja zur physischen Existenz. Mädchen sind von diesen Problemen eher marginal berührt. Eine tief empfundene Gewissheit relativiert alle Verstandeszweifel. Und wenn in diesem Zusammenhang doch Einseitigkeiten auftreten, liegt die Gefahr eher in einer ungesunden religiösen Übersteigerung, in einer Anfälligkeit zur Mystifizierung des Profanen. In fast allen Diskussionen, die ich z.B. mit Jugendlichen über das Zufall/Schicksal-Problem hatte, vertraten die Knaben stark überwiegend den Zufalls-, die Mädchen den Schicksalsstandpunkt. Solche Beobachtungen müssen ernst genommen werden, auch wenn man heute begreifliche Schwierigkeiten damit hat, Geschlechtsunterschiede auch im seelischen, ja sogar im weltanschaulichen Bereich gelten zu lassen. Wir wissen, dass sich diese Unterschiede im Zeitalter der Bewusstseinsseele mehr und mehr verwischen, denn die Individualität in ihrem Kern ist übergeschlechtlich. Aber sie muss sich gerade in den Jugendjahren durch geschlechtsspezifische leiblich-seelische Gegebenheiten hindurcharbeiten. Nicht die Leugnung dieser Gegebenheiten führt uns weiter, sondern es handelt sich darum, sie wertneutral zu beschreiben. Wenn man sich vor dem Blick auf die Unterschiede selbst fürchtet, hat man lediglich die mehr oder weniger unbewusste Voraussetzung noch nicht überwunden, wo ein Unterschied dingfest gemacht werde, schlage dieser automatisch zuungunsten der Frauen aus.

Eine wirkliche Bereinigung dessen, was als patriarchalische Frauengeringschätzung heute tatsächlich noch überall virulent ist, ist jedoch nur dadurch möglich, dass das weibliche Geschlecht nicht an männlichen, sondern an seinen eigenen Maßstäben gemessen wird. Die vermeintlich ‹geschlechtsneutrale› Sichtweise ist immer eine verdeckt maskuline, denn das Abstrahieren von den Tatsachen des Lebens ist eine männliche Unsitte. Das Missverständnis besteht heute darin, dass man von einem amputierten Menschenbild ausgeht. Es wird – zum Beispiel – nicht unterschieden zwischen Empfindungsseele und Ich. Im Ich ist die Geschlechtsdifferenzierung aufgehoben. Aber im eigentlichen Seelenleben, das zwischen Individuellem und Allgemeinmenschlichem den Übergang bildet, spielen sie natürlich eine bedeutsame Rolle, in den Reifejahren zwischen Pubertät und Volljährigkeit sogar eine zentrale Rolle. Wir müssen uns hierzu Gesichtspunkte erarbeiten (viel gründlicher noch, als es soeben versucht wurde), wenn wir Sonderfälle wie die Pubertätsmagersucht, die eben zu einem signifikant hohen Prozentsatz Mädchen trifft, verstehen wollen.

Stellt man sich alles dasjenige, was wir als Kennzeichen der weiblichen Pubertätskrise vorgebracht haben, in gesteigertem, nicht mehr zu bewältigendem Ausmaß vor, stellt man sich vor, dass dieses Ereignis nun gerade auf eine zaudernde, zaghafte Seelenverfassung trifft, welche, wie beschrieben, durch die Kindheit hindurchgetragen wurde als unerkannte Gefahr, als tief im Unbewussten, bis in die Körperlichkeit hinein, bis hin zu einer ständigen latenten Entkräftung der ätherischen Organisation wirkendes Erschrecken vor der Welt; stellt man sich also vor den Einschlag der Pubertät in eine strukturgewordene Inkarnationsangst weiblicher Genese, drängt sich wie von selbst das Bild eines jungen Menschen auf, der vor den irdischen Verhältnissen zurückweicht in ein klösterliches Innenleben und nun den Kampf seines Lebens kämpft gegen die Außenwelt, die durchweg als Anfechtung erlebt wird. Es ist ja nicht so, dass die Magersüchtigen lediglich das Essen verweigern. Ebenso wie der Hunger nach stofflicher Nahrung wird der Hunger nach Welterfahrung und Sinnesgenuss auf allen Ebenen zurückgedrängt. Die Mädchen sind in einem erschütternden Ausmaß interesse- und lustlos, begeisterungsunfähig. Es ist für den Heilpädagogen, der sich ihrer annimmt, ein fast unlösbares Problem, in welcher Form auch immer Teilnahme zu wecken. Sie nehmen nicht teil. Was bleibt, ist oft nur noch ein gewisser Drang nach streng symmetrischen, monotonen Arrangements und Gestaltungen im unmittelbaren Lebensumkreis, nach rituellen Verrichtungen, vielfach auch im Zusammenhang mit der Esskultur: Beinahe wie ein Mandala wird der Tisch für das Mahl vorbereitet. Eingenommen wird es nicht. Es ist Erde. Im sorgsam-rituellen Vorbereiten wird die Speise aus ihrem Irdisch-Sein herausgehoben in einen ästhetisch-sittlichen Bereich. Essen aber hieße diesen Vorgang wieder umkehren. Die Stoffumwandlungsprozesse, die durch die Verdauung stattfinden, erscheinen nach außen verlagert, verfremdet, weil vom natürlichen Ort des Geschehens abgesondert.

Ähnliches findet auch auf anderen Ebenen der Welt-Aneignung statt. Es besteht kein Interesse daran, ja eine ausgesprochene Abneigung dagegen, in die Natur hinauszuschauen, hinauszulauschen. Aber mit großer Ausdauer werden etwa jugendstilartige, geometrisch angeordnete Blumenbilder mit Lineal und Zirkel verfertigt.

Kasuistik Sonja B.:

Sonja gerät, fünfzehnjährig, während der nachklinischen ambulanten Betreuung immer wieder in schwere Krisen mit ‹Suizid-Denkspielen›, furchtbaren Zwängen (etwa tagelang Fremdwörter auswendig zu lernen) und rapidem Gewichtsabfall. Aber sie fängt sich kurz vor der kritischen Grenze jedes Mal wieder ab und erholt sich. In einer Gesprächsstunde unterhalten wir uns darüber, ob es sinnvoll sei, acht bis neun Stunden täglich über Büchern zu brüten. Sie ist zu diesem Zeitpunkt von der Schule beurlaubt und durchleidet eine Zwangsphase selbst auferlegten extensiven Geschichtsunterrichtes. Dazu erklärt sie, Angst zu haben, später einmal «nichts wert zu sein, nichts zu können und nichts zu wissen». Ich entgegne, dass Menschen, die alles Mögliche in ihren Kopf hineingestopft haben, aber z.B. gar nicht mehr wissen, wie es klingt, wenn früh morgens die Vögel den Tag begrüßen, armselige Geschöpfe seien. In farbiger Art schildere ich ihr eine solche Exkursion ins Morgengrauen – die Klänge, Gerüche, Farben. Ihre Antwort lautet, gequält: «Ich würde das so gern erleben, so gern, aber ich kann halt nicht.» Warum sie es nicht kann, vermag sie nicht zu sagen. In genau demselben gequälten, tief traurigen Tonfall hat Sonja immer wieder erklärt, sie würde so gern essen, hätte einen solchen Appetit auf vielerlei, aber sie könne eben nicht.

Der Vorbehalt ist übermächtig, die Grundgebärde autistisch und die Bewusstseinsverfassung zur Persönlichkeitsspaltung hintendierend, weil die Probleme gesehen, bedauert, aber fast widerstandslos erlitten werden als «das in mir drin, was die Krankheit macht» (Maria W.). Der Unterschied zum ‹typischen› Autismus ist der, dass sich das Ich zu deutlich in der Verkörperung erfährt, als dass sie geleugnet werden könnte. Also wird sie im vollen Bewusstsein dessen, was geschieht, angefochten. Die Beweggründe sind ebenso zwingend wie völlig dem Verstehen entzogen. Die Mädchen sind intellektuell hochstrukturiert, vielseitig begabt und durchaus dazu in der Lage, sich verstandesmäßig in die Tiefenschichten ihrer Krankheit führen zu lassen. Aber das, was im Gegensatz zum abstrakten Erfassen wirkliches Verstehen ist, bleibt lange Zeit aus. Anders als schwer autistisch gestörte Kinder haben die Magersüchtigen keine eigentlichen Wahrnehmungsausfälle. Im klassischen autistischen Zustand sind Außenwelt und Zukunft keine Erlebnisqualitäten, die Kinder erwachen nicht im raumzeitlichen Kontext. Die magersüchtigen Mädchen dagegen erleben dieses Erwachen, aber sie erleben es als Schock und finden sich in jenem Zustand, den Heidegger, die Not des modernen Menschen auf den Punkt bringend, «Geworfenheit» nannte: Erwachen im Erdendasein und Begreifen mit der Wucht eines plötzlichen, hellsichtigen Erinnerns, dass dies der Sündenfall ist. Wovon sie nun ergriffen werden, ist in übersteigerter Form das, was Steiner als Grunderfahrung der weiblichen Pubertät ein «metamorphosiertes Schamgefühl» genannt hat, ein «geistig-seelisches Erröten». Gesteigerte Scham aber wird Angst: Angst, gesehen zu werden in der Nacktheit des Daseins im Leib; Angst, ertappt zu werden – nicht bei etwas Bestimmtem, sondern dabei, sich eingelassen zu haben auf dieser Welt.[15]

Kaum etwas hören wir in den Therapiegesprächen häufiger als: «Ich habe ein schlechtes Gewissen», «Ich schäme mich», und dann, am Grunde des Leids: «Ich habe solche Angst»! – «Wovor?» – «Ich weiß nicht. Vor allem.»

Anmerkungen zu: Männliche und weibliche Pubertät

1 In der einschlägigen Literatur wird, den Erfordernissen wissenschaftlicher Exaktheit gehorchend, zwischen ‹präpubertärer›, ‹pubertärer› und ‹postpubertärer› Magersucht unterschieden. Neuerdings ist eine altersmäßige Verschiebung zum früheren Krankheitsausbruch zu beobachten. Dennoch wird nirgends der enge Zusammenhang mit der Pubertät bezweifelt. Die Häufung präpubertärer Magersuchtserkrankungen stützt unsere Ansicht, dass besondere Aufmerksamkeit im Hinblick auf die Krankheitsentstehung der sogenannten ‹Latenzzeit› gelten müsse. Wir können ferner davon ausgehen, dass sich im Zuge des «epochalen Erscheinungswandels der normalen Pubertät» (Fernandez) das seelische Vorstadium der Erdenreife (wie auch die Geschlechtsreife selbst) immer früher geltend macht. Was die ‹postpubertäre› Form betrifft, ist anzunehmen, dass gewisse Seelenvorgänge der Pubertät hier ‹verschleppt› werden. – Eine andere Frage ist diejenige des gelegentlichen

Vorkommens der Magersucht bei Knaben. Sie verweist uns zunächst auf die frühe Kindheit zurück (die betroffenen Knaben haben fast immer sehr feminin und zart gewirkt), des Weiteren aber auch auf mögliche vorgeburtliche Zusammenhänge einer ‹karmischen Unentschiedenheit› im Durchgang durch die geistige Region, wo das Geschlecht (gewählt) wird. (Vgl. hierzu lt. Steiner, *Geistige Zusammenhänge in der Gestaltung des Organismus*, Vortrag vom 5.11.1922, GA 218.) Diese Fährte sollte im Übrigen auch einmal bezüglich des Homosexualitätsproblems verfolgt werden, wodurch man dazu käme, nicht immer nur den ‹weiblichen Ätherleib› des Mannes in Betracht zu ziehen, sondern auf eine mögliche ambivalente Situation im Astralischen aufmerksam zu werden.

2 R. Steiner, *Menschenerkenntnis und Unterrichtsgestaltung*, Vortrag vom 16.5.1921, GA 302.

3 R. Steiner, *Die geistig-seelischen Grundkräfte der Erziehungskunst*, Vortrag vom 25.8.1922, GA 305.

4 G. Nissen (Hrsg.), *Psychiatrie des Pubertätsalters*, dort: M. Möllering; Bern / Stuttgart / Wien 1985.

5 M. Lawrence, *Ich stimme nicht. Identitätskrise und Magersucht*, Hamburg 1986.

6 Hier wären z. B. bestimmte Auswüchse innerhalb der populären Musikkultur zu nennen, wo der jugendliche Drang nach menschlichen Vorbildern kommerziell missbraucht wird.

7 Siehe Anm. 3.

8 Siehe Anm. 3.

9 Siehe Anm. 3.

10 In: R. Steiner, *Geisteswissenschaftliche Gesichtspunkte zur Therapie*. GA 313.

11 Siehe Anm. 2.

12 ‹Krankwerden an den Verhältnissen› heißt ja immer auch, aus karmischer Veranlassung ‹ethnisch›-kulturgeschichtliche Konflikte sozusagen exemplarisch auszutragen. (Von der Magersucht als einer ‹ethnischen Erkrankung› spricht z.B. M. Fichter in Anm. 4.) Nicht die (unkorrekte) Idee des ‹Opfers› interessiert uns hier (denn ein solches kann nur vollbewusst erbracht werden), sondern diejenige der (ursprünglich) intentionalen Teilnahme des Einzelnen am Geschichtsprozess, wozu auch die Teilnahme an je zeittypischen Krankheiten gehört. Hier durchweben sich individuelles und Völker- bzw. Menschheitskarma.

13 Siehe Anm. 2.

14 Siehe Anm. 3.

15 Siehe Anm. 2.

Weltinteresse und Pädagogik

Das brave, unauffällige Kind

Die Zukunft ist fremd und voller Gefahren. Als Feld positiver Schicksalsgestaltung bleibt sie verstellt, angstverstellt. Die Erde ist dunkel und unrein. Was mit ihr in Berührung kommt, ist entheiligt. Wie dieser Berührung, dieser Entheiligung ausweichen? Sie findet statt durch den Leib. Und so wächst und wächst als Ersatz für alle Begehrlichkeiten des Leibes, der Sinne, diese eine, selbstzerstörerische Begierde: den Leib als ‹anhaftende Erde›, als das, was Erde hereinlässt und sich aus Erdensubstanz aufbaut, auszulöschen. Man wird von einem Verständnis der Magersucht so lange weit entfernt bleiben, als man nicht das Motiv einer Flucht zurück in die Vergangenheit des vorgeburtlichen Daseins anerkennen will, und zwar nicht etwa nur gleichnishaft, sondern ganz konkret. Zart schwingt dieser Fluchtreflex in jeder, insbesondere aber in jeder weiblichen Pubertät mit. Wird er übermächtig mangels ausgleichender Gewichte, ist eine geradezu streng logische Folge die Leibabwehr, hervorbrechend ebenso folgerichtig zu einem Entwicklungszeitpunkt, den wir ausführlich charakterisiert haben als Ereignis der Spaltung zwischen subjektiver und objektiver Welt im Gewahrwerden des Leibes, im Anbruch der Zukunft, die Erdenzukunft ist: in der Erkenntnis der ‹Geworfenheit›. Es ist ja wahr: Schicksalsbejahung bedeutet in gewisser Hinsicht auch Bejahung einer ‹Selbstbeschmutzung›, Bejahung einer tiefen Verstrickung, in die wir unweigerlich geführt werden durch unser physisch-geistiges Doppelantlitz. Der Mensch aber, den ein gesunder Inkarnationswille über die Schwelle der Angst trägt, sucht diese Spannung, ahnend, dass in ihrer Bewältigung seine Freiheitschance liegt. Mehr und mehr müssen wir uns jedoch namentlich in der Pädagogik auf Entwicklungsverläufe einstellen, in denen diese ‹Gralsucher›-Bewegkraft von Anfang an geschwächt ist.

Wir müssen uns eine hohe Sensibilität der Beobachtung hierfür schon in den ersten Schuljahren aneignen. Insbesondere gilt es, in einem Punkt noch konsequenter umzudenken: Nicht nur das ‹verhaltensauffällige›, unbequeme und in gewisser Hinsicht schwer erziehbare Kind darf unsere Sorge erregen. Man wird sogar für die Zukunft davon ausgehen können, dass immer mehr Kinder mit einer gewissen Notwendigkeit in der Vorbereitung auf spätere Lebensaufgaben ausgesprochene Unruhegeister sein werden gleich tänzelnden Pferden vor dem Start des Rennens, auch vom besten Reiter nur mit Mühe zu zügeln. Natürlich gehört es zu den pädagogischen Herausforderungen unserer Zeit, solchen Kindern, die im Grunde jede Erziehung vereiteln wollen, dennoch eine solche angedeihen zu lassen, immer beachtend, dass kein ‹Zurechtbiegen auf Normalmaß› die Aufgabe ist. Aber begreifen wir schon genügend die Gefahren, in denen das unauffällige, brave, verständige, stets angepasste Kind schwebt? Die Zeiterscheinung Magersucht kann hier zu einem Erwachen verhelfen. Denn die Anamnesen zeigen uns ganz unbezweifelbar, dass wir es zu tun haben gerade mit der Kehrseite dessen, worauf alle Anpassungskonzepte fixiert sind: mit dem ‹Drama des unauffälligen Kindes›. Die eingebürgte Terminologie von Verhaltensauffälligkeiten etc. gerät als solche ins Zwielicht.

Pädagogik ohne Menschenbild

Die Auseinandersetzung mit der Magersucht wird nicht zuletzt in den Klassenzimmern zu führen sein. Aufklärungsarbeit über Ursachen dieser Krankheit und über geeignete vorbeugende Konzepte ist nicht zu trennen von einer Kritik heutiger Schulpädagogik. Wir sehen die kranken Mädchen vor uns als junge Menschen mit meist hohem intellektuellem Niveau, denen gerade das vollkommen fehlt, «was wir als das Beste in der Erziehung bewirken können» (Steiner), nämlich ein kräftiger, weltzugewandter Wille, gestärkt aus dem Vertrauen in das Gute; ein reiches Gemütsleben, gespeist aus dem Erleben des Schönen, des wahrhaftig Ehrfurchtgebietenden hier, an Ort und Stelle, auf der Erde; warmes, herzensvolles Interesse an der Welt, das nur herauswachsen kann aus jenem Urvertrauen, jener Ehrfurchtshaltung, nicht jedoch aus dem einseitig angesprochenen, hochgezüchteten Verstandesdenken. Der recht entwickelte Willensmensch, der Gemütsmensch, fährt Steiner fort, «die haben dann die Aufgabe, den Kopfmenschen aufzuwecken».[1] Wobei wir uns allerdings unter einem Kind, in dem die Kräfte der Ehrfurcht und des Vertrauens gedeihen, gerade keinen «Brävling» (Steiner) vorzustellen haben. «Das Gefährliche besteht darin, dass man dieses Prinzip ... sehr leicht ins Hausbackene verzerren kann. Das sollte nicht geschehen. Es kann nur Abhilfe geschaffen werden, wenn der Lehrer, der Unterrichtende, sich selbst fortwährend herausheben will aus dem Hausbackenen, Pedantischen, Philiströsen.»[2] Thomas McKeen hat in einem Vortrag die Sache einmal auf den Nenner gebracht: «Die Aufgabe der Waldorfpädagogik besteht nicht in erster Linie darin, den Intellekt, sondern die Fantasie, das Seelenleben zu bilden. Das Kind soll seelische Maßstäbe entwickeln, aber auch die Kraft, wo nötig, Maßstäbe zu zerbrechen.»[3]

Wenn wir uns die krisenhafte Konstellation der weiblichen Pubertät im Sinne des oben Beschriebenen vorstellen und die spezifische ‹prämorbide› Verfassung späterer Magersüchtiger hinzudenken; wenn wir also diese latente Antipathiegebärde mit jener Grundstimmung des ‹Scheiterns› zusammenschauen, jenem einverleibten Erschrecken; wenn wir diese zaghaften, ängstlichen, folgsamen Kinder auf die Schwellensituation der Erdenreife zuwandern sehen und uns einen Blick dafür angeeignet haben, was da so ‹auffällig-unauffällig› vonstatten geht, nämlich ein allmähliches ‹seelisches Abmagern›, wird ohne weiteres deutlich, wie verwüstend in diese Konstellation eine Pädagogik einwirken muss, die jahrelang nur den Kopfmenschen, den intellektuellen Menschen fordert und nur diesen durch Belohnung motiviert (Notengebung). Wird nämlich der Kopfmensch voreilig und einseitig angesprochen, fördert man im Seelenleben nicht nur die Angst (die eine Eigenschaft des ‹aufgeblähten› Nerven-Sinnes-Menschen ist, der auf der Willensseite verkümmert), sondern bereitet geradewegs das ‹Verhungern vor gefüllten Tellern› vor: als innere Haltung zunächst, die sich bezieht auf das gesamte Auffassen der Umgebung, als

Unfähigkeit zur Teilnahme, zum ‹Welt-Genießen›. Dem tief empfundenen Ekel vor der grellen Pracht, der heranbrandenden Fülle billiger Eindrücke, Sensationen, Genüsse, vor den verschwenderisch ausgestreuten Nichtigkeiten, die nur eine furchtbare Hohlheit, einen furchtbaren Verlust aller Maßstäbe für Schönheit und Würde verdecken – diesem Ekel, der in allen Magersüchtigen nagt als langsam, aber sicher wirkendes Gift, wird nichts entgegengesetzt von einer Pädagogik ohne Menschenbild, die vergessen hat, dass «beim Unterrichten und Erziehen fortwährend Rücksicht genommen werden (muss darauf), dass eigentlich (das Kind im zweiten Lebensjahrsiebt) ... in der Gegenwart leben will.» Was heißt das? «In der Gegenwart lebt man, wenn man in einer nicht animalischen, sondern menschlichen Weise die Welt um sich her genießt.

Tatsächlich, das Kind ... will ... die Welt genießen».[4] Wenn wir aber stattdessen «nach dem Formalistischen hin übertreiben, wenn wir die Kinder bis zur Ermüdung denken lassen, ja dann verurteilen wir sie, dass sie verhältnismäßig früh in die Sklerose verfallen».[5] Frühe Sklerotisierung ist eine mögliche Definition der Magersucht.

Es liegt also auf der Hand, dass «Prinzipien der Waldorfpädagogik als Prophylaxe (der Magersucht) dienen können» (Bockemühl[6]). Das Genießen-Können, das Interesse an den Schönheiten der Welt als Gewahrwerden der Geistdurchdrungenheit alles Irdischen, kann und wird, wenn es rechtzeitig und mit genügendem Enthusiasmus im zweiten Lebensjahrsiebst gefördert wird, einen wesentlichen Ausgleich herbeiführen. Gerade Kinder mit dem typischen prämorbiden Persönlichkeitsbild (oder besser gesagt: Verhaltensbild im Vorstadium des Persönlichkeit-Werdens) Magersüchtiger sind darauf existenziell angewiesen. Denn was ist ‹Interesse›? Warum wird Steiner nicht müde, diesen Begriff wieder und wieder in den Mittelpunkt zu stellen, wenn es um das rechte Hinführen, Hinerziehen zur Erdenreife geht? Wir haben den Gesamtkomplex, in den der Begriff eingebettet ist, oben als das Sinnes- und Atemreifwerden in psychologisch-physiologischer Bedeutung dargestellt. Interesse ist Ankunft (in der Gegenwart). Wer aber aufbrechen will in die Zukunft, muss angekommen sein.

Und so dürfen wir uns nicht täuschen lassen von der leichten Lenkbarkeit, Musterhaftigkeit, Leistungsbereitschaft und vielseitigen Begabtheit dieser Kinder in den Volksschuljahren, sondern müssen uns sagen: Sie haben es entsetzlich schwer anzukommen, und wir müssen ihnen einen Empfang bereiten, der den Knoten des Entsetzens löst. Wir müssen ihnen zeigen, ganz besonders ihnen, was lebenswert ist an diesem Leben und, trotz allem, bewundernswert an dieser Welt. Damit können wir gar nicht früh genug beginnen, wenn solch ein Kind vor uns hintritt, dessen ganze seelische Ausstrahlung uns Furcht und Schwäche signalisiert.

Für die magersuchtsgefährdeten Mädchen gilt nur in ganz besonderem Ausmaß, was für alle Mädchen gilt: «Das Mädchen soll Gefallen haben an der übersinnlichen Durchsetztheit der Welt, und es soll besonders reichlich versehen werden in seiner Fantasie mit Bildern, welche das Durchgöttlichtsein der Welt ausdrücken, und welche das Schöne ausdrücken, was am Menschen ist. – Beim Mädchen sollen wir das Religiöse, das Sittliche bis ins Auge treiben.»[7] Hier kann Waldorfpädagogik unmittelbar Heilpädagogik sein. Eines allerdings wird immer hinzukommen müssen, wenn etwas erreicht werden soll: Es genügt nicht, wenn wir sagen, nun gut, wir verfolgen unseren Lehrplan, vielleicht sitzt irgendwo in der Klasse ein magersuchtsgefährdetes Mädchen, das heilen wir dann gleich nebenbei mit. Wir kommen nicht umhin, uns einen scharfen Blick, ein scharfes Gehör dafür anzueignen, welche Kinder gefährdet sind, und nun mit innerem Engagement immer wieder auf diese Kinder, um ihr Problem wissend, hinzublicken, wirklich durchdrungen zu sein von dem Wunsch: Gerade für dieses und jenes Kind will ich durch mein Unterrichten eine Gefahr abwenden. Diese Art von unausgesprochener und niemanden zurücksetzender ‹Bevorzugung› tut gewiss ihre Wirkung.

Kann man konkrete Ratschläge geben im Sinne einer pädagogischen Prophylaxe, die über den allgemeinen Hinweis auf Waldorfpädagogik hinausgehen? Worauf müssen der geschärfte Blick, das geschärfte Gehör aufmerksam sein? Was kann den Eltern geraten werden?

Es soll in der folgenden letzten Abteilung dieser Schrift versucht werden, aus den zusammengetragenen Phänomenen und menschenkundlichen Verständnishilfen Gesichtspunkte zur Früherkennung und Förderung, Therapie und Nachsorge zu entwickeln. Wir werden in diesem Zusammenhang die verschiedenen ‹Spielarten› der Magersucht ebenso kennenlernen wie die Stadien des Krankheitsverlaufs und uns unter Berücksichtigung der Wesensgliederkunde, Entwicklungsphänomenologie und Sinneslehre um medizinisch-(heil-)pädagogische Kriterien bemühen,

Anmerkungen zu: Weltinteresse und Pädagogik

1   R. Steiner, *Allgemeine Menschenkunde als Grundlage der Pädagogik*, 11. Vortrag, GA 293.
2   Siehe Anm. 1, 9. Vortrag.
3   *Innere und äußere Bildgestaltung* (über Pädagogik und Medien), Oktober 1985, Waldorfschule Aichtal-Filderstadt.
4   Siehe Anm. 2.
5   R. Steiner, *Erziehungsfragen im Reifealter*, 2. Vortrag, GA 302a.
6   J. Bockemühl, *Beiträge zu einer Erweiterung der Heilkunst*, Heft 4 / 1980.
7   R. Steiner, *Menschenerkenntnis und Unterrichtsgestaltung*, Vortrag vom 16.5.1921, GA 302.

Das Erüben des ‹Ja›.
Gesichtspunkte zur Prophylaxe,
Therapie und Nachsorge

Das Gesamtbild

Lichtlose Welt

«Es war einmal ein arm Kind und hat kei Vater und kei Mutter war Alles tot und war Niemand mehr auf der Welt. Alles tot, und es ist hingangen und hat greint Tag und Nacht. Und weil auf der Erd niemand mehr war, wollt's in Himmel gehn, und der Mond guckt es so freundlich an und wie's endlich zum Mond kam, war's ein Stück faul Holz und da ist es zur Sonn gangen und wie's zur Sonn kam, war's ein verreckt Sonneblum und wie's zu den Sterne kam, warens klei golde Mück, die waren angesteckt wie der Neuntöter sie auf die Schlehe steckt und wie's wieder auf die Erd wollt, war die Erd ein umgestürzter Hafen und war ganz allein und da hat sich's hingesetzt und geweint und da sitzt es noch und ist ganz allein.»

Dieses Zitat aus Büchners *Woyzeck* hat Andrea Graf[1] dem Buch ihrer Leidensgeschichte vorangestellt. Es illustriert deshalb so treffend die Situation, weil darin vom vergeblichen Versuch der Heimkehr die Rede ist (‹wollt's in Himmel gehn›) und von der niederschmetternden Erfahrung, dass die Erdenankunft in ihrer Unwiderruflichkeit selbst den Himmel der Vergangenheit ‹entgeistert› hat (‹wie's endlich zum Mond kam, war's ein Stück faul Holz›); dass das aus dem Vorgeburtlichen hereinstrahlende Licht erloschen ist. Es gibt nur noch die Alternative zwischen Zukunft und Stillstand. In der lebendigen Welt aber ist Stillstand Siechtum. Viktor v. Weizsäcker berichtet, wie sich eine seiner Patientinnen im Traum auf dem Friedhof fand. Dort stand ein halbrunder, vorn geöffneter Tempel, «darin ein quadratischer Sockel, darauf eine Kugel. – Da höre ich die Worte ertönen: ‹Jetzt nimmt die Einsamkeit ihren Einzug in dich für ewig.› Da wird meine Haut ganz löchrig wie ein Sieb, und alle Organe, Herz, Lunge usw., quellen durch die Löcher nach außen, bis ich innen völlig leer bin. Jetzt ist nur die Einsamkeit in mir, und die ist ganz schwarz.» Erinnern wir uns an das Märchen der Maria W., wo in einem Steinhaus, eingeschlossen in den Tresor, der schwarze Stein liegt. Die Hexe hat den unbeaufsichtigten Tresor aufgebrochen und den Diamanten gestohlen. Der Tempel ist nur halb geschlossen. Die Haut ist löchrig wie ein Sieb, das Herz tritt aus, und Schwärze zieht ein. Katja H. hat, ebenfalls in Märchenform, sich selbst in der höchsten Kammer eines steinernen Turmes am Fenster sitzend beschrieben. Da kommt der Sturmgeist Wirrwurrlar, reißt sie fort und trägt sie in die Nacht hinaus. Sie findet sich auf einer einsamen Insel wieder. Von Weizsäcker dokumentiert einen weiteren Traum, in dem das Kind sich in einem «schönen Ährenfelde» stehen sieht. Eine Schlange kriecht heran, umschlingt zuerst die Beine, dringt dann in den Leib ein, füllt ihn aus, «bildet gleichsam das Skelett meines eigenen Körpers». Dann hört die Träumende eine schwermutige Musik und geht «auf ein Tor zu, das aus zwei Säulen gebildet ist, über denen ein Querbalken mit schönen Verzierungen und Bildhauereien liegt. Aber der Durchgang ist völlig schwarz.» Während sie sich dem Tor im Takt des «Trauermarsches» nähert, fühlt sie sich «frei von der Schlange».[2]

Andrea Graf berichtet: «Am Horizont erblickte ich eine gigantische Gestalt, einen Ritter, der breitbeinig dastand, unausweichlich, ein Schwert in der Hand. Ein schwarzes Loch im Helm zog mich mit einer ungeheuren Kraft an, der ich nicht widerstehen konnte. ‹Durch dieses Loch musst du gehen›, befahl die mächtige Stimme.»

Es besteht kein Zweifel, dass sich hier verschiedene Wach- und Schlaftraumgesichte um ein und dasselbe Thema ranken. Neben dem Motiv des ungesicherten Hauses, Turmes, Tempels oder auch des Leibes dominiert ‹das Schwarze›, welches einzieht, magisch anzieht oder dort gefunden wird, wo Licht sein sollte. Überall ist das Raumerlebnis ein Dunkelheitserlebnis und zugleich ein solches der Ungeschütztheit; das Bewegungserlebnis als Zeiterlebnis ein Heraustreten oder Herausgerissenwerden aus der Schutzlosigkeit in die Schwärze bzw. das Eindringen der Schwärze in den ungeschützten Raum. Das Skelett ist die Schlange, die Haut gleicht einem Sieb, der Sturm reißt das Kind vom Fenster des steinernen Turms. Halten wir fest, dass das Erlebnis der Nichtgeborgenheit im Leibes-Seelenhaus einhergeht mit demjenigen des Eindringens der Welt als Finsternis, Sturm;

des Ergriffen- und Durchdrungenwerdens von der ‹Schlange› der Erdenschwere: Inbegriff sündiger Versuchung.

Steiner hat einmal daran erinnert, dass in älteren Zeiten, als noch eine gewisse selbstverständliche Hellsichtigkeit die Sinneswahrnehmungen ergänzte, der Begriff ‹Licht› eine viel umfassendere Bedeutung hatte als heute. «Wir sprechen nun in der gewöhnlichen Wissenschaft heute von dem Licht als in dem Beleuchteten enthalten. Geisteswissenschaft spricht so vom Licht: Sie nennt Licht auch dasjenige, was anderen Sinneswahrnehmungen zugrunde liegt, wie z.B. das Licht der Tonwahrnehmungen. – Licht lebt auch in der Geruchswahrnehmung, kurz für alle Wahrnehmungen liegt zugrunde ein viel Allgemeineres als Licht, als was man in der Physik heute Licht nennt. – Mit diesem Licht nun steht der astralische Leib (direkt) in Verbindung mit all dem, was den Sinneswahrnehmungen unterliegt auf der Erde.»[3] Wir beginnen zu verstehen, warum die Ungeborgenheit, die wir weiter oben auch Inevidenzerfahrung nannten, mit Dunkelheitsängsten einhergeht. Ernst Marti hat den Begriff des ‹raumenden› Lichtes geprägt. Licht in der geisteswissenschaftlichen Bedeutung (‹Lichtäther›), so schreibt er, «scheidet innen und außen (und) bringt alles in Beziehung zum Umkreis, den (es) erzeugt».[4] Es ist also umkreiserzeugend und zugleich die Qualität, die Umkreisbeziehung schafft. Offensichtlich hängt die Eingliederung des Astralleibs in den Lichtäther eng zusammen mit der Sinnes- und Atemreifung, die wir ja kennengelernt haben als den raumschaffenden, in der Konsolidierung der Wahrnehmungsprozesse Innen und Außen erst definitiv scheidenden Entwicklungsschritt. Sinneserfahrung wird Lichterfahrung (d.h. Konturierung, Differenzierung, aber auch Weitung), wenn sich der Mensch in der Raumhaftigkeit als wahrnehmend begrenzt erlebt. Wir «gliedern ... uns in das äußerlich strömende Licht ein»[5] durch das ‹höhere Atmen› der Sinne. Die Dinge und Ereignisse draußen haben Umrisse, definierbare Qualitäten *im Unterschied zu mir*. Indem ich mich von der Umgebung abzugrenzen vermag, erkenne ich sie erst als ‹in die Weite ausgestreute› Vielfalt und Formen und Bedeutungen. «Das Licht umgrenzt die Gegenstände, macht sie unterscheidbar ... und fasst alles ... zu einem gemeinsamen Raum zusammen.»[6] Dies gilt, wie wir gehört haben, nicht nur für das Sehfeld (Form und Farbe), sondern für jede Art von umkreisorientierter Wahrnehmung. «Wenden wir uns demjenigen zu, was sich uns durch die Sinne offenbart und bringen wir uns den Zusammenhang des gegenwärtigen Erscheinungsbildes unserer Umgebung denkend zum Erlebnis, so erfahren wir Lichtätherwirken.»[7] Das innere Licht des Denkens begegnet dem «lichthaft Wirkenden der Welt»[8] über die reife Sinnestätigkeit. Nun betont aber Steiner im *Heilpädagogischen Kurs*, dass wir «nicht (nur) auf dem Umweg durch den Ätherleib, sondern direkt» durch den Astralleib, also unmittelbar seelisch in Verbindung zu den Lichtkräften treten «beim Aufwachen».[9] Es ist da also ein unwillkürlicher Vorgang, der kein Denkvorgang ist, sondern in den sich das Denken erst einschaltet. «Das Licht wirkt (zwar) auf den Ätherleib», und wir verbinden uns erwachend einerseits mit «diesem Licht, das in uns ist». Zugleich aber (und dies ist in Bezug auf unser Umweltverhältnis das Bedeutsame) gliedern sich Astralleib, Empfindungsseele «unter Umgehung» des Ätherleibs spontan, vor allen Denkvollzügen, in die umgebenden Lichtkräfte ein.[10]

Der Ätherleib ist hier freilich in besonderer Weise involviert, indem er gewissermaßen den Ereignisort der inneren Wirksamkeit der Lichtkräfte darstellt[10a], aber zunächst ist ein primär seelisches Geschehen zu beachten, das fraglos in engem Zusammenhang steht mit jener ‹durchseelten› Form des Willens, die wir als ‹Begierde› kennengelernt haben, nämlich als individualisierten, in die Sinnessphäre herauf gehobenen Trieb (‹zweite Verinnerlichung›).

Im zweiten Lebensjahrsiebt erwacht der Sinn für die Schönheit der Welt. Dieser ‹Sinn› ist zugleich eine Fähigkeit und ein Begehren, eine Sehnsucht, eine den ganzen Menschen ergreifende Frage, die dem entspricht, was Steiner als das ‹nicht animalische, sondern menschliche Genießenwollen› charakterisiert hat.[11] Das Kind wird des «räumlich mitteilenden, lichthaft wirkenden ... Erscheinungszusammenhang(es) der Welt» gewahr, «das Ideelle wird bildhafte Erscheinung als weisheitsvoller Zusammenhang».[12] Die Sehnsucht richtet sich darauf, das in den Dingen sich aussprechende Geistige zu erlauschen, den Ideengehalt der Welt empfindend zu erfassen.

Die Fähigkeit hierzu beruht auf jener transparenten Ich-Welt-Grenze, von der ausführlich die Rede war. Das Ich kann vermittelst der astralischen Organisation nur dann in die Lichtätherkräfte einschwingen, wenn die Atemprozesse von innen beherrscht werden, das Luftelement also bewältigt ist. Wir haben gesehen, dass über die ungeordnete Luftatmung fortwährend der Mensch seelisch, aber auch bis in die Blutkreislauf- und Stoffwechselprozesse hinein von Umweltwirkungen erschüttert wird. (Deshalb braucht das kleine Kind Schutz, übersichtliche Umgebungsverhältnisse, rhythmische Zeitabläufe und körperliche Geborgenheit so dringend.) Die Luft ist ihrem Wesen nach ein chaotisierendes Element. Daher gleicht, wo die physiologisch-psychologische Atemreife nicht gesund vollzogen wird, das Kind in der Tat einem ‹Sieb›, durch das die Welt herein-‹stürmt›. Der Astralleib steht zunächst in einer natürlichen Beziehung zum Luftelement. Indem aber das Ich dieses Element regulierend bewältigt, kann sich die Seele zum Licht erheben. «Lichtätherisches ist der Zusammenhang der Erscheinungen in der Gegenwart» (Bockemühl), aber auch das Erscheinen (im Raum) selbst. Wir haben weiter oben beschrieben, wie im Sinnes-Atemreifwerden «das Verhältnis zum umgebenden Gegenwärtigen organisiert wird». Beides muss immer zusammen geschaut werden.

Vom Bewusstseinsstandpunkt aus ist das Chaotisierende, Lufthafte das ‹Verdunkelnde›. Die charakteristischen, albtraumartigen Dunkelheitsängste Magersüchtiger bedeuten nüchtern betrachtet nichts anderes, als dass die Mädchen, in der erweiterten Bedeutung des Wortes, nicht richtig atmen können bzw. das Ich nicht gesund eingeschaltet ist ins Luftelement. Genauer heißt das: Der Zustand innerer Ungeschütztheit bringt ein fortwährendes Stocken der Einatmung mit sich und demzufolge eine (sekundäre) Dominanz der Ausatmung. Insgesamt wird der Atem dadurch (was auch wirklich messbar ist) flach und oberflächlich, und das heißt auch: abweisend. Im Seelisch-Gefühlsmäßigen ist die entsprechende Situation ein ständiges Zurückschrecken, das den Akt der sympathischen Weltzuwendung schon im Ansatz vereitelt und einen heftigen Antipathiereflex hervorruft. Während sich diese Antipathie im zweiten Lebensjahrsiebt vorwiegend so äußert, dass der Wille zwar schwach in den Sinnesprozessen wirksam wird, in Bezug auf das Gefühlsleben also eine gewisse Verödung eintritt bei gleichzeitiger unaltersgemäßer Nachahmungsbereitschaft für Formen, Regeln, Konventionen (nicht jedoch die liebende Nachahmung verehrter Autoritäten!), richtet sie sich mit dem Einsetzen der pubertären ‹Abspaltung› offensiv gegen den eigenen Leib. Was bereits um das zehnte, elfte Lebensjahr rückblickend als beginnende Kachexie, Schmächtigkeit, Blässe, Neigung zum Frieren etc. gefunden werden kann und auf ein Überhandnehmen der abbauenden gegenüber den aufbauenden Prozessen im Stoffwechsel hindeutet, d. h. auf ungenügende Durchseelung oder auch Durchwärmung des Lebensleibs, wird im Krankheitsausbruch zur zwanghaften Abwehr nicht nur des Körpers, sondern auch all dessen, was ihn nährt und was er vermittelt. Das ‹Schwarze› ist sowohl das von außen eindringende und aus Leibesuntergründen aufschäumende Undurchlichtete, dem kein Begehren, kein ‹Ja› entgegenstrahlt (das Kind, schreibt G. Husemann, «begehrt nicht zum Organismus hinab»[13]), als auch die Zukunft als ‹stürmische Nacht›.

Der Weltbegegnung fehlt die lichtende, weitende Qualität. Die Sehnsucht nach Schönheit ist ungestillt geblieben, keine Verlockung, Verheißung trägt über die Schwelle der Angst. Das intellektuell frühreife Denken ist ein unbeweglich-abstraktes, farblos und unselbstständig, allem Spielerischen abhold. Die Magersüchtigen kennen nicht die ‹Abenteuer des Denkens› ihrer gesunden Altersgenossen. Tiefere Sinnfragen werden ebenso zurückgedrängt und ‹ausgehungert› wie die körperlichen Reifeprozesse. Die bisweilen (aber nach unserer Erfahrung seltener als vielfach behauptet) auftretenden mystisch-irrealen Ideenbildungen haben einen ebenso pedantischen Charakter wie diejenigen, die sich auf den Lebensalltag beziehen. Ein über-formendes, im akuten Krankheitsstadium auf wenige, fast zur Dringlichkeit verhärtete Elemente reduziertes Vorstellungsleben konstituiert das geschilderte freudlose, fantasiearme, ständig von Versagensängsten bedrohte Selbst- und Weltbild, sowie jenes grobrasterige Wertesystem, das unerfüllbare Maßstäbe anlegt, um Begegnungen zu vermeiden.

In all ihrer Spröde, ihrem Starrsinn und ihrer Unzugänglichkeit strahlen die Mädchen aber doch etwas aus, das im aufmerksamen Gegenüber eine Art Rührung hervorrufen muss. Hinter der harten Fassade, an der alles Gutgemeinte abprallt, verbirgt sich ein zartes, fein empfindendes, schönes Menschenwesen. Der Eindruck, vor einer ‹Erlösungs›-Aufgabe zu stehen, kann bisweilen den Therapeuten zu einem gewissen emotionalen Übereifer verleiten, der sicher wenig hilfreich, weil bei den Kranken angstauslösend ist. Wenn jedoch in der Literatur eine «harte Behandlungsstrategie» gefordert wird, weil «das Prinzip der Freiwilligkeit ... reichlich utopisch» sei und es darauf ankomme, dem Kind «den Boden für seine bisherige Kampfebene zu entziehen»,[14] so zeigt schon die militaristische Wortwahl, dass, bei aller wissenschaftlichen Sorgfalt, auf mitempfindendes Verstehen wenig Wert gelegt wird.

‹Das eingeschlossene Ich›: Die Sprache der Phänomene

Wir haben die körperliche Verfassung Magersüchtiger kennengelernt als eine extrem dem Abbau, der Verhärtung und Kälte unterworfene. Die Lebensfunktionen sind bedrohlich reduziert.[15] Im Akutstadium unterbleibt die Nahrungsaufnahme (‹Einscheidung›) aufgrund eines von den Kranken als objektiv empfundenen Unvermögens fast vollständig, während die Ausscheidungen gezielt, suchtartig intensiviert werden (Abführmittel, künstliches Erbrechen, große Trinkmengen während und nach dem Essen, schweißtreibende Gymnastik). Imponierende Symptome sind die kalten, oft bläulich verfärbten Extremitäten, der Muskelschwund, die ‹Taubheit› an der Peripherie,[16] aber auch die Anzeichen eines (tatsächlich nicht stattfindenden) Gehirnabbaus (Pseudoatrophie). Im Unterschied zu dem, was von zwangsweise Hungernden bekannt ist, bleibt die körperliche Leistungsfähigkeit erstaunlich lange erhalten.

Die Amenorrhoe (Ausbleiben der Periodenblutung) geht einher mit einem Zurückfallen des Hormonhaushalts auf den «vorpubertären Funktionszustand».[17] Die Hypophysensekretion ist deutlich vermindert. Damit zusammenhängend treten Wachstumsstörungen auf.[18] Manifeste organische Funktionsstörungen betreffen vor allem Herz und Nieren (Arhythmien, Nierensteindisposition[19]).

Das Bild einer dramatischen Herabminderung der Vitalfunktionen und allgemeinen Sklerotierungstendenz wird vervollständigt durch die trockene, schuppige Haut (Hypohidrose) und die spröden Nägel und Haare (bis hin zu starkem Haarausfall). Die Reflexauslösbarkeit ist deutlich verzögert. Häufig tritt Schwindel auf. Die Bewegungsabläufe sind marionettenhaft-staksig, offenbar unsicher.

Erste körperliche Auffälligkeiten treten in der sogenannten Latenzperiode (‹Rubikon›) auf als Blässe, ‹Durchsichtigkeit›, Schmächtigkeit vor allem im Rumpf- und Hüftbereich.[20] Die bis etwa zum Schuleintritt häufig eher stämmigen und gut genährten Kinder verändern sich körperlich binnen weniger Jahre in Richtung des leptosomen Typs, wobei von einer Veränderung der Essensgewohnheiten zunächst nichts berichtet wird. Die Tendenz zu dem, was während der eigentlichen Krankheit als leichte Anämie nachweisbar ist, deutet sich schon früher an.

Von der seelischen Seite her ist, wie im Vorangehenden beschrieben, eine zum autistischen Rückzug tendierende, introvertierte Haltung der Grundeindruck. Im ersten Lebensjahrsiebt tritt dieser Wesenszug als zaghaft angepasstes, ‹braves› Verhalten in Erscheinung, oft als Ängstlichkeit, wodurch sich die Eltern zu übertriebener Fürsorge veranlasst sehen, was wiederum Unselbstständigkeit begünstigt. Der erste Ich-Inkarnationsschritt ereignet sich im Großen und Ganzen zeitgerecht, eher verfrüht, aber zurückhaltend, ohne trotziges Sich-Abgrenzen. Die Individualität ‹fügt sich kampflos›; wir vermissen die offensive Auseinandersetzung, das Anstoßen, den Selbstbehauptungswillen. Es ist, als ‹schleiche› sich das Ich herein und blieben, bildlich gesprochen, gewisse Entwicklungsaufgaben unerledigt liegen.[21]

Im zweiten Lebensjahrsiebt verwandelt sich die unauffällige Bravheit in eine stereotyp-mechanische, vor allem auf Strukturierung und Leistung bezogene, mehr und mehr freudlose und teilweise in der Mutter schon Antipathie hervorrufende Angepasstheit, aus der im unmittelbaren Krankheitsvorfeld bisweilen eine geradezu herrschsüchtige Pedanterie in Bezug auf Regeln und Familienkonventionen wird, zugleich ein klettenhaftes Sich-Anklammern an die Mutter, die sich zunehmend in der Lage findet, alle Entscheidungen, selbst in Fragen des Geschmacks, der Kleidung, Frisur etc., stellvertretend treffen zu müssen.

Schließlich verkehrt sich die Situation mit Beginn des dritten Lebensjahrsiebts, wenn die Krankheit ausbricht, dahingehend, dass an die Stelle von Fügsamkeit, Gehorsam, Opportunismus und Abhängigkeit jene heftige Antipathie tritt, die wir als Kontaktarmut, Misstrauen, Weltfremdheit und Desinteresse kennengelernt haben. Jetzt beherrschen Angst und Einsamkeit das Bild. Es beginnt der Kampf gegen den eigenen Körper, der dort gefochten wird, wo die Verbindung zur Erde, die Lebensbejahung, ihren urbildlichen Ausdruck findet: auf dem Feld der Ernährung und Verdauung. Der heftigen Begierde nach Genuss steht ein unwiderstehlicher Ekel vor dem entgegen, was der Preis des Genusses ist: Schwere, Fülle, Beschmutzung und Ausgeliefertsein an Vorgänge, die sich der Kontrolle entziehen. Gleiches gilt für die höheren Formen der Welt- und Menschenbegegnung. Es gibt durchaus eine bisweilen schmerzliche Sehnsucht nach erhebenden, bereichernden Erlebnissen und Eindrücken, doch stärker ist die Angst vor inneren Erschütterungen. Und zweifellos lebt der Wunsch nach Liebe und Freundschaft in den Herzen der Mädchen. Aber die Konsequenz hieße: Verbindlichkeit, Öffnung, ein Stück Selbstentblößung. Das Zurückschrecken vor dieser Konsequenz ist stärker als die Liebebedürftigkeit. Alles von außen Kommende bedeutet Gefahr der Selbstauflösung.

Im Bereich des Denkens finden wir Zwanghaftigkeit und intellektuelle Überspitzung im Verbund mit resignativen Grundüberzeugungen nicht nur der eigenen, sondern auch der Untauglichkeit und Minderwertigkeit aller anderen. Neben diesem sogenannten Überzeugungsmuster der ‹Ineffektivität› steht, manchmal verbalisierbar, dasjenige, was wir ‹Inevidenzerfahrung› genannt haben: gefühlsmäßig als quälende Stimmung der Unwirklichkeit, des Gefangenseins in einem Alptraum; im Denken als Zweifel an der Gültigkeit der Wahrnehmungen und schließlich an der eigenen Daseinswirklichkeit schlechthin. Die Untauglichkeits- und Unwirklichkeitsängste werden dekompensatorisch durch ein starr-pedantisches, zumeist an unwesentlichen, ja banalen Alltagsproblemen sich festmachendes Vorstellungsleben, sowie durch geradezu panikartiges Verschlingen› abstrakter Wissensinhalte bekämpft.

Das Weltbild ist farblos, unbeweglich und stark verengt. Weder räumlich noch zeitlich eröffnet sich ein Daseinspanorama. Die Kinder leben im steinernen Turm. Natürlich kreisen die Gedanken zunächst vor allem um Essen, Dickwerden, Kalorien usw. Aber wir haben gesehen, dass später andere Themen in den Vordergrund treten können: Kreuzworträtsel, Wäsche u.v.m.

Bisweilen enthält die abgeriegelte Vorstellungswelt einige mystisch-religiös übersteigerte Elemente wie etwa die Ansicht, das Brot müsse vor dem Essen durch eine magisch-rituelle Handlung ‹gereinigt› werden. In ganz seltenen Fällen klingt durch, dass aufgrund eines höheren Befehls gehungert werde. Doch solche Ideen sind nach unseren Erfahrungen eher die Ausnahme. Häufiger haben wir wirklichkeitsfremde Beziehungsideale gefunden wie etwa den Anspruch, eine wahre Freundin müsse alle anderen Beziehungen abbrechen, oder die Forderung an einen imaginären späteren Partner, dieser müsse immer für die Freundin da sein, dürfe sich aber nicht aufdrängen und keine Ansprüche stellen.

Schließlich erinnern wir uns in Bezug auf die Körpererfahrung an die verzerrte Wahrnehmung des eigenen Umfanges, der eigenen Leibesgrenze (Körperschemastörung). Manchmal sind hiervon einzelne Körperpartien primär betroffen, etwa die Schenkel, von denen behauptet wird, sie seien nach einer kargen Mahlzeit merklich angeschwollen, was deutlich fühlbar und sogar sichtbar sei. Zeitweise sind die sonst so klugen Mädchen diesbezüglich völlig resistent gegen sachliche Argumente. Selbst der Nachweis per Waage (keinerlei Gewichtszunahme) ändert dann nichts an der hartnäckigen Überzeugung, die Schenkel seien dicker geworden. In der Besserungsphase kann z. B. ein mannshoher Spiegel, in dem man sich (anders als wenn man von oben auf die Beine schaut) richtig proportioniert sieht, eine gewisse Beweiskräftigkeit haben.

Was im vorstellenden Bewusstsein als Untauglichkeitsüberzeugung, Misstrauen, Gepeinigtsein von Daseinszweifeln und Irrationalismus der

Selbstwahrnehmung auftritt, äußert sich seelisch als angstvolles Sich-Verschließen, als heftige antipathische Grundgebärde nicht im Sinne einer gesunden Selbstbesinnung, sondern erschrocken zurückweichend vor der Welt. Wir haben Gesichtspunkte für die Annahme zusammengetragen, dass dieses Zurückweichen schon von früher Kindheit an verhaltensprägend ist. Das hervorstechende Indiz der ausbleibenden Trotzphase ist nicht nur ein seelisches Phänomen (es gibt in diesem Alter keine ‹nur seelischen› Ereignisse), sondern zeigt schon eine gewisse Vitalschwäche, die dann im zweiten Lebensjahrsiebt auch äußerlich in Erscheinung tritt. Die jetzt anstehende Ausfaltung der Gemütskräfte findet sozusagen auf schlecht bewässertem Boden statt. An der Schwelle der Erdenreife schlägt die untergründige Lebensangst ins Bewusstsein herauf und wendet sich reflexartig zurück zum Leib, der nicht aufgebaut werden konnte als ‹sicheres Haus›, sondern zum Einfallstor und Inbegriff für alles Angstauslösende, Persönlichkeitsbedrohende geworden ist. Die Ungeschütztheit, ‹Wundheit› der eine Kindheit lang äußeren Einflüssen ausgelieferten Seele führt jetzt, wo die Außenwelt mit nie dagewesener Heftigkeit heranbrandet, zum ‹autistoiden› Rückzugsgefecht, wobei sich das Ich nicht aus dem Körper herauslöst, sondern in der Hauptesregion zusammenzieht: Es entsteht ein krasses Übergewicht dessen, was Steiner die zentrifugale Anordnung des Wesensgliedergefüges im oberen Menschen, wo das Ich den Mittelpunkt bildet, genannt hat, gegenüber der zentripetalen Anordnung im unteren Bereich, wo sich das Ich an der Peripherie aufhält. Dies entspricht der erwähnten Dominanz der Ausatmung. «Wenn wir einatmen, ist es mehr Stoffwechsel-Gliedmaßen-System, wenn wir ausatmen, ist es mehr Kopfsystem.»[22]

Wir können davon ausgehen, dass die späteren Magersüchtigen ihren Leib von Anfang an zu wenig von innen her ergriffen, individuell durchdrungen haben. Deshalb kommt es zum Zeitpunkt der pubertären Abspaltung zu einem irregulären Körpererleben, dem sich die Physis weder in ihrem schutzbietenden noch in ihrem dienenden, weder in ihrem erotischen noch in ihrem ästhetischen Aspekt mitteilt, sondern als eine Art widersacherisches Kräftepotenzial aufdrängt, welches den (je schon instabilen)

Körperliche Verfassung	Seelische Verfassung	Kognitive Verfassung
Härte	Pedanterie	Zwänge
Kälte	Antipathie	Intellektualismus
Abbau	Gefühlsarmut	Daseinszweifel
Ausscheidung	‹Ekel vor der Lust›	Misstrauen
Muskelschwund	Triebschwäche	Fantasiearmut
Wachstumshemmung	Desinteresse	Keine Ideale
Periphere Taubheit	Introversion	Selbstbespiegelung
Staksige Bewegungen	Traurigkeit	Ineffektivitätsüberzeugung
Anämische Tendenz	Kein Trotz	Zukunftsverschlossenheit
Abmagerung	Gleichförmigkeit	Pflichtbesessenheit
Körperschemastörung	Angst	Irrige Körperideologie

Eigenwillen bedroht. So wendet sich dieser gegen jenes. Welche erstaunliche Kraft dabei nun doch entfaltet wird, zeigt, dass selbst ein erschöpftes Menschenwesen in Angst und Bedrängnis zu ungeahnten Energieleistungen fähig ist. Wir stehen vor der paradox anmutenden Situation, dass dem Körper die letzten Willensreserven entzogen werden, um sie vernichtend gegen ihn zu wenden.

In der Zusammenschau ergibt sich die obige ‹lose Sammlung› von Stichworten (ohne Berücksichtigung der Lebensjahrsiebte), die nichts über das Wesen des betroffenen Kindes aussagt, sondern über das Wesen der Krankheit, mit der es sich auseinanderzusetzen hat. Wir finden ausnahmslos Phänomene, an denen die Einkerkerung der luziferischen Kräfte der Menschennatur ablesbar ist: der eiserne Griff Ahrimans, in den Denken, Fühlen und Wollen geraten im Gegenzug zum ‹dionysischen Feuer› der Pubertät. Wir finden Kälte, Leere, Starre. Dies macht die Aussichtslosigkeit, Untauglichkeit des autoagressiven Bewältigungsversuchs beispielhaft deutlich: Die Erde in ihrer Dunkelheit, Schwere, ‹harten Gesetzmäßigkeit›, die ja gerade zurückgewiesen werden soll, übt immer stärkere kränkende Macht über das Kind aus. Nach einer kurzen Phase luziferischer Euphorie beim Hungern setzt nicht nur körperlich, sondern auch seelisch-geistig eine Verhärtung ein. So ist es mit jeder Art von Sucht: Kurzes ‹körperliches Schweben› um den Preis immer schrecklicheren Ausgeliefertseins an den Leib.[23]

G. Husemann hat gewiss nicht unrecht, wenn er schreibt, die Magersüchtigen fänden in einer «luziferischen Haltung ... Befriedigung». Dies ist vorübergehend der Fall, wobei zweifellos auch solche Kräfte bekämpft werden, die wir luziferische nennen würden, insofern sie nämlich aus dem Leib aufsteigen. Die Grundhaltung ist zunächst die Weigerung, sich als Erdenmensch in die luziferisch-ahrimanische Polarität hineinzustellen. Aber es ist schon zu spät, kein Entkommen mehr möglich, es sei denn durch den Tod. Und wir haben die ganze Tragik des Geschehens vor Augen, wenn wir nun sehen, wie diese Kinder zum ‹Spielball› der Widersachermächte werden. Das zweifellos luziferisch inspirierte, fluchtartige Zurückstreben in die Vergangenheit des Vorgeburtlichen liefert sie an Ahriman aus.[24]

Elemente und Äther

Steiner hat beschrieben, wie der Mensch durch seine Ich-Organisation mit den vier Elementen (Erde, Wasser, Luft, Feuer oder Wärme), durch seinen astralischen Leib mit den vier polar dazu sich verhaltenden ‹Äthern› in unmittelbarer Verbindung steht; wie aber andererseits die Beziehung zu den vier Elementen für den physischen Leib von besonderer Bedeutung ist, die Eingliederung in die Äther für den Bildekräfteleib, der «die Grundlage ... auch für das seelische Leben» bildet[25] und in seinem höheren Teil Denkorganisation ist.[26]

Diese Bezüge sind von großer Wichtigkeit für das Eintreten in den Weltzusammenhang. Die ätherische Organisation wird einerseits ‹durchkomponiert› von dem, was sich ihr über das empfindende Seelenleben mitteilt als sinnstiftend, klingend, durchlichtend und erwärmend. Auf der anderen Seite wird durch sie aufgenommen, assimiliert und verwandelt alles das, wodurch «das innere Leibesleben von außen unterhalten wird».[27] Wo physisch vermittelte und seelisch vermittelte Welterfahrung sich durchdringen, kann die «universelle Seelenkraft des Interesses» entstehen.[28] Damit dies aber möglich ist, muss das Ich die über den Leib wirksamen Kräfte so regulieren, dass sie für die feinere seelische Weltauffassung, zuletzt auch für das Denken, als Grundlage dienen können. Vom Luftelement war schon die Rede. Seine Regulation eröffnet zugleich die Umwelt als Lichtraum und befestigt das Grundempfinden der eigenen Raumhaftigkeit. Wo wir Verschlossenheit gegenüber den Schönheiten und Wundern der Erde finden, ist das Luftelement unergriffen geblieben.

Obwohl dieser Aspekt im Zusammenhang mit der Magersucht sicher eine zentrale Rolle spielt, steht er nicht isoliert da. Wir wissen, dass diese Krankheit mit tiefgreifenden Störungen des Wasserhaushalts einhergeht. Dies wird im medizinischen Schrifttum betont und ergibt sich aus den Phänomenen mit einer gewissen Selbstverständlichkeit.[29] Wir haben einerseits die Obstipation, andererseits Durchfälle, teils durch unmäßige Trinkgewohnheiten befördert, teils auch durch Laxantien künstlich herbeigeführt. Die Haut trocknet aus, die Muskulatur geht zurück, während andererseits lokale Wasseransammlungen (Ödeme) an der Peripherie entstehen. Es handelt sich nicht nur darum, dass die Flüssigkeitsprozesse stark reduziert sind. In den Phasen extremen Trinkens zeigt sich auch ihre Unergriffenheit: Das Wasser ‹läuft durch›. Kann aber schon vor der Abmagerung von einer Schwäche in diesem Bereich gesprochen werden? Ähnlich wie bei den Atemprozessen müssen wir hier auf subtilere Erscheinungen aufmerksam werden. E. Marti schreibt: «Wasser ist flüssig; es fließt nicht nur äußerlich vom Berg ins Tal, sondern es ist vor allem innerlich und durch und durch flüssig, d.h. ständig in sich gleitend, verschiebend.»[30] Begriffe wie ‹Anpassung›, ‹Auflösung› gehören in den Bereich des Wässrigen. «Die Eigenart des flüssigen Elementes ist es, sich im Bewegen der Umgebung anzuschmiegen.»[31] Wenn Steiner vom

«Gleichgewichtszustande» des Wassers spricht,[32] so ist nicht das Autonomie begründende Gleichgewicht eines in sich geschlossenen und sich selbst tragenden Systems gemeint, sondern dasjenige des ‹Unterschiedsloswerdens› im Zusammenfließen mit der Umgebung: nicht das vertikale, sondern das horizontale Gleichgewicht. Die Flüssigkeitsprozesse im Menschen haben von sich aus die Tendenz, ihn ‹ausrinnen› zu lassen, innerlich aufzulösen. Ich-ergriffen entfalten sie erst ihre verlebendigende, verbindende Aufgabe als in sich geschlossenes, die Vertikale aufwärts und abwärts umflutendes Strömungssystem. Was die Sonne an der Pflanze tut, obliegt beim Menschen dem Ich.

Wir haben sowohl die übermäßige Anpassungsbereitschaft, ‹Anschmiegsamkeit› späterer Magersüchtiger kennengelernt als auch ihre Auflösungsängste unmittelbar vor oder während der eigentlichen Krankheit. Hier begegnen wir der Qualität des Wässrigen in seelischer Ausdrucksform, aber der Qualität des unbewältigten Wässrigen. Indem das Flüssigkeitselement ungenügend individualisiert ist, kann sich das selbstempfindende Seelenleben ihm gegenüber nicht behaupten. Der Strom tritt gewissermaßen ständig über seine Ufer.

Die Bewältigung des Wasserelementes aber ist nötig, um den rechten Zusammenhang zu finden zu dem, was die Geisteswissenschaft den ‹Klangäther› nennt. Hier handelt es sich um die entgegengesetzte, geistige Seite dessen, was sich im Wässrigen als Naturelement offenbart. «Harmonisieren ist die Urnatur des Klangäthers. Die Alten erlebten sie in der Sphärenharmonie. Harmonisieren, ein Gefüge bilden, Ordnen setzt Getrenntes voraus, das in maßvolle Beziehung gebracht wird.»[33] Bockemühl spricht von dem «im Zeitenstrom rhythmisch erklingenden, klanghaft ... Wirksamen der Welt».[34] Im Klangäther erlebt der Mensch das ‹Strömende› nicht als auflösend, überflutend, sondern als das Zusammenhang Stiftende, im Zeitenstrom Sich-Verwandelnde; als den Ur-Rhythmus zwischen Auflösung und Neubildung in sinnvoller Prozessualität. Zu dem hierdurch sich eröffnenden Erfahrungsspektrum gehört das biografische Selbsterleben ebenso wie das schöpferisch-wandlungsfähige Denken. Demgegenüber steht einerseits die ‹unstrukturierte Zeit› (M. Lawrence), andererseits die

Zwanghaftigkeit als Abwehrgebärde gegen die Verflüssigungsgefahr bzw. gegen die Angst des Sich-Verlierens an die Welt.

Die Beherrschung des Wasserelementes eröffnet der Seele Zugang zur Musikalität des Daseins, zu den Kompositionsgesetzen des Erscheinungszusammenhanges. Es entsteht Stille, in der die Welt erklingen kann. In ein Bild gefasst, gleicht das Kind, ‹dem die Wasser gehorchen›, einem Bootsfahrer, der still über den See gleitet und dem Gesang der Vögel lauscht.

Ein ähnlicher Zusammenhang besteht zwischen dem Element des Festen, Erdhaften und dem sogenannten Lebensäther. Starre, Undurchdringlichkeit, Raum-Behauptung, Sprödheit und Ausschließlichkeit (Verdrängung alles anderen) sind Kennzeichen des Erdhaft-Materiellen. Feste Gegenstände sind träge, aber auch brüchig, zerfallend. Das Knochensystem repräsentiert dieses Element in reinster Form am Menschen, aber auch die Nervensubstanz. Von der Erlebnisseite her entspricht dem ‹Verwirrenden› der Luft und ‹Verschwimmenden› des Wassers das ‹Erschwerende› des Erdhaften. Es ist das endgültig Abschließende, das unerbittliche ‹So›. Indem aber der Mensch seine Knochen umkleidet hat mit Muskeln, die Bewegungsimpulse auf sein mineralisches ‹Daseinsgerüst› übertragen, wird gerade das unlebendigste und fremdeste uns Anhaftende zum Werkzeug des auf der Erde tätig-sein-wollenden Geistes. Das ich-ergriffene Erdenelement ist der verfügbare Leib. Ihn dem Gesetz der Trägheit, der Schwere und Starre entreißen und in freie Beweglichkeit versetzen zu können, ist der eigentliche Quell aller Freude im Leben.

Im denkenden Bewusstsein tritt die mineralisierende bzw. ‹Knochen›-Qualität als abstrakt-intellektuelle Vorstellungsbildung auf. Den Muskeln an den Gliedmaßen entspricht der im Vorstellungsleben wirkende Wille. Von alters her haben die Menschen im Tanz die Überwindung der Schwere gefeiert. Das künstlerisch-spielerische Umgehen mit Begriffen und Erfahrungsinhalten ist der ‹Tanz› im Denken.

Wo das Erdhafte unbewältigt bleibt, ist nicht nur der Körper ein dauerndes Hindernis, sondern das Denken entartet zum freudlosen Geometrisieren, das Vorstellungsleben wird zur ‹Lagerhalle› für ein Arsenal von festen, unauflöslichen Gedankengebilden, die auf der Seele lasten. Bis in die Gewohnheiten und Empfindungen hinein macht sich eine Trägheitstendenz geltend als Monotonie der Bedürfnisse, Farblosigkeit des Fühlens und Gleichförmigkeit der Handlungsabläufe. Dies alles beginnt bei den späteren Magersüchtigen, nachdem sie sich in früher Kindheit extrem an äußere Formen ausgeliefert haben, meistens zwischen dem neunten und zwölften Lebensjahr aufzufallen. Das sprechendste Indiz aber dafür, dass diese Kinder das Erdenelement und damit ihren ganzen Gliedmaßenmenschen nicht ‹in den Griff bekommen›, ist die plötzlich über sie kommende Traurigkeit, durch die sich die Krankheit anzukündigen pflegt. Später finden wir dann die erwähnte Staksigkeit der Bewegungsabläufe, aber auch das, was man ‹Ineffektivitätsüberzeugung› nennt: Es kann mir nichts gelingen; mein Leib steht mir nicht zur Verfügung.

Wiederum gilt, dass durch die Nichtbewältigung des Elementes eine entsprechend höhere Wahrnehmungs-Sphäre verschlossen bleibt. Polar zum erdhaft Festen verhält sich der ‹Lebensäther›. Steiner verwendet wiederholt den Begriff «allgemeines Weltenleben». Lebensätherwirksamkeit ist dort, wo das In-sich-Abgeschlossene, Begrenzte nicht als vereinsamt erscheint, nicht als ersterbend in der unentrinnbaren Form, sondern zusammenhängend mit «dem sinnhaft oder wesenhaft Wirksamen in der Welt».[34] Der Lebensäther ist wie das Erdelement ein vereinzelndes Prinzip, aber nicht im Sinne von Zersplitterung oder Entfremdung, sondern so, dass « das Einzelne ... ein Ganzes (ist), eine Ganzheit, ... alles in einem, ... seinem Wesen nach Individuum».[35] Es ist die Erfahrung organischer Wirkenszusammenhänge, des Phänomens Organismus schlechthin, die dort urständet, wo das empfindende Seelenleben einschwingt in die Lebensäthersphäre. Dies realisiert sich auf unmittelbare Weise als spontane Auffassungsgabe für lebendige Sinnzusammenhänge, Polaritäten (im Unterschied zu Gegen-sätzen), in sich stimmige Erscheinungskomplexe. Urteilendes Abwägen im Erfühlen dessen, was das ‹Entweder-Oder› als höheres Verbindendes überwölbt, ist so möglich. Im begrifflichen Denken wird das analytisch-kausale Prinzip durch das integrativ-zusammenschauende ergänzt. Das Weltbild ist kein Arsenal von starren Einzelheiten, sondern ein beweglich gegliedertes, sich veränderndes Ganzes. Dem entspricht in Bezug auf das selbsterlebende Bewusstsein die Evidenzerfahrung des Stehens in den Lebenszusammenhängen als abgeschlossene, aber zugleich einbezogene individuelle Organisation. Der Mensch nimmt sich, wie es Marti ausdrückt, wahr als Ganzheit, «die, sich in einer Haut abschließend und sich in sich durchdringend, sich selbst gestaltend und gliedernd» wirkt: «Der Lebensäther leibt.»

Im Bereich des Erdenelementes bedeutet Vereinzelung Isolation, Erstarrung, ‹Hineinsterben› in die räumliche Begrenztheit. Der Lebensäthersphäre gehört, insofern wir empfindend mit ihr verbunden sind, die Ur-Freude an, Beziehung aufnehmen und doch bei sich bleiben zu können, dialogfähig zu sein: Aufleben in der räumlichen Begrenztheit. Bleiben die Schwerekräfte unbewältigt, undurchdrungen, ist die Erfahrungsebene des «allgemeinen Weltenlebens» eingetrübt.

In der Wärme endlich grenzen Äther und Element direkt aneinander, überlagern sich. Als Wärmeträger wird der Mensch eigentlich zum Mittler zwischen den beiden Reichen. Hier ist die Polarität aufgehoben, von hier aus wird sie überwunden. Die Wärme als körperliche, seelische und geistige Qualität erhebt uns vom Erdhaften zum Lebendigen, vom Strömenden zum Klingenden, vom verwirrend Lufthaften zum gestaltenden Licht. Ich und Astralleib durchdringen im sie verbindenden Wärmestrom den ‹elementaren› Menschen er-lösend, umschmelzend, Entwicklung impulsierend. Die Wärme ist das Korrelat des Inkarnationsprozesses in der Erscheinungswelt. «Dass ein Kind mit sieben Jahren die Zähne wechselt, mit vierzehn in die Pubertät kommt – das ist Wärmeätherwirksamkeit.»[36] Wir haben zum einen die gewöhnliche Körperwärme, den ‹Wärmehaushalt›, der die Ärzte interessiert. Im Seelenleben tritt dieselbe Qualität metamorphosiert auf als das, was im Volksmund zutreffend ‹Herzenswärme› heißt. «Was wir im Seelischen als Wärme erleben», schreibt F. Husemann, «ist eigentlich das Wesen der Wärme an sich, ohne Umkleidung durch physische Substanzen oder Prozesse. Im Seelischen wird der Wärmeäther ... vom Astralleib ergriffen und dem Seelenorganismus eingegliedert. – (Es wird) der Wärmeorganismus oft nur dann gesund sein können, wenn er vom Seelischen her angeregt wird.»[37] – Es scheint aber, fährt Husemann fort, «dass *alle* seelischen Vorgänge von solchen im Wärmeorganismus begleitet werden». (Hervorhebung H. K.)

Was wir oben nüchterner ‹anteilnehmendes Interesse› genannt haben, ist Seelenwärme, die ins denkende Bewusstsein hinaufstrahlt und dort die Bildung erfahrungsgesättigter Begriffe, schließlich auch Ideale ermöglicht. Was Wärme im umfassenderen Sinne bedeutet, kann man sich an einem einfachen Beispiel klarmachen: Die nach ihren natürlichen Gewohnheiten lebenden Eskimos schlossen sich in der kalten Jahreszeit monatelang in ihre Iglus ein und verloren jeden Kontakt zur Welt draußen, bis es wärmer wurde. Damit aber verloren sie auch den Kontakt zur Zeit. Zeit wird evident durch die Teilnahme am Werden und Vergehen, Blühen und Welken draußen unter der Sonne, in der Wärme. Jeder Mensch trägt zwar ‹seine Zeit in sich›, gelangt aber erst zur bewussten Zeiterfahrung, indem er sich eingliedert in die allgemeinen Lebensrhythmen. Diese erstarren in der Kälte. «Wärme (erst) bringt die Zeit zur Erscheinung.»[38] Die erscheinende Zeit ist Klang.

Zu den hervorstechenden Symptomen der Magersucht gehört der irreguläre Wärmehaushalt. Die innere Wärme strahlt nicht bis zur Leibesgrenze, findet keinen Anschluss an die Wärme draußen (periphere Kälte). Damit hängt auch die immer wieder beschriebene Kälteunempfindlichkeit zusammen. Wir spüren die Kälte vermittelst unserer Eigenwärme im Unterschied zu ihr. Hinzu kommen bei den Magersuchtskranken häufig Fieberattacken ohne erkennbare Ursache. Solche ‹Wärmeaufwallungen› sind zweifellos Selbstheilungsreflexe, durch die das Ich seine Isolation zu durchbrechen versucht. Alle von mir befragten Patientinnen erinnern sich, schon früher oft kalte Hände und Füße gehabt zu haben. Dass mangelnde seelische Durchwärmung sowohl die Krankheit als auch ihre Vorgeschichte kennzeichnet, geht aus allem Gesagten deutlich hervor. Nicht von ‹innerer Kälte› im Sinne einer moralischen Bewertung ist hier die Rede, sondern von der Schwäche des Inkarnations-Wärmeimpulses. Die Kinder sind gewissermaßen von der Welt getrennt durch eine Kälteschicht.

Metamorphosen des Willens und der Leibessinne

«In der Wärme ist die Vermittlung zwischen Seelenleben und Körperlichkeit gegeben.»[39] Indem der Mensch im Fortgang der Individuation zum Beherrscher der Elemente wird, also das «Mineralgerüst»[40] aufbaut und in Dienst nimmt, die Flüssigkeitsprozesse reguliert und den Atem rhythmisiert, kann sich dort, wo Lebensleib und Seelenleib eine empfindend-funktionelle Einheit bilden, durch die Wirksamkeit der Äther weltzugewandtes Fühlen entwickeln. Die Bewältigung der Elemente vom Ich aus (d.h. ihre Durchwärmung, Durchlichtung) ist, so muss Steiner verstanden werden, Voraussetzung dafür, dass der Ätherleib über das rhythmische System mit den beschriebenen Wirksamkeiten frei in Beziehung treten kann. Dies geschieht (im Unterschied zum Tier) als ein stufenweise immer neu zu leistender Vorgang der ‹In-Formation› (Einformung) im Zusammenhang mit den Metamorphosen des Wollens und Fühlens vom Elementarstadium der Instinkthaftigkeit bis zur reifen Motivbildung. In diesen Metamorphosen, von denen weiter oben ausführlich die Rede war, offenbart sich Wärmewirken. Sie dokumentieren, wie sich die ‹aus dem geistigen Licht gefallene› Individualität in verschiedenen aufeinanderfolgenden Bewältigungsschritten hindurcharbeitet zu dem Licht, das auf der Erde wirkt. Alles muss neu errungen oder, wenn man so will, aktiv wiedererinnert werden: Die Sphären des Lebendigen, Klingenden, Lichthaften erschließen sich im Inkarnationsprozess gleichsam als irdische Abspiegelungen der entsprechenden vorgeburtlichen Erfahrungsebenen. Das Geschehen findet einen gewissen Abschluss- und Gipfelpunkt, wenn die impulsierende, metamorphosierende Wärme selbst als Schicksalsbewegkraft (Motivbildung) in die Geistes-Gegenwart tritt. Dies ist der Zeitpunkt, an dem in aller Regel die Magersucht hervorbricht.

«Auch wenn wir noch nicht die Wahrnehmungsfähigkeit für die direkte Ätherbeobachtung besitzen», schreibt Marti, «wofür mindestens die imaginative Erkenntnisfähigkeit nötig ist, können wir uns doch gedanklich, begrifflich eine ... Einsicht in diese Verhältnisse verschaffen, wenn wir uns die durchgängige Verknüpfung und Gegenbildlichkeit ... der positiven und negativen Welt klarmachen. So wie die Elemente nirgends bloß, sondern nur in einem jeweils bestimmten Stoffkleid erscheinen, ist es auch mit den Äthern. Kein Äther erscheint ‹nackt›. Er ist eingehüllt in eine Bildekraft.» Gerade dadurch aber wird die Berücksichtigung solcher Zusammenhänge, auch wenn wir zunächst noch hypothetisch verfahren müssen, therapeutisch bedeutsam. Zweifellos ist Steiners wiederholter Hinweis auf das Problem der Äther und Elemente im *Heilpädagogischen Kurs* als Herausforderung für Diagnose und Therapie kindlicher Entwicklungsstörungen zu verstehen.

Der Zusammenhang, auf den man nach allem bisher Vorgebrachten aufmerksam werden kann, sei zunächst stichwortartig-schematisch dargestellt. Dabei fassen wir die obigen (unsystematischen) Auflistungen körperlicher, seelischer und kognitiver Merkmale der Magersucht immer zusammen unter einen prägnanten Überbegriff, nämlich:
– körperliche Verfassung: ‹welkend-starr›
– seelische Verfassung: ‹undurchklungen-freudlos›
– kognitive Verfassung: ‹dunkel-aussichtslos›.

So ergibt sich in der Zusammenschau dessen, was wir einerseits über die Äther und Elemente, andererseits weiter oben über die Metamorphosen des Willens ausgeführt haben:

Körperliche Verfassung
Welkend-starr = Nichtbewältigung des Erdelementes = herabgeminderte Lebensätherwirksamkeit = zurückweisend auf ‹erste Verinnerlichung› (Metamorphose der Instinkt- in Triebkräfte).

Seelische Verfassung
Undurchklungen-freudlos = Nichtbewältigung des Wasserelementes = herabgeminderte Klangätherwirksamkeit = zurückweisend auf ‹zweite Verinnerlichung› (Metamorphose der Trieb- in Begierdekräfte).

Kognitive Verfassung
Dunkel-aussichtslos = Nichtbewältigung des Luftelementes = herabgeminderte Lichtätherwirksamkeit = zurückweisend auf ‹dritte Verinnerlichung› (Metamorphose von Begierden- in Motivationskräfte).

Zweierlei geschieht in der Pubertät, also zum Zeitpunkt der Geburt des Astralleibs: Der Sonnenaufgang des individuellen Erwachens im Erdenraum; das In-Verbindung-Treten des inneren Inkarnations-Wärmestromes mit der allgemeinen Weltenwärme als wiedererinnernde ‹biografische Beschlussfassung› (Motivbildung). Das eigene Werden und Gewordensein verbindet sich mit dem Werden und Gewordensein von Erde und Menschheit. Wärme ist Werden, «intensive Bewegung» (Steiner), Zeit an sich. Durch sie tritt «das Ideelle ... als Willensartiges in der Welt auf». Sie ist es auch, die in jenem ‹anteilnehmenden Interesse› wirkt – in dem also, was Steiner als das ‹Liebesreifwerden› des vierzehn-, fünfzehnjährigen Kindes in einem durchaus nicht primär sexuellen Sinne bezeichnet hat. Zwischen Pubertät und Volljährigkeit steht der Jugendliche vor dem Problem des richtigen Umganges mit den Wärmekräften. Dies aber ist nur eine andere Bezeichnung für das Problem der Verhältnismäßigkeit zwischen subjektiver und objektiver Welt, mithin des ‹Grenzverkehrs› zwischen Ich und Welt, Geist und Stoff.

Die Magersuchtskranken begegnen uns ohne Lebensperspektive, von Dunkelheitsängsten geplagt. Sie sind unmotiviert, weit entfernt von dem, was man ‹Kreativität› nennt. Die Außenwelt wird als feindlich zurückgewiesen. Sie schließen sich in ihre Vorstellungswelt ein, als tobe draußen vor den Toren der Sinne ein Sturm. Gegen den eigenen Leib werden nicht nur Dämme errichtet wie gegen eine drohende Flutkatastrophe, sondern er wird aktiv ‹ausgetrocknet›. Das Gesamtbild zeigt das Resultat einer Reihe von gescheiterten Bewältigungsversuchen im Inkarnationsprozess.

Die erste Verinnerlichung als ätherische Durchdringung der (an den physischen Leib gebundenen) Instinktkräfte ist nicht durchgreifend gelungen. Daraus folgt, dass das, was «dem Wesen nach von außen aufgedrängt ist», wie Steiner das Instinkthafte charakterisiert, gegenüber dem, was «mehr von innen kommt»,[41] beherrschend bleibt. Dies führt zu jener ‹Paralyse des Willens›, die sich als Angepasstheit äußert, und zur Vereitelung eines ersten Schrittes der Evidenzerfahrung, die umschrieben werden kann mit den Worten: ‹Ich bin in meinem Leib.› – «Im physischen Leib ist der

Wille Instinkt.» (Steiner) Der Schritt vom Instinkt zum Trieb entspricht also der ersten Bewältigung des Erdelementes.[42] Das «Ganzheit schaffende Prinzip» des Lebensäthers, das «wie repräsentiert (ist) in der heilen Haut» (Marti), wird nun als Grundstimmung der Daseinssicherheit erfahrbar.

Damit aber werden wir auf den Tastsinn aufmerksam, der auf fundamentale Art das Verhältnis zum Element des Erdhaft-Festen reguliert. Der «Tastsinn ist gewissermaßen derjenige Sinn, durch den der Mensch in ein Verhältnis zur materiellsten Art der Außenwelt tritt. – Fortwährend verkehrt der Mensch durch den Tastsinn in der gröbsten Weise mit der Außenwelt.»[43] F. Husemann schreibt: «Indem wir tasten, beurteilen wir die Welt eigentlich nur in ihrer Beziehung zum festen Aggregatzustande»,[44] wobei dieses ‹Beurteilen› ein zunächst ganz unbewusstes ist. Der Tastsinn vermittelt «innerhalb der Haut» (Steiner) die Erfahrung der Wirkungen des Materiell-Außenweltlichen und damit die basale Gewissheit des physischen Abgegrenztseins. Hier wird in früher Kindheit der Grundstein gelegt für das, was später ein ‹anteilnehmend-distanziertes› Verhältnis zur physikalisch-gegenständlichen Welt ermöglicht. Zugleich ist die Konsolidierung des Tasterlebens (erste frühkindliche Sinnesreifung) Voraussetzung dafür, dass sich Lebensätherwirksamkeit in der beschriebenen Weise regulär entfalten kann als spontane, später begriffliche Auffassungsgabe für Zusammenhänge. Erst die Solidität der Leibesgrenze ermöglicht das Sich-selbst-Erspüren als organische Ganzheit, aus dem heraus sich der instinkthaft-außenweltbestimmte Wille umwendet und als Trieb erstmals initiativ (zentrifugal) wirkt.

Die zweite Verinnerlichung als empfindungshafte Durchdringung und Umschmelzung des an die physisch-ätherische Organisation gebundenen Instinkt-Trieb-Komplexes misslingt. Damit wird der Schritt zum eigentlichen Begierdenleben (von Steiner charakterisiert als das «Ergreifen» des im Ätherischen wirkenden Triebes durch den Empfindungsleib) nicht energisch genug vollzogen. Die im Übermaß außenwelt-angepasste Willensorganisation kann nicht in der rechten Weise «erkraftet (werden) von dem Seelischen».⁴⁵ Durch intellektuelle und soziale Überstrukturierung wird kompensiert, dass das Grunderlebnis des ‹Ich in meiner Seele› blass geblieben ist. Die Begierdenreife ist das Resultat der Bewältigung des Wasserelementes durch das Ich. Dadurch tritt, wie wir gesehen haben, das «maßvolle Beziehung» schaffende (Marti), aktiv harmonisierende Prinzip des Klangäthers in die Erfahrung.

Besondere Bedeutung kommt in diesem Zusammenhang dem Lebenssinn zu, dessen Wahrnehmungen sich auf die inneren Flüssigkeitsverhältnisse bzw. Vitalprozesse richten. Steiner spricht deshalb auch vom ‹Vitalsinn›. Er vermittelt dasjenige, was durch das «harmonische Zusammenwirken aller Organe»⁴⁶ als «Lebensgefühl» der inneren Behaglichkeit auftritt. Dadurch empfindet sich der Mensch als ein «den Raum erfühlendes leibliches Selbst».⁴⁷ Lebenssinn-Wahrnehmung tritt primär auf als das unterbewusste Selbstempfinden ‹harmonisch in sich strömender Ganzheit›. Sekundär ist dieser Sinn involviert, wenn Störungen der Strömungsharmonie auftreten als Mattigkeit, Übelkeit oder Hunger. Er ist also zuständig für denjenigen Bereich der leiblichen (aber, da es sich um einen Sinn handelt, ans Seelische angrenzenden) Selbstwahrnehmung, durch den wir in der Lage sind, das innere Flüssigkeitsgeschehen zu kontrollieren, denn er ist sensitiv auf dieses hingeordnet. Wie wir unsere Schritte nur zielvoll lenken können, wenn wir vermittelst des Sehsinnes die Perspektive erfassen (aber natürlich der Sehsinn nicht die Schritte lenkt), hängt die Regulation der Flüssigkeitsprozesse vom Ich aus eng damit zusammen, dass wir vermittelst des Lebenssinnes eine direkte Wahrnehmung vom jeweiligen Gesamtzustand in diesem Bereich haben können.

Durch die Lebenssinnreifung wird nicht nur der Grundstein gelegt für das, was später ein ausgewogenes Verhältnis zum eigenen Leib ermöglicht, sondern «wir wüssten (gar) nichts von unserem Lebensverlaufe, wenn wir nicht diesen inneren Lebenssinn hätten».⁴⁸ Indem der Mensch durch ihn «als ein Ganzes sich seiner Körperlichkeit nach bewusst wird»,⁴⁹ beginnt er auch erst zu erleben, wie dieses ‹Ganze› im Entwicklungsgeschehen darinnen und er ihm als seelisch-geistiges Wesen gegenübersteht. Es ist offensichtlich, dass bei der Magersucht Defizite, ja Ausfälle im Bereich des Lebenssinnes vorliegen.

Die dritte Verinnerlichung, die wir, Steiner folgend, charkterisiert haben als Metamorphose der (gegenwartsbezogenen) Begierde in die (zukunftsgerichtete) Motivation, kann vor diesem Hintergrund nur scheitern. Wir sprechen vom Motiv, «wenn wir von dem Willensantriebe in dem eigentlichen ‹Ichlichen› sprechen».[50] Hiervon war unter verschiedenen Gesichtspunkten wiederholt und ausführlich die Rede. Wir haben gesehen, dass der Schritt von der Begierde zum Motiv mit der Bewältigung des Luftelementes (Atemreife) zusammenhängt. Wo dies nicht gelingt, ist die Beziehung zu den Lichtätherkräften gestört (Dunkelheitsängste, Wahrnehmungsblässe). Der Zusammenhang zum «räumlich Mitteilenden, lichthaft Wirkenden» (Bockemühl) über die umweltoffenen Sinne bleibt vage, das Leben perspektivlos, die biografische Intention unerweckt. Die Kinder, die auf eine Magersuchtserkrankung zugehen, beginnen sich jetzt abzukapseln gegenüber einer Welt, die sich ihrem innersten Bedürfnis nach Gleichförmigkeit, Übersichtlichkeit und ‹Anschmiegsamkeit› nicht fügt.

Wenn von der Bewältigung des Luftelementes, d. h. von der Sinnes- und Atemreife, die Rede ist, rückt vor allem der Eigenbewegungssinn ins Blickfeld. Indem er «solches wahr(nimmt), wozu eine Tätigkeit, eine Regsamkeit vorausgesetzt ist»[51] und wir durch ihn «unterscheiden, ob wir in Ruhe oder in Bewegung sind»,[52] vermittelt er das Lebensgefühl der ‹freien Beweglichkeit im Raum›, «jenes Freiheitsgefühl des Menschen, das ihn sich als Seele empfinden lässt: Empfindung des eigenen freien Seelischen».[53] F. Husemann schreibt: «Der Eigenbewegungssinn differenziert das dumpfe Fühlen der eigenen Körperlichkeit, das durch den Lebenssinn gegeben ist, durch das Wahrnehmen der inneren Beweglichkeit ins Dynamische.»[54] ‹Dynamis› ist das Luftig-Bewegte. Dadurch, dass wir die eigene Bewegungsdynamik wahrnehmen können, gelingt es uns, ein maßvolles Verhältnis zwischen Ruhe und Aktivität in uns selbst, unabhängig von den Bewegungen der Außenwelt, herzustellen. Das Ich ist, um die Luftprozesse zu bewältigen, um ruhig zu atmen, auf diesen Sinn angewiesen.

Individualisierung des Luftelementes bedeutet also, von der Sinnesseite her (wobei wir hier nur die unteren Sinne betrachten), Konsolidierung der Eigenbewegungswahrnehmung, von der seelisch-empfindungsgemäßen Seite her ‹Durchlichtung›. Jetzt kann die begierdenhafte Dynamik vom Ich ergriffen und umgeschmolzen werden in Motive. Das Leben als solches wird als Bewegung erfasst und hingeordnet auf Ziele, und diese Ziele ‹sind im Licht›. Jetzt tritt «das Ideelle ... als Willensartiges in der Welt auf» (Bockemühl), die im Entwicklungsgeschehen waltende Ich-Wärmekraft erfährt sich in sich selbst und angeschlossen an das «Wärme-Wirksame» im Weltgeschehen (Ideale). Dies führt uns zum Gleichgewichtssinn, der sich zwar auf einer ersten Stufe schon etabliert, wenn das Kleinkind Gehen lernt, jedoch im umfassenden Sinne erst reif wird um die Pubertät. «Ich lasse mich ... heute nicht zurück, sondern ich bin morgen derselbe», ‹sagt› uns dieser Sinn.[55] Das «Unabhängigsein von der Körperlichkeit, das ist das Hineinstrahlen des Gleichgewichtssinnes in die Seele», fährt Steiner fort. «Es ist das Sich-als-Geist-Fühlen.»

Anmerkungen zu: Das Gesamtbild

1 Andrea Graf, *Die Suppenkasperin. Geschichte einer Magersucht*, Frankfurt 1985.
2 Victor v. Weizsäcker, «Über Träume bei sogenannter endogener Magersucht», *Gesammelte Schriften Bd. 6*, Berlin 1986.
3 R. Steiner, *Heilpädagogischer Kurs*, 3. Vortrag, GA 317.
4 E. Marti, *Die vier Äther*, Stuttgart [6]2005.
5 Siehe Anm. 3,
6 Siehe Anm. 4.
7 J. Bockemühl, «Elemente und Äther. Betrachtungsweisen der Welt», in: *Erscheinungsformen des Ätherischen*, Stuttgart 1977.

8 Siehe Anm. 7.
9 Siehe Anm. 3.
10 Siehe Anm. 3.
10a Steiner sagt im *Heilpädagogischen Kurs*, dass «im Ätherleib die Ich-Organisation und der astralische Leib mehr im Zusammenhang stehen mit den oberen Elementen» (4. Vortrag). Es werden dann die Äther aufgezählt, aber zu beachten ist dennoch, dass unter diesem Aspekt der Begriff ‹obere Elemente› gewählt wird. An anderer Stelle (3. Vortrag) werden die Äther dem Astralleib, die Elemente dem Ich zugeordnet. Hier aber ist nun von dem unmittelbaren In-Beziehung-Treten ‹unter Umgehung› des Ätherleibs die Rede. Wir haben also zu unterscheiden zwischen Vermittlung und Wirkung.
11 Hiermit hängt zusammen, was Steiner im 9. Vortrag der *Allgemeinen Menschenkunde* als unbewusste Grundannahme des Kindes im zweiten Lebensjahrsiebt charakterisiert: ‹Die Welt ist schön›.
12 Siehe Anm. 7.
13 G. Husemann, «Medizinisch-Pädagogische Konferenz über die Anorexia nervosa», *Beiträge zu einer Erweiterung der Heilkunst* 2/86.
14 Heinz Stauder, «Anorexia nervosa», *Der Kinderarzt* 2/84.
15 Vgl. z. B. Detlef Ploog, «Die Magersucht», *Naturwissenschaftliche Rundschau*, Heft 5/87 (S. 172: ‹Körperliche Funktionsstörungen und Schäden›) oder: Fichter/Pirke, «Somatische Befunde bei Anorexia nervosa und ihre differenzialdiagnostische Wertigkeit», *Der Nervenarzt* Heft 53/82.
16 Schwestern und Pfleger berichten immer wieder von der offensichtlichen Unempfindlichkeit z. B. bei Ganzkörpereinreibungen, die erst nach langer, regelmäßiger Durchführung einen gewissen Genuss vermitteln.
17 D. Ploog, siehe Anm. 15.
18 B. Leiber, «Die großen Essstörungen. Somatische Komplikationen, Sekundär- und Tertiärfolgen», *PAIS* Heft 2/86.
19 Siehe Anm. 18.
20 Erwähnt auch bei G. Schütze, *Anorexia nervosa*, Bern / Stuttgart / Wien 1980.
21 Mit dem nötigen Vorbehalt gegenüber einer wissenschaftlich noch nicht abgesicherten Beobachtung sei erwähnt, dass eine starke physiognomische Ähnlichkeit mit der Mutter auffällt, was auf eine ungenügende Individualisierung der Vererbungskräfte hindeuten würde.
22 R. Steiner, *Heilpädagogischer Kurs*, 5. Vortrag, GA 317.
23 Ahriman und Luzifer sind von Steiner als realwesenhafte geistige Kräfte beschrieben worden, die im Evolutionsfortgang, aber auch in der Entwicklung

des Einzelmenschen als extreme Einseitigkeiten wirken, zwischen denen die Mitte gefunden werden muss, um Freiheit und Sozialität zu realisieren. Ahriman repräsentiert das ‹Verhärtende›, ‹Erstarrende› (den Todespol), Luzifer das ‹formsprengend Wuchernde› (den Lebenspol). In anthroposophischer Betrachtung ist es bedeutsam, sich auch gegenüber der Krankheit einen Eindruck von der jeweiligen luziferischen bzw. ahrimanischen Dynamik zu verschaffen. Hierbei stehen etwa Syndrome mit sklerotisierend-abbauender solchen mit entzündlich-‹aufflammender› Tendenz gegenüber, wobei oft nicht genügend berücksichtigt wird, dass luziferisches und ahrimanisches Wirken nie isoliert, sondern immer in irgendeiner Weise verknüpft auftreten. Bei der Magersucht etwa kann vereinfacht gesagt werden, dass Luzifer die Kinder an Ahriman ausliefert.

24 G. Husemann, siehe Anm. 13.
25 Christof Lindenau, «Lebensorganisation und Denkorganisation. Zur Doppelnatur des menschlichen Ätherleibs», in: *Erscheinungsformen* ..., siehe Anm. 7.
26 Was wir unter der ‹Geburt des Ätherleibs› im zweiten Lebensjahrsiebt verstehen, bedeutet u. a., dass Kräfte, die bisher in der Leibbildung tätig waren, nun zur Gedankenbildung frei werden. Denken ist also unter diesem besonderen Gesichtspunkt metamorphosierte Wachstumskraft.
27 R. Steiner, *Anthroposophie, ein Fragment* (1910), GA 45.
28 Siehe Anm. 25.
29 Vgl. B. Leiber in *PAIS*, siehe Anm. 18.
30 Siehe Anm. 4.
31 Siehe Anm. 7.
32 R. Steiner, *Heilpädagogischer Kurs*, 3. Vortrag, GA 317.
33 Siehe Anm. 4.
34 Siehe Anm. 7.
35 Siehe Anm. 4.
36 Siehe Anm. 4.
37 F. Husemann, *Das Bild des Menschen als Grundlage der Heilkunst*, Bd. 1, Stuttgart 1986.
38 Siehe Anm. 4.
39 Siehe Anm. 37.
40 Siehe Anm. 37.
41 R. Steiner, *Allgemeine Menschenkunde als Grundlage der Pädagogik*, 4. Vortrag, GA 293.
42 Man muss dabei beachten, dass es sich nicht um ‹vollständige› Metamor-

phosen handelt. Auf jeder Stufe bleibt vom ‹Rohstoff› gewissermaßen ‹etwas liegen›. Der Mensch hat immer Instinkte und Triebe.

43 R. Steiner, *Die zwölf Sinnesbezirke und die sieben Lebensprozesse*, Vortrag vom 12.8.1916, GA 170.
44 Siehe Anm. 37.
45 Siehe Anm. 41.
46 Siehe Anm. 43.
47 Siehe Anm. 27.
48 Siehe Anm. 43.
49 *Anthroposophie. Die Sinne des Menschen*, Vortrag vom 23.10.1909, GA 115.
50 Siehe Anm. 41.
51 Siehe Anm. 27.
52 R. Steiner, *Allgemeine Menschenkunde*, 8. Vortrag, GA 293.
53 R. Steiner, *Die zwölf Sinne des Menschen in ihrer Beziehung zur Imagination, Inspiration und Intuition*, Vortrag vom 8.8.1920, GA 199.
54 Siehe Anm. 37.
55 Siehe Anm. 53.

Anleitungen zum Anwesend-Sein.
Elemente einer geisteswissenschaftlich orientierten Therapie

Der zwanghafte Aspekt

Das berechtigte Bedürfnis nach wissenschaftlicher Systematik hat dazu geführt, dass man heute zwischen vier Grundtypen der Magersucht unterscheidet: dem zwanghaften, depressiven, hysteriformen und schizoiden Typ. Es werden also Krankheitsverläufe beobachtet, bei denen je eine dieser Komponenten zu überwiegen scheint. Häufig ist die Verwandtschaft zur Zwangsneurose. In anderen Fällen wird man an den manisch-depressiven Formenkreis erinnert, in wieder anderen stehen phobieartige Ängste oder Körperneurosen im Sinne eines hysterischen Bildes im Vordergrund. Bisweilen steigert sich die innere Zerrissenheit bis zu Tendenzen der Persönlichkeitsspaltung.[1] Die Praxis zeigt allerdings, dass so gut wie nie ein solcher Grundtyp eindeutig und klar umrissen hervortritt. Es handelt sich nach unserer Auffassung um gewisse Neigungen infolge von Wesenseigentümlichkeiten, die mit der Krankheit zusammentreffen. Zum anderen sind wir darauf aufmerksam geworden, dass im Behandlungsverlauf diese vier ‹Typen› häufig als *Stadien* abgewickelt werden, wobei eines dieser Stadien als das jeweils affinitive besonders krisenhaft verläuft und oft nach der akuten Phase der Essensverweigerung das Hauptproblem darstellt.

Kasuistik Sonja B.:
Sonja ist vierzehn Jahre alt, als ihr Zustand die Klinikeinweisung erforderlich macht. Hier ist die Anfangszeit geprägt durch eine Art depressiver Stagnation, die Wochen andauert. Das Mädchen ist nicht ansprechbar, verharrt starr und traurig in seinem Zustand, ist überzeugt von der Aussichtslosigkeit aller Bemühungen und davon, dass niemand es verstehen

könne. Zuvor war sie zu Hause von einem geradezu selbstmörderischen intellektuellen Leistungszwang gequält worden. Sie lernte bis zu sechzehn Stunden täglich Bücher auswendig. Jetzt, da ihr dies untersagt ist, ‹fällt sie ins Leere›. Nach und nach aber ‹taut› Sonja etwas auf, wird mitteilsamer, isst auch besser und lächelt bisweilen. Nun beginnt sie aber, sich auf selbstquälerische Art mit ihrem Körper zu beschäftigen, allerlei rätselhafte Beschwerden festzustellen und albtraumartige Befürchtungen zu hegen (etwa: sie werde im Bereich der Hüften und Schenkel aufgebläht sein wie ein Ballon, aber spindeldürre Arme und Beine behalten). Zugleich entwickelt sie große Angst vor allem ‹Neuen›, etwa vor Gruppenunternehmungen, Ausflügen. Sie isst aber jetzt so gut, dass sie bald ambulant weiterbetreut werden kann. Nach einiger Zeit kommen beängstigende, ans Psychotische grenzende Verwirrungszustände über sie. Das Gefühl, nicht bei sich zu sein, aus sich herauszutreten, sich aufzulösen, wird bisweilen so peinigend, dass sie den Kopf gegen die Wand schlägt, schreit, Eltern und Verwandte beleidigt, mit Selbstmord droht. Wir setzen kurzfristig ein starkes Medikament in minimaler Dosierung ein und intensivieren die Maltherapie (mehrmals wöchentlich). Anhand von Darstellungen eindrucksvoller Lebensschicksale versuchen wir in den Gesprächsstunden, den Sinn von Krankheit, Leid und Zweifel in der Biografie zu ‹objektivieren›. Nach einiger Zeit treten die ‹Zustände› nicht mehr auf. Jetzt kehrt Sonja gewissermaßen zurück zum Anfang. Der ‹Lernzwang› tritt wieder in den Vordergrund und bleibt von diesem Zeitpunkt an bestimmend. An diesem Problem kann fortan konzentriert gearbeitet werden. Sonja ist im zumutbaren Rahmen kooperationswillig, befolgt Abmachungen ‹auf Ehre und Gewissen›, durch die der Zwang eingegrenzt und in sinnvolle Bahnen gelenkt wird. So verabreden wir etwa, dass nicht länger als fünf Stunden täglich gelernt werden darf, bestimmen gemeinsam das Thema (Sonja ist auf unser Betreiben für ein Jahr von der Schule beurlaubt) und lassen es auch in die Gesprächsstunden einfließen. Sie nimmt die Anregung, sich zu Hause geschichtlich mit der Zeit der Klassik und Romantik zu beschäftigen, während wir zusammen literarische Texte aus dieser Zeit besprechen, Theatervorstellungen besuchen, dankbar an. Das Ziel ist, den

Zwang allmählich umzuwandeln in ein interessevolles, seelisch anregendes Sich-Beschäftigen mit etwas Wertvollem. Inzwischen ist Sonja sechzehn Jahre alt.

Hier werden die genannten vier Grundformen sämtlich durchlaufen, am Ende jedoch stellt sich die Zwanghaftigkeit als das ‹hartnäckigste Problem› heraus. Obwohl das, worauf es therapeutisch im Wesentlichen ankommt, sicherlich für alle Magersüchtigen gleichermaßen gilt, können sich aus solchen Beobachtungen gewisse Nuancierungen z. B. hinsichtlich der Wahl des (substanziellen) Heilmittels, aber auch für den heilpädagogischen Zugang ergeben. So deutet etwa die Zwanghaftigkeit organisch auf das Lungenerleben hin. «Die Lunge», schreibt R. Treichler, «ist nicht nur Atmungsorgan und somit Grundlage für das sensitive Gefühlsleben, sie ist zugleich das Organ des Erdenelementes, des festen Elementes, das auch zur ... Zwangskrankheit (führen kann), ... zum Grübeln und zum Hängenbleiben am Vergangenen in pathologischer Form.»[2] Steiner empfiehlt, auf den Lungenprozess zu achten, «wo das Interesse am äußeren Leben abstirbt und der Mensch innerlich brütend wird».[3] Man kann die Zwangskrankheit als eine Art ‹seelisches Asthma› charakterisieren. Während beim gewöhnlichen Bronchialasthma rein äußerlich betrachtet die Ausatmung blockiert ist, äußert sich dasselbe Phänomen auf der seelischen Seite gerade so, dass «die Antipathiegeste der Ausatmung betont ist»[4] infolge einer dauernden inneren Anstrengung, eindringende Außenwelt zurückzustoßen. Der Mensch, der seelisch zu stark von der Lunge her bestimmt ist, «neigt (primär) dazu, den Einflüssen der Umwelt zu unterliegen».[5] Deshalb grenzt er sich übermäßig ab in der Ausatmung, was in gesteigerter Form zum Zwang führen kann. Was hier unter Ein- und Ausatmung über den bloßen physiologischen Vorgang hinaus zu verstehen ist, haben wir in den Kapiteln über die Atemreife ausgeführt.

Bei allem Zwanghaften sind Form und Umriss betont. Die innere Abwehrgebärde wirkt bis in die Sinnesprozesse hinein so, dass die wahrgenommenen Dinge und Ereignisse äußerlich ‹abgetastet›, aber nicht empfindungsmäßig durchdrungen werden. Jeder kennt das Phänomen, dass unbewältigte Erlebnisse zwanghaft wiederkehren. Man muss versuchen, sich vorzustellen, dass das Seelenleben von der Außenwelt berührt wird, sie in ihrer ‹Oberflächenbeschaffenheit› erfasst, aber, da die Berührung mit Angst verbunden ist, sofort wieder zurückstößt. Der Umriss wird festgehalten, die Qualität bleibt dunkel. So «erlebt ... der Lungenmensch die geformtesten Eindrücke, das Element der Erde, des Festen» zu stark.[6] Gerade damit aber hängt es zusammen, dass die Eindrücke nicht vergessen bzw. einmal gebildete Vorstellungen nicht wieder aufgelöst werden können. Vergessen ist nichts anderes als die ‹Einlagerung› von Eindrücken an der Peripherie, bildlich (aber real-bildlich) gesprochen ‹unter der Haut›.[7] Indem die Peripherie nicht genügend sensitiv durchdrungen ist, sondern Ich und Astralleib sich bei Außenweltberührungen (ausatmend) in der Hauptesregion zusammenziehen, bleiben die Eindrücke nicht nur hülsenhaft, sondern es «strahlt fortwährend das, was nicht untertaucht in die (periphere, H. K.) Ich-Organisation, nach oben zurück, strahlt in den Kopf hinein».[8] So okkupieren dann ‹unverdaute› Vorstellungen und Vorstellungskomplexe das Denken, die einerseits ihren Charakter nach umrisshaft-starr sind, andererseits dadurch, dass «das ganze untere System ... zu schwach veranlagt ist»,[9] nicht untertauchen (Steiner), also nicht richtig ‹eingeatmet› werden können.

Dabei braucht es sich keineswegs nur um dingliche bzw. sinnliche Eindrücke zu handeln. Auch z.B. die Vorstellung, lernen zu müssen, ist eine zunächst von außen dem Bewusstsein aufgedrängte.[10] Sie kann, je nachdem, entweder z. B. unter dem Eindruck starker Erlebnisse, Interessen, Bedürfnisse immer wieder ‹absinken›, um zu gegebener Zeit heraufgeholt zu werden, oder aber qualvoll die Seele beherrschen wie im Falle der Sonja B., alles andere verdrängen, sich vor die Erlebnisgegenwart gleichsam als undurchdringliche Wand schieben. Zugleich ist offensichtlich kein Verständnis mehr vorhanden für Sinn und Bedeutung des Lernens.

Kasuistik Sonja B.:
Sonja hat an einem Wochenende von morgens früh bis spät in die Nacht Fremdwörter auswendig gelernt, kaum geschlafen, kaum gegessen. Die El-

tern rufen verzweifelt an, für den nächsten Tag wird ein außerplanmäßiges Treffen vereinbart. Es entspinnt sich etwa der folgende charakteristische Dialog:

«Warum tust du das?»

«Man muss lernen.»

«Warum?»

«Weil man sonst später nichts wert ist.»

«Aber Fremdwörter?»

«Man muss die kennen.»

«Aber du könntest doch von Fall zu Fall nachschlagen, wenn du auf eines stößt, das du nicht kennst.»

«Es ist besser, man weiß es dann schon.»

«Kennen denn deine Freundinnen und Freunde alle Fremdwörter?»

«Nein, ich glaube nicht.»

«Sind sie deshalb weniger wert als du?»

(Schweigen. Sie kämpft mit den Tränen und verneint heftig kopfschüttelnd.)

«Willst du die anderen übertreffen, die Beste und Klügste sein?»

«Nein, nein, ich behalte ja alles für mich. Niemand soll mich für eine Streberin halten.»

«Wofür, meinst du, braucht man später im Leben die Fremdwörter?»

«Dass man immer weiß, was gemeint ist.»

«Macht es dir eigentlich Freude, so viele Stunden zu lernen und kaum mehr zu schlafen? Ist es ein gutes Gefühl? Bist du stolz auf dich?»

(Lange Pause. Dann Weinen.)

«Nein, es ist furchtbar. Ich möchte lieber sterben, so furchtbar ist es.»

«Nimm dir doch einfach etwas anderes vor, am Nachmittag zum Beispiel; geh ins Kino, lade Freunde ein.»

«Es geht nicht. Ich kriege dann von allem gar nichts mit, weil ich ununterbrochen denken muss, dass ich lernen sollte.»

Bei Zuständen dieser Art, die mehr oder weniger heftig immer die Magersucht phasenweise begleiten, aber nur in machen Fällen dominierend werden wie hier, ist der Arzt in seinem Bemühen um eine individuell abgestimmte medikamentöse Therapie auf den Lungenprozess verwiesen und wird diese Komponente dem Einzelfall entsprechend betonen. Steiner führt hierzu Wesentliches aus im 11. Vortrag des Zyklus *Geisteswissenschaft und Medizin*, wo insbesondere darauf aufmerksam gemacht wird, dass im gesunden Lungenbildungsprozess das Element des Erdhaft-Festen zusammenwirkt mit den Lebensätherkräften. Die Lunge, so heißt es dort, ist nicht nur «auf äußerliche Weise ... das Organ für den Atmungsvorgang», sondern «zu gleicher Zeit das Organ, welches reguliert innerlich, tief innerlich im Menschen den Erdbildeprozess». Dies geschieht so, dass die Mineralisierungskräfte (Steiner vergleicht sie mit der Austernschalenbildung) modifiziert werden durch das, was aus der «Zone» des Lebensäthers hereinwirkt als lebendig-organisierendes Prinzip. In den Zwangserscheinungen manifestiert sich seelisch, was auf der anderen Seite als Störung im feineren Lungenstoffwechsel auftritt. Sie sind Ausdruck der Nichtbewältigung des Erdelementes und damit zusammenhängenden defizitären Beziehung zum ‹oberen Element› des Lebensäthers. Insofern wir einatmend mehr das lebendige, ausatmend mehr das verfestigende Prinzip in uns aufrufen, entspricht dem die beschriebene Unregelmäßigkeit der Atmung im Sinne überwiegender Antipathie.

Von der heilpädagogischen Seite her ist in diesem Zusammenhang von Interesse, was wir unter dem Stichwort ‹erste Verinnerlichung› ausgeführt und mit dem Tastsinn in Verbindung gebracht haben. Wir fassen hier als ‹heilpädagogische Betrachtungsweise› alles das zusammen, was sich vor allem auf Störungen der Willens- und Gemütsbildung durch die Phasen der kindlichen Entwicklung bezieht und durch Anwendung der Pädagogik als Therapie positiv beeinflussbar ist. Die Zwanghaftigkeit als Ausdruck der Nichtbewältigung des Erdhaften weist uns einerseits auf die ‹Latenzperiode› der Atemreifung zurück, insofern hierbei die Lunge als «Organ für den Atmungsvorgang» in Betracht kommt, dann aber, ursächlich, auf den Vorgang der ätherischen Durchdringung der Instinktkräfte (Triebreifung). Hier wird auf einer ersten, fundamentalen Stufe das richtige Eingeschaltetsein in die Polarität Erde – Lebensäther entwicklungsentscheidend.

Für alle Magersüchtigen, aber besonders für solche mit auffallend starken Zwangsanteilen, ist therapeutisch richtungsweisend als Unterstützung einer Nachreifung, was der Bewältigung des festen Elementes dient und die Seele auf altersgemäßer Stufe zu dem hin aufschließt, was wir unter Lebensätherwirksamkeit verstehen.[11] Besondere Bedeutung kommt in diesem Zusammenhang der Pflege des Tastsinnes zu, dem, wie es bei Steiner heißt, die «Seelenerscheinung (des) Durchdrungensein(s) mit der allgemeinen Weltensubstanzialität» angehört, das «Durchdrungensein mit dem Sein als solchem».[12] Dieses Urvertrauen errungen zu haben ist Voraussetzung dafür, dass als darauf aufbauende Evidenzerfahrung das Verbundensein mit dem ‹allgemeinen Weltenleben›, mit dem, wie es Bockemühl ausgedrückt hat, «sinnhaft und wesenhaft Wirksamen in der Welt» sich einstellen kann.

Wir bezeichnen im Folgenden alles, was diesen therapeutischen Aspekt betrifft, mit dem Stichwort ‹erste Nachreifung›. Unser Hauptaugenmerk gilt hinsichtlich des Wesensgliedergefüges dem physischen Leib und seinen Weltbeziehungen. Damit aber sind (worauf wir noch zurückkommen) neben den erforderlichen gezielten Behandlungsmaßnahmen die verantwortlichen Therapeuten individuell und als ‹Team› im Sinne ihrer Selbsterziehungsaufgabe auf alles das hingewiesen, was mit dem Ätherleib, dem ‹ätherischen Gefüge› der Gemeinschaft etc. zusammenhängt.

Der depressive Aspekt

Wenn wir dazu neigen, weniger eine ‹zwanghafte Form› der Magersucht abzugrenzen als vielmehr den zwanghaften Aspekt des Krankheitsgeschehens als einen (immer) mehr oder minder stark vorhandenen ins Auge zu fassen, so gilt dies auch für die depressiven Erscheinungen.

Kasuistik Anna F.:
Anna berichtet (und die Mutter bestätigt dies), alles habe damit angefangen, dass sie immerzu traurig war und nicht wusste, warum. In Gesellschaft

sei sie gepeinigt gewesen von der Angst, nur Nichtigkeiten und Lächerlichkeiten von sich geben zu können. Also habe sie geschwiegen. Manchmal sei es ihr so vorgekommen, als seien die Ereignisse ringsum einerseits ganz unwirklich, andererseits auf sie bezogen gleich einer im Verborgenen sich anbahnenden großen Gefahr. Das sei mehr gefühlsmäßig gewesen, eine Art Misstrauen. «Wenn zwei miteinander flüsterten, dachte ich: Die flüstern über mich.» Als Anna (fünfzehnjährig) in die Klinik kam, war der Anfangseindruck entsprechend. Sie lachte nie, war häufig dem Weinen nahe. In den Gesprächsstunden äußerte sie sich kaum, und wenn doch, dann stammelte sie unsicher vor sich hin, brach ihre Sätze mit Gebärden der Hilflosigkeit ab. Sie wirkte verstockt, war aber in Wirklichkeit wie paralysiert. Zwanghafte Erscheinungen waren zu Hause insofern aufgetreten, als sie auf strengstens geregelte, monotone Tagesabläufe geachtet und ein kleines Repertoire von Tätigkeiten nach festgelegtem Plan abgespult hatte. Dieses Verhalten war auch in der Klinik zeitweise zu beobachten. Es gab außerdem eine Phase, in der sie täglich stundenlang ornamental-jugendstilartige Bildchen zeichnete und eine sozial problematische, übertriebene Pedanterie in Bezug auf die Ordnung ihres Zimmers (das sie mit zwei anderen teilte) an den Tag legte. Vorübergehend traten auch bei Anna ‹hysterisch› anmutende Körperbeschwerden auf. Besonders stark ausgeprägt waren die Verkennungen des eigenen Leibesumfanges. Gegen Ende des Klinikaufenthaltes klagte sie bisweilen, sie ‹spüre› sich selbst nicht, stehe ‹irgendwie dauernd neben sich›. So sei es schon vor der Klinik oft gewesen. Zum Zeitpunkt der Entlassung ging es ihr jedoch sehr gut, sie wirkte aufgehellt, manchmal sogar übermütig-heiter. Bald aber kehrte die Schwermut zurück. Ein vorübergehender erneuter Gewichts-‹absturz› konnte ambulant abgefangen werden, dann spitzte sich die Problematik zu auf ‹unbegreifliche› Zustände tiefer Verzweiflung und Ratlosigkeit vor allem in den Abendstunden. Der Vorschlag, in solchen Situationen draußen spazierenzugehen, auf die Geräusche, das Geschehen, die Stimmung ringsum zu achten, irgendeine kleine Beobachtung festzuhalten und daheim möglichst detailgetreu aufzuschreiben, erweist sich als hilfreich. Wir bemühen uns in den Gesprächsstunden, rückwärtsgehend die

Vergangenheit auszuleuchten. Vor allem an die Jahre etwa zwischen zehn und vierzehn erinnert sich Anna nur sehr verschwommen, während sie das weiter Zurückliegende sehr gut vergegenwärtigen kann. Es ist, als hätte die Biografie ein ‹Loch›. Zwar weiß Anna, was sich rein äußerlich-faktisch in den Jahren vor der Pubertät zugetragen hat, aber sie kann anfangs kaum Auskunft darüber geben, welches ihr Lebensgefühl war, was sie dachte, wünschte, verabscheute etc. Beim gemeinsamen Blättern im Fotoalbum entzünden sich an Bildern aus der Zeit um das fünfte, sechste, siebente Lebensjahr ‹empfindungsgesättigte› Erinnerungen, während die näher zurückliegende Zeit merkwürdig ‹leer› erscheint.

Hier steht offenkundig ein Schwermutsproblem im Vordergrund, in das sich die verschiedenen anderen Erscheinungen episodisch mischen. Als wirklich besorgniserregend erweist sich neben der Nahrungsverweigerung bzw. in Verbindung mit ihr die depressive Stimmungslage, die ja nicht nur durch Traurigkeit, sondern auch durch jenes Gefühl der Untauglichkeit, durch Versagensängste und Misstrauen gekennzeichnet ist und reaktiv dann wiederum auch durch Zwänge, wobei hier der Verhaltens- oder Gewohnheitszwang im Unterschied zum Gedankenzwang überwiegt.

Auch in diesem Fall werden aus der besonderen Nuance der Krankheit besondere therapeutische Nuancen resultieren. Von der organischen Seite her ist die depressive Anlage im Zusammenhang mit der Leber zu sehen.[13] «Mit ... leichten Stauungen des Leberstoffwechsels dringt die Schwere in das Seelenleben und führt zur ... seelischen Lähmung der Depression.»[14] Steiner macht auf die psycho-somatische Wechselwirkung zwischen Leberstoffwechsel und Depression aufmerksam, die sich so äußert, dass eine seelische Disposition zu Schwermutszuständen die Leber ständig belastet und dort schließlich zu chronischen Funktionsstörungen führt, die wiederum ins Seelenleben zurückschlagen.[15] Es ist bekannt, «dass mit dem Auftreten von psychopathologischen Phänomenen die Entgiftungsfähigkeit der Leber wesentlich zurückgeht», betont F. Husemann,[16] wobei Steiner gerade im Zusammenhang mit der Leber darauf hinweist, dass «die feineren Krankheiten ... der Histologie nicht eigentlich zugänglich (sind).»[17]

Schon das Wort ‹Schwermut› zeigt, dass dasjenige, was der subtilen Leberschädigung seelisch vorausgeht, im Bereich der Schwere, des (unbewältigten) Erdhaften also, zu suchen ist. R. Treichler deutet die Dynamik so, dass einerseits seelische Niedergeschlagenheit kränkend auf die Leber wirkt, andererseits «ein schwer nehmendes Seelenleben ... auch schwer (nimmt), was an leichteren Störungen aus der Leber in seinen Bereich eintritt».[18] Darüber hinaus ist zu berücksichtigen, was Steiner im *Heilpädagogischen Kurs* über die Organindividualisierung ausführt. Weil «nicht immer vollständig adäquat ist das, was herunterkommt (Inkarnation, H. K.), dem, was vorliegt (Vererbung, H. K.), ... ist die Möglichkeit vorhanden, dass zum Beispiel ein Kind ein gutes Modell hat, das in der Leber gut ausgebildet ist. Weil aber die Individualität unfähig ist, das zu verstehen, was da darinnen liegt, so wird es in der zweiten Lebensepoche unvollständig nachgebildet, und dann entsteht ein sehr bedeutsamer Willensdefekt.»[19]

Die Leber ist das Zentralorgan des Flüssigkeitsorganismus.[20] In ihr wirkt das Element des Wässrigen zusammen mit dem, was sein «Gegenbild draußen (ist), ... polarisch entgegengesetzt dem, was in der Flüssigkeitszone vor sich geht». Gemeint ist die Klangätherwirksamkeit.[21] Bleibt das Flüssigkeitselement unbewältigt, indem «die Individualität unfähig ist (es) zu verstehen», kann keine ausreichende innere Beziehung hergestellt werden zum ordnend-harmonisierenden Prinzip des polaren ‹oberen Elementes›. Stattdessen entwickelt das Kind pathologische Selbstschutzmechanismen gegen die Gefahr des ‹unterschiedslos Verschwimmens› mit der Umgebung, errichtet Befestigungen, um sich aufrechtzuerhalten gegen die dunkle Flut der Traurigkeit. Wir bemerken, dass die Dinge in der Lebenswirklichkeit nicht getrennt auftreten. Die Unergriffenheit der Flüssigkeitsprozesse hängt zusammen mit dem unerlösten Verhältnis zum festen Element und umgekehrt. Tatsächlich gehen zwanghafte und depressive Zustände, nicht nur bei der Magersucht, häufig Hand in Hand.[22]

Heilpädagogisch ist hier die sogenannte zweite Verinnerlichung (Begierdenreife) in Verbindung mit dem Lebenssinn von besonderer Bedeutung. Die Depressionsneigung als Ausdruck mangelhafter Individualisierung des Wasserelementes weist uns zurück auf den Vorgang der Integration der

Instinkt-Triebnatur durch den Empfindungsleib. Für alle Magersüchtigen, aber besonders für solche mit auffallend starken Depressionsanteilen, ist therapeutisch maßgeblich, was der Bewältigung der Flüssigkeitsprozesse dient und die Seele auf altersgemäßer Stufe aufschließt zu dem hin, was wir unter Klangätherwirksamkeit verstehen.[23] Hierbei kommt der Pflege des Lebenssinnes großes Gewicht zu, dessen «in die Seele hineingestrahlte Wirkung» Steiner als das «allgemeine innerliche Sich-Fühlen» bezeichnet, als das, was «als Behaglichkeit heraufstrahlt» und zuletzt auch die Voraussetzung schafft für das bewusste Darinnenstehen in der eigenen Biografie. Das durch den Lebenssinn vermittelte Urvertrauen innerer Ganzheit und Geordnetheit eröffnet den empfindenden Zugang zur ‹allgemeinen Weltenharmonie›.[24]

Wir bezeichnen im Folgenden alles, was diesen therapeutischen Aspekt betrifft, mit dem Stichwort ‹zweite Nachreifung›. Das Hauptaugenmerk gilt dem ätherischen Leib und seinen Weltbeziehungen. Für die Selbsterziehung der verantwortlichen Therapeuten, individuell und als Team, kommt alles das in Betracht, was mit der eigentlichen inneren Seelenverfassung, dem sozial-mitmenschlichen Klima innerhalb der Gemeinschaft zusammenhängt.

Der hysteriforme Aspekt

Wie verhält es sich mit dem sogenannten ‹hysteriformen› Aspekt der Magersucht? Man versteht darunter angstbesetzte körperliche Beschwerden, für die sich medizinisch kein Befund erheben lässt. Sie treten häufig in Situationen starker seelischer Belastung oder Überforderung auf und stehen manchmal (nicht immer) in deutlichem Zusammenhang mit der angstauslösenden Situation. Obwohl die Bezeichnung auf den von Freud entwickelten Hysteriebegriff zurückweist, nicht jedoch auf das, was Steiner als spezifisch kindliche Hysterie menschenkundlich umrissen hat, können wir doch von einem «seelischen Wundsein» sprechen,[25] wodurch von außen an das Kind herantretende Forderungen, Beunruhigungen in irgendeiner

Form zu Schmerz- oder heftigen Unpässlichkeitsreaktionen führen. Unterlegt ist dieses Geschehen häufig von den eingangs geschilderten Ängsten, in einen dunklen Schlund hineingesogen, von einem Sturm fortgerissen zu werden etc.

Beispiele:
Eine Patientin klagt wochenlang über ein «pelziges Gefühl» in den Schenkeln, vor dem sie panische Angst hat. Es stellt sich nach dem Essen ein, aber auch unmittelbar vor Gemeinschaftsunternehmungen (an denen sie wegen des ‹Gefühls› dann nicht teilnehmen kann) oder in Erwartung des Besuchs der Mutter. Die Symptome werden als äußerst bedrohlich empfunden, sind mit Weinkrämpfen verbunden. Zwischenzeitlich ist das Mädchen der Meinung, eine Lähmung bereite sich vor. Sie treibt exzessiv Beingymnastik, ohne dass diese Linderung brächte.

In einem anderen Fall treten alle Anzeichen einer (nicht feststellbaren) Magenerkrankung auf. Die Patientin windet sich in Krämpfen, übergibt sich, die Gesichtsfarbe wird grünlich-bleich. Heftige Schwindelanfälle kommen hinzu. Imponierend ist, dass die Beschwerden von einer Minute zur anderen beginnen, aber auch wieder verschwinden, manchmal unmittelbar vor der Gesprächstherapiestunde, oft in der Nacht vor der Wiegeprobe oder als Reaktion auf eine den Speiseplan betreffende Abmachung. Die Patientin ist sich der Zusammenhänge nicht bewusst, obwohl sie offen zutage liegen.

Ebenfalls vorgekommen sind in deutlicher Verbindung mit Überforderungssituationen: Hyperventilationskrämpfe, Brechdurchfälle mit Fieber, rasende Kopfschmerzen, in einem Fall unkontrollierbare Gesichtszuckungen. Stets sind Erscheinungen dieser Art begleitet von offenen oder verborgenen Angstzuständen. Sie vermischen sich gern mit Zwängen, während die depressiv-introvertierte, feindselige Haltung durch sie eher ‹aufgeweicht› wird: Die Mädchen akzeptieren, ja erwarten fürsorgliche Zuwendung.

Man sollte die ‹hysteriformen› Magersuchtsanteile so betrachten, dass man besonders auf die Angst als Gegenwartserfahrung achtet. Die organneurotischen Symptome haben den Charakter der spontanen inadäquaten Reaktion. Wir haben es weniger mit einem traumatischen Erlebnishintergrund, libidinösen Konflikten etc. zu tun als vielmehr mit einer seelischen Durchlässigkeit bis zur Schmerzgrenze. In den Angstreaktionen, die sich spontan körperlich niederschlagen, erkennen wir eigentlich das ‹unmaskierte› Grundproblem. Die Brechkrämpfe und so weiter sind Antipathie- oder auch Ekelgebärden des Stoffwechselmenschen. Das Kind reagiert auf Eindrücke, Probleme, Herausforderungen etc. so, als ob es verdorbene Nahrung zu sich genommen hätte. Die ganze Welt ist im Grunde ‹ungenießbar›.

Es kann sich kein souveränes emotionales Seelenleben zwischen Sympathie und Antipathie entfalten, weil Außenwelteinflüsse sofort ins Körperliche durchschlagen und körperliche Reaktionen nun die innere Gefühlswelt bestürmen. Wir finden hier auf einer anderen Ebene wieder, was wir beschrieben haben als Präponderanz der Ausatmungsgebärde infolge eines angst- bzw. schmerzverursachenden Einatmungsgeschehens. Die geschilderten körperlichen Symptome sind als Ausdruck heftiger Absonderungsversuche des Organismus zu betrachten. Nicht also das «seelische Ausrinnen», wie es Steiner für hysterische Kinder beschreibt,[26] steht hier im Vordergrund, sondern eher das körperliche Reagieren auf seelische ‹Einrinnung›. Die Mischung aus Zwanghaftigkeit und physiologischen Angstzuständen beruht, menschenkundlich gesprochen, darauf, dass die astralische Organisation nicht als fühlende Mitte zwischen Wollen und Denken ‹atmet›, sondern einerseits zu stark dem Leibesgeschehen ausgeliefert ist, andererseits im oberen Menschen sich verhärtet. Das Empfindungsleben schwingt nicht rhythmisch zwischen Begehren und Abgrenzung, Form und Auflösung, sondern wird von unten her attackiert und von oben her im Gegenzug ‹zwanghaft gebändigt›. So kann es nicht heranreifen zu seiner vermittelnden Rolle zwischen Innenwelt und Außenwelt. Die Sinnes- und Atemreifung misslingt.[27] In der biografischen Anamnese Magersüchtiger tauchen erste Hinweise auf köpernerurotische Reaktionen frühestens im Alter zwischen zehn und zwölf auf. Meistens jedoch stellen sie sich erst während der eigentlichen Krankheit ein. Zwanghafte und depressive Tendenzen hingegen sind andeutungsweise schon in jüngeren Jahren auszumachen. Offenbar kommt für den (nicht ganz treffend) sogenannten ‹hysteriformen› Aspekt der Magersucht besonders die Latenzperiode (‹Rubikon›) in Betracht.

Steiner hat im Zusammenhang mit dem, was er «Fortsetzung des Ekels nach dem Inneren des Menschen» nennt,[28] besonders auf die «Funktion des Nierensystems» hingewiesen. R. Treichler schreibt: «Mit dem Nierensystem hängen alle Emotionen zusammen.»[29] Es ist, wie sich aus dem vorher Gesagten ergibt, nur scheinbar paradox, festzustellen, dass gerade die hysterisch anmutenden Körperbeschwerden in besonderer Weise auf eine Störung des empfindenden Seelenlebens hindeuten, das sich auf die Niere als Zentralorgan des Astralleibs stützt. Die Nierenfunktion ist Atmung auf der Elementarstufe. «Was sich ... im Stoffwechselgebiet als die Polarität von Einscheidung und Ausscheidung zeigt, begegnet uns im Atmungssystem als Einatmung und Ausatmung. Im rein seelischen Bereich ist das gleiche Geschehen anzutreffen als die Polarität von Sympathie und Antipathie. Das übergeordnete Wesensglied, das die drei Erscheinungsformen eines Rhythmus (Hervorh. H. K.) umschließt, ist der Astralleib. Dieser stützt sich im physischen Leib auf den Luftorganismus und bewirkt den Atmungsrhythmus.»[30] Das Empfindungsspektrum zwischen Begehren und Ekel findet seinen organisch-funktionellen Niederschlag im Bereich der Niere, die als eine Art physiologischer Indikator für den Zustand des atmenden Menschen im weitesten Sinne zu betrachten ist, d. h. für den Grad der Bewältigung oder Nichtbewältigung des Luftelementes. Atemreife und gesunde Nierenfunktion sind zwei Seiten einer Sache. Aber auch die Lunge rückt in diesem Zusammenhang wieder ins Blickfeld, insofern «das Empfinden ... im Nierensystem seine Grundlage hat und im Seelenleben der Lunge an der Welt sich entfaltet» (R. Treichler).

Bleibt das Luftelement und damit der Gesamtkomplex des Atmungsgeschehens unbewältigt, findet das Kind, wie schon beschrieben, keinen rechten Zugang zur weitenden, aufklärenden, Erscheinungszusammenhänge offenbarenden Qualität des Lichtäthers. «Wir (haben) die Luftzone, haben ... den Gegenpol der Luftzone, da wo sich alles entgegengesetzt dem verhält, was in unserer Luftzone eigentlich vor sich geht. Indem da – wenn ich den Ausdruck gebrauchen darf – entluftet wird, das Luftsein aufgehoben wird, geht aus dieser (zur Luft polaren, H. K.) Zone wie aufschießend durch die Entluftung dasjenige hervor, was uns als Licht zugesendet wird.» (Steiner[31]) ‹Entluftung› findet in diesem Sinne so statt, dass das chaotisch-bewegungshafte Luftelement im Inkarnationsprozess zum rhythmisch-maßvollen Bewegungshaften hingebändigt wird. Dies geschieht im Vollzug der sogenannten dritten Verinnerlichung, die wir kennengelernt haben als den Schritt von der Begierde zur Motivbildung. Besonders zu beachten ist in diesem Zusammenhang der Eigenbewegungssinn, der, wie Steiner sagt, «in die Seele hineingestrahlt (das) Freiheitsgefühl des Menschen, (die) Empfindung des eigenen freien Seelischen» vermittelt.[32] Wir haben gesehen, dass gerade bei den als Schmerz oder quälendes Unwohlsein sich äußernden ‹physiologischen Angstzuständen› eine tiefgreifende Störung der Fähigkeit und des Erlebnisses, als freie Seele vor die Welt hinzutreten, vorliegt. Wie das Kind sich selbst in seinem Verhältnis zur Umgebung erlebt, beschreibt Katja H. treffend in ihrem oben schon zitierten Märchen vom ‹Sturmwind Wirrwurrlar›, der sie, am Fenster des höchsten Turmzimmers sitzend, ergreift und in die Nacht hinausreißt.

Man sollte die Zustände, um die es hier geht, vielleicht als ‹pseudohysterisch› bezeichnen. Sie dokumentieren, dass das Kind weder seinen inneren Bewegungsrhythmus gefunden noch das Selbstbewusstsein der eigenen freien, zielgerichteten Bewegungsfähigkeit errungen hat. Bis in die Stoffwechselprozesse hinein ist es fremden Bewegungsvorgängen ausgeliefert und versucht, dies abzuwenden, indem es seinen unmittelbaren Lebensumkreis gleichförmig und monoton arrangiert. Es entbehrt der Seelenerfahrung von Licht und Weite, aber auch jener durch den Eigenbewegungssinn vermittelten Daseinszuversicht, die den Willen zur motivbildenden, bewusst zukunftsorientierten Kraft heranreifen lässt.

Therapeutisch richtungsweisend ist neben der Pflege des Eigenbewegungssinnes und der Konsolidierung des Atems alles das, was den Zugang zur Sphäre des Lichtäthers eröffnet. Wir überschreiben im Folgenden die darauf sich beziehenden Überlegungen mit dem Stichwort ‹dritte Nachreifung›. Das Hauptaugenmerk gilt von der Wesensgliederseite her dem astralischen Leib und seinen Weltbeziehungen. Der Therapeut wirkt auf dieser Stufe unmittelbar durch sein Ich; er muss sich als Individualität rückhaltlos einbringen und mit dem innersten Wesen des Kindes verbinden wollen.

Der schizoide Aspekt

Wenn schließlich vom ‹schizoiden› Typ der Anorexie gesprochen wird, so sind Tendenzen einer zentralen Identitätsstörung gemeint, die zur Befürchtung Anlass geben, die Krankheit könne in Richtung einer Persönlichkeitsspaltung entgleisen. In diesen Bereich gehört alles, was wir im Verlaufe der Darstellung beschrieben haben als das Gefühl, ‹neben sich zu stehen›, die Krankheit nicht mehr eigentlich im Sinne von persönlicher Betroffenheit zu durchleiden, sondern so zu erleben, als widerführe einem fremden Wesen etwas Unbegreifliches. Fast alle Magersüchtigen geraten irgendwann in eine gleichsam deskriptive Haltung gegenüber ihrer Krankheit. Der folgende charakteristische Dialog soll veranschaulichen, wo die Gefahr liegt.

Kasuistik Karin K.:
Nach unserer Auffassung ist es wenig hilfreich, mit den Patientinnen ständig über die Essensproblematik zu verhandeln. Sie sind diesbezüglich im Alltag innerhalb eines festgesteckten Rahmens von unerbittlichen Konsequenzen (Gewichtsuntergrenze a: Kein Ausgang und keine körperlichen Anstrengungen mehr; Gewichtsuntergrenze b: Bettruhe und Sonde) weitgehend frei, werden z. B. nicht sofort zur Rede gestellt, wenn sie eine Mahlzeit ausfallen lassen. Einmal pro Woche jedoch wird das Gewicht registriert und in einer Gesprächsstunde thematisiert:
 «Wie ist es in der letzten Woche gegangen?»
 «Ich weiß nicht genau – eigentlich hatte ich das Gefühl, mehr gegessen zu haben.»

«Viel mehr?»

(Pause)

«Ich weiß das immer nicht so richtig. Aber nach meinem Gefühl war es schon manchmal wesentlich mehr.»

«Was heißt das: Nach deinem Gefühl? Du musst doch wissen, ob du den Plan unterboten, überboten oder eingehalten hast. Die Waage behauptet: Unterboten.»

«Es kommt mir aber so vor, als hätte ich mich ziemlich an den Plan gehalten. Wahrscheinlich war es sogar mehr. Aber manchmal trickse ich mich selber aus. Vielleicht habe ich mir nur eingeredet, ordentlich zu essen.»

«Hast du genug gegessen oder nicht?»

«Also ich hätte vor dem Wiegen schwören können, dass es genug war, eher mehr. An einem Morgen zum Beispiel, ich glaube am Mittwoch, bin ich aufgewacht und hatte ein ganz tolles Gefühl, dass ich es jetzt schaffen kann, dass es überhaupt kein Problem ist, ein paar Kilo zuzunehmen.»

«Und dann? Hast du gleich beim Frühstück dein gutes Gefühl in Taten umgesetzt?»

«Beim Frühstück weniger. Ich hatte das Gefühl, beim Mittagessen würde ein Durchbruch passieren. Den ganzen Vormittag war ich unheimlich aufgeregt und gespannt, wie viel ich essen würde.»

«Und wie viel war es dann?»

«Eigentlich wäre ich in der Stimmung gewesen, einen Riesenteller zu essen. Aber dann habe ich mir überlegt, dass es mir vielleicht Angst macht, mit einem Schlag gleich so viel zuzulegen, und dass es besser ist, wenn ich mich erst langsam daran gewöhne ...»

«Karin, hast du z. B. gestern Abend das verabredete belegte Brot und den Apfel gegessen oder nicht?»

«Nein, gestern nur das halbe Brot.»

«Und vorgestern?»

(Bedrücktes Schweigen)

«Ich dachte, weil ich doch so ein gutes Gefühl hatte, wenn ich wahrscheinlich bald viel mehr esse, dann kommt es jetzt auf ein halbes Brot auch nicht mehr an.»

«Hattest du früher schon manchmal so ein besonders gutes Gefühl, bald mehr zu essen?»

«Ja.»

«Und wie ist es ausgegangen?»

(Pause)

«Ich hab' von Mahlzeit zu Mahlzeit gewartet. Aber mehr geworden ist es doch nicht.»

Es ist deutlich, dass Karin zu diesem Zeitpunkt ‹neben sich› steht. Gespannt wartet sie auf die Stunde, in der ‹es› mehr wird, während sie in der Tat die Essensmengen reduziert. Die Angaben über das, was sie doch selbst getan oder unterlassen hat, sind vage, als habe sie aus einigem Abstand zugeschaut, und sie rätselt, ob es sein könne, dass sie sich selbst ‹ausgetrickst› habe.

Nicht selten wird dieses Problem von den Patientinnen deutlich erlebt und verbalisiert. Katja H. hat eines Tages kurz und bündig gefragt: «In mir streiten zwei. Welche bin ich, und wieso ist die, die ich nicht bin, in mir drin?»

Im Schrifttum werden die Übergänge der Magersucht zum schizophrenen Formenkreis verhältnismäßig häufig erwähnt.[33] Denkt man sich die am Beispiel der Karin K. geschilderte Situation extrem gesteigert, hat man einen Zustand der Unfähigkeit zum therapeutischen Bündnis, der dadurch gekennzeichnet ist, dass das destruktive Alter Ego autonom agiert und den ‹kooperationswilligen Teil› der Seele zum hilflosen Zuschauer degradiert. Der nächste Schritt zur voll ausgewachsenen Schizophrenie wäre dann derjenige, durch den der ‹Zuschauer› den ‹anderen› zeitweise gänzlich aus den Augen verliert.

Zum Verständnis der schizoiden Aspekte der Magersucht kommt zweifellos zuvorderst alles das in Betracht, was wir über die Spaltungsvorgänge, das ‹Schisma› der Pubertät ausgeführt haben.[34] Die innere Zerreißprobe dieses Alters, jene ‹Hohlraumbildung› als Hülle für das zur Geburt heranreifende Ich – um den Preis des Auseinanderfallens der Welt und des eigenen Wesens –, ist für die magersüchtigen Mädchen ein unerträglicher und der eigentlich krankheitsauslösende Vorgang. Die durch verschiedene Entwicklungsetappen hindurch sich immer mehr verschärfenden Störungen der Willensentwicklung, die instabile, ‹wunde› Seelenverfassung, die unerlösten Umweltbeziehungen und das zutiefst erschütterte Daseinsvertrauen – dies alles ergibt in der Zusammenschau eine Situation, in welcher die um das vierzehnte Lebensjahr naturgemäß ablaufenden Ereignisse nur zur schweren Identitätskrise führen können. Wir haben dies in der zweiten Abteilung des Buches eingehend erörtert.

Die Bewältigung der sogenannten Pubertätskrise hängt davon ab, ob das, was wir den Wärmestrom der Inkarnation nennen können, kraftvoll genug die bisherige Entwicklung impulsiert hat, um nun frei werden zu können als höhere Wärme der liebenden Weltzuwendung, durch die, wie es J. Bockemühl ausgedrückt hat, «das Ideelle als Willensartiges in der Welt auftritt», Gegensätze überbrückend und in der «Vermittlung zwischen Seelenleben und Körperlichkeit» (F. Husemann) biografisches Selbstbewusstsein weckend (vgl. hierzu das Kapitel ‹Geburt des Astralleibs›). Wärmeäther ist das, was alles Einzelwerden umschließt und aufeinander bezieht als ‹Atmosphäre des Gedeihens›. J. Bockemühl spricht, die Pflanzenwelt zum Vergleich heranziehend, vom «Zustand der Möglichkeit des Keimens». Dementsprechend lesen wir bei Steiner, der höhere Aspekt der Wärme spiele (für die geistig-seelische Entwicklung des Menschen, H. K.) «eine ähnliche Rolle... wie die Atmosphäre selber (für alle Bildungen der Natur, H. K.) spielt».[35] Alles, was in den Bereich des anteilnehmenden Interesses, der Liebe, des sozialen Engagements und so weiter gehört, was also nur im Miteinander, im Erlebnis des gemeinsam Umschlossen- und Aufeinander-Bezogenseins durch ein höheres Verbindendes zur Geltung kommt, ist Ausdruck und Erfahrung der ins Seelische metamorphosierten Wärmekraft.

Deshalb ist das, was man, an Steiners Ausdruck ‹allgemeines Weltenerleben› (für den Lebensäther) erinnernd, als ‹allgemeine Weltenwärme› bezeichnen darf, die letzte und zugleich zentrale Evidenzerfahrung, auf die alle bisher beschriebenen Schritte final hingeordnet sind, insofern das Ziel zugleich der je schon in ihnen wirksame Impuls ist. Empfindungsrealität wird: ‹Alles Getrennte ist verbunden im «Zustand der Möglichkeit», wieder eins zu werden.› Die Seele wird des höheren Zusammenhang Stiftenden als Verheißung und Auftrag gewahr, während sie sich zugleich in die Weltgegensätzlichkeit hinausgestoßen findet. Alles, was wir über den Jugendidealismus ausgeführt haben, ist eigentlich Umschreibung des Wärmeätherwirkens. Wo jedoch im biografischen Augenblick der Abspaltung jene Verheißung, an der sich Motive, Ideale entzünden, verhüllt bleibt, wird die Spaltung selbst zur beherrschenden Seelenerfahrung.

Was Heinrich Roth ‹das verlockende Ziel einer Endgestalt› nennt,[36] ist das, was die ‹gewöhnliche Schizotypie der Pubertät› überwindet. Hinstrebend auf ein solches Ziel verbindet sich das von Steiner als ‹Wunsch an sich› charakterisierte, im Willen anklingende Geistselbst, wiedererinnernd mit dem Werden von Erde und Menschheit. Der Mensch tritt in diesem Alter in Beziehung mit der «gewissermaßen ... außerirdische(n) Wärmezone»,[37] die das im Irdischen Getrennte umschließt gleich einem «Mantel», wie Steiner bildhaft sagt. Dorthin wendet sich der Wille ichgeführt, wenn im Kindheitswerden Zug um Zug die Elementarkräfte zur Ruhe gebracht werden konnten. Die Weltbeziehung wird jetzt erst eigentlich Herzensbeziehung.

Bei den magersüchtigen Mädchen ist das Misslingen dieses Schrittes der Höhepunkt des Dramas einer gescheiterten Erdenankunft. Resigniert und verängstigt ziehen sie sich in die vermeintliche Sicherheit einer kargen, wohlgeordneten inneren Eremitage zurück. Doch auch die Verschanzung kann nur misslingen; sie ist eine Illusion: Wohin das Kind auch geht, gleich wo und wie es sich versteckt, es nimmt ja alles das, dem es entfliehen will, immer mit, und es bleibt ihm zuletzt keine andere Wahl, als ‹das Fremde› in sich auszugrenzen. So wird ein Teil des eigenen Wesens zum Niemandsland, damit aber zugleich zum Versammlungsort unerlöster, ich-fremder Mächte, die nun ihr Zerstörungswerk entfalten: Was sich nicht als weltzugewandter, zukunftsorientierter Wille im biografischen Entwurf positiv darleben kann, wird zum Sog der Angst. Angst ist ihrem Wesen nach immer ‹Sog›: zurückgeworfener, rückwärtsfließender, gleichsam sich selbst eliminierender Wille. Dies ist das ‹Alter Ego›, das die Magersüchtigen

217

geradezu als eine im eigenen Inneren wirkende intelligente Wesenheit erleben und dem das Ich im «eigentlichen Seelenleben» (Steiner) fassunglos, aber durchaus bewusst wahrnehmend gegenübersteht.

Dass besondere Bedeutung in diesem Zusammenhang dem Herzen zukommt, ergibt sich mit einer gewissen Selbstverständlichkeit. «Der Rhythmus zwischen Atmung und Blutzirkulation, zwischen Denken und Handeln gewinnt im Herzen ein Organ, das eine Zukunft wahrzunehmen beginnt, die das Kind jetzt als seine erlebt. Nach der Pubertät tritt (dies) endgültig hervor. Im Herzen als Gewissensorgan nimmt der jugendliche Mensch seine Handlungen als dem eigenen Schicksalsweg zugehörig wahr.» (Müller-Wiedemann[39]) Steiner hebt die Bedeutung des Herzens für die Überwindung der Weltgegensätzlichkeit hervor: «Sie sehen, die ganze Außenwelt, insofern sie auch das Äußere des Menschen einschließt, tritt uns als eine Dualität entgegen, die sich im menschlichen Herzen staut, die im menschlichen Herzen zu einer Art von Ausgleich strebt.»

So findet im Herzen, wie es weiter heißt, ein «Synthetisieren desjenigen (statt), was äußerlich auf uns nach dem ganzen Umfang des Leibes einwirkt». In dieser synthetisierenden Kraft offenbart sich Wärmeäther-Wirken. Im Herzen schafft sich die Individualität ein Wahrnehmungsorgan für die zwischen innen und außen, oben und unten vermittelnde Strömungsdynamik, physiologisch und seelisch.[40] Die verschiedenen im Menschen und auf ihn einwirkenden Prozesse fließen für die Selbstwahrnehmung zusammen zu einem integrierten Gesamtprozess, den das Ich vermittelst des Herzens wahr-nimmt, ergreift und in biografische Bewegkraft umwandelt (Intentionalität, Motivbildung). «Das Herz ist das Urbild aller ausgleichenden Prozesse. Nicht nur räumlich, sondern auch dynamisch steht es vermittelnd zwischen den polaren Funktionen ... Es ist das Zentralorgan der rhythmischen Organisation, in deren Dynamik überhaupt jeder heilende Impuls begründet liegt.»[41] Heilen heißt aber immer ‹Ganzheit herstellen›. Mit der Herzreife ist ein Selbstbewusstheitsschritt verbunden, der sich umschreiben lässt mit den Worten: «Ich selbst bin die heilende Kraft, die Getrenntes verbindet zu höherer Einheit.» Wo sich dieses Erlebnis nicht einstellt, wird das der Herzerfahrung entgegengesetzte «überall Zerstreutsein» (Steiner), die Zerrissenheit oder eben Gespaltenheit zum beherrschenden Daseinsgefühl, gegen das die Seele, ebenso aussichtslos wie unausweichlich, starre ‹Ordnungskonzepte› aufrichtet, die sich schnell als Zerstörungskonzepte erweisen.

Nicht generell bei Erscheinungen des schizophrenen Formenkreises ist hauptsächlich das Herz betroffen, wohl aber dann, wenn entsprechende Tendenzen erstens als Eskalation des (weiblichen) Pubertätskonflikts und zweitens vor dem spezifischen Hintergrund einer Magersuchtsstruktur auftreten. Insofern wir das Herz aber in seiner Eigenschaft als «Zentralorgan der rhythmischen Organisation» betrachten, sind wir auch auf die anderen primär rhythmisierenden Organe zurückverwiesen, insbesondere auf das Lungenerleben und die Niere.

Hinblickend auf die Sinnesentwicklung werden wir jetzt besonders auf den Gleichgewichtssinn aufmerksam. «Das Organ für die Leibeskraft ist das Herz, das ... als Organ des Gleichgewichts charakterisiert» werden kann, schreibt R. Treichler und fährt fort: «Das Streben nach Gleichgewicht, bereits in der Lunge zwischen Ein- und Ausatmung tätig, konzentriert sich im Herzen. In seiner Zusammenziehung (Systole) und Ausdehnung (Diastole) klingen die beiden Pole des Organismus an. In der Systole, in der das Herz vom lebenvermittelnden Blut weitgehend verlassen wird, herrscht der abbauende Kopfpol vor. In der Diastole, in der das Herz sich neu mit Blut und Leben füllt, meldet sich der aufbauende Stoffwechselpol. In den Pausen zwischen Systole und Diastole greift das Ich ein und führt den Ausgleich ... herbei. Durch dieses Schwingen um eine Mitte wird die Grundlage dafür geschaffen, dass das Ich auch in der Seele danach zu streben vermag, Gleichgewicht und Mitte zu erzeugen, damit Neues sich darin verkörpern kann.»[42] Steiner charakterisiert das mit dem Gleichgewichtssinn verbundene seelische Erleben so, dass der Schutz, den dieses Erleben vor Identitäts- bzw. Spaltungskonflikten bietet, unmittelbar klar wird: «Wie empfinden wir denn, in die Seele hineingestrahlt, die Erlebnisse des Gleichgewichtssinnes? ... Wir empfinden das als innere Ruhe, als jene innere Ruhe, welche macht, dass, wenn ich von da bis hierher gehe, ich doch nicht zurücklasse den, der da in meinem Körper steckt, sondern ihn hinnehme; der bleibt ruhig derselbe.»[43]

So sind wir also im Zusammenhang mit dem sogenannten schizoiden Aspekt der Magersucht therapeutisch einerseits auf die zentralen rhythmischen Prozessse hingewiesen, andererseits auf die Wärmeverhältnisse nicht nur physiologisch, sondern auch in Bezug auf das, was als höhere Wärme-Wirksamkeit die Weltbegegnung zur liebenden Begegnung gestalten kann, schließlich drittens auf den Gleichgewichtssinn und die durch ihn vermittelte Evidenzerfahrung des «Sich-als-Geist-Fühlen(s)» (Steiner). Wir können den hier in Frage kommenden Schritt der Willensreifung als denjenigen bezeichnen, durch den die ich-ergriffene Begierde, herangereift zum intentionalen Vermögen (Motivbildung), durchstrahlt wird von Geistselbstwirksamkeit im Akt des Wiedererinnerns der Lebensziele, im Anklingen des ‹Wunsches an sich›, des Wunsches nämlich, Gestalter des eigenen Schicksals zu sein. Dies ist die Phase der ‹vierten Reifung›, der eigentlichen Ich-Reifung, vor dem die magersüchtigen Mädchen aus Gründen, mit denen wir uns vor allem im Kapitel ‹Die Geburt des Astralleibs› auseinandergesetzt haben, im Gewahrwerden ihres faktischen Unvermögens zurückschrecken. Alles therapeutische Bemühen zielt darauf ab, die Voraussetzungen für diesen Schritt nachträglich herzustellen und ihn schließlich behutsam einzuleiten. In der (letzten) Phase der gemeinsamen ‹Eroberung der Zukunft› ist an den Therapeuten die weitreichende Forderung gerichtet, selbst sein ‹höheres Ich› hereinzurufen: Es müssen durch ihn Kräfte einer echten Idealität und aufrichtigen Arbeit an sich selbst (wozu auch Selbstkritik) gehört, sichtbar werden.

Im Bewusstsein der sehr begrenzten Nützlichkeit schematischer Darstellungen soll doch die folgende Zusammenfassung in Stichworten als eine Art Überblick eingeschoben werden:

Magersucht als Inkarnationsangst

Zwanghaft
Lunge
Unbewältigtes Erdelement
Störung der physischen Weltbeziehung
Tastsinnschwäche
Gestörte Triebentwicklung

Depressiv
Leber
Unbewältigtes Wasserelement
Störung der ätherischen Weltbeziehung
Lebenssinnschwäche
Gestörte Begierdenentwicklung

‹*Hysteriform*›
Niere
Unbewältigtes Luftelement
Störung der astralischen Weltbeziehung
Eigenbewegungssinnschwäche
Gestörte Motivbildung

Schizoid
Herz
Mangelhafte Wärmeentwicklung
Störung der Ich-Welt-Beziehung
Gleichgewichtssinnschwäche
Mangelhaftes Hereinwirken des
Geistselbst als ‹Wunsch›

Therapeutisches Leitmotiv: Heranführung an die Sphäre des:

Lebensäthers   *Klangäthers*   *Lichtäthers*   *Wärmeäthers*

Vorbemerkungen zur Therapie

Wenn nun die konkreten therapeutischen Möglichkeiten zur Debatte stehen, die sich aus allem bisher Gesagten ergeben können, besteht die Schwierigkeit, dass ein generell anwendbares Konzept ohne Berücksichtigung des Einzelfalles eigentlich an der Sache vorbeiginge und auch gar nicht beabsichtigt werden kann angesichts des Verständnisses von Krankheit und Heilung, das den Hintergrund für die vorliegende Arbeit bildet. Deshalb ist hier die Hauptmühe darauf verwendet worden, zur Erarbeitung von menschenkundlichen Urteilsgrundlagen beizutragen, aus denen sich vielleicht mit einer gewissen Notwendigkeit Folgerungen für die je konkrete therapeutische Situation ergeben können, die ja nie zweimal dieselbe ist. Wir können hier nur einen konzeptionellen Rahmen abstecken und Beispiele geben.

Zunächst sei noch ein mögliches Missverständnis ausgeräumt: Auf den letzten Seiten sollte nicht versucht werden, die Magersucht als bloßes Konglomerat aus den vier Grundtypen psychiatrischer Krankheiten darzustellen. Es handelt sich vielmehr darum, darauf aufmerksam zu werden, wie ein bestimmtes ‹Krankheitswesen› (das wir nicht sehen, von dem wir aber eine Art Phantombild aus den beobachtbaren Phänomenen herstellen können) auf verschiedenen Ebenen und in verschiedenen Entwicklungsphasen gewissermaßen die Stunde seiner Machtergreifung vorbereitet. Wir sehen unter diesem Blickwinkel eine verzerrte Version dessen vor uns, was gesunde Kindheitsentwicklung wäre, wenn nicht jenes Krankheitswesen dem Geschehen von Anfang an seine Bedingungen aufzwänge. Die schizoiden (Ich), angstbetonten (Astralleib), depressiven (Ätherleib) und zwangsneurotischen (physischer Leib) Anteile einer ausgewachsenen Magersucht weisen auf verschiedene unbewältigte Entwicklungsschritte infolge dessen zurück, was wir vor allem im zweiten Teil des Buches versucht haben, als Zentralkonflikt zu umreißen.

Wenn von der Magersucht als einer ‹ethnischen› oder Zeitkrankheit gesprochen wird, so teilen wir diese Ansicht. Dem steht nicht entgegen, dass es zwingende Gründe für die Annahme gibt, es liege zugleich eine ‹mitgebrachte› Anlage vor. Wir gehen jedoch davon aus, dass das Wesen kulturspezifischer Krankheiten so lange verkannt werden muss, als man nicht zugeben will, dass Zusammenhänge bestehen zwischen der Umwelt, in die ein Mensch hineinwächst, und dem Schicksal dieses Menschen selbst. Wir haben diesbezüglich auf die präkonzeptionelle Lebensvorschau aufmerksam gemacht. Es gibt noch weiterführende Gesichtspunkte, durch die es wahrscheinlich erst möglich wäre, das ‹Krankheitswesen› Anorexia nervosa wirklich dingfest zu machen, etwa die Einbeziehung wiederholter Erdenleben. Doch dies würde nicht nur den Rahmen unserer Darstellung sprengen, sondern auch denjenigen der Urteilsfähigkeit des Autors.

Die folgenden Anregungen zur Therapie, Prophylaxe und Nachsorge sind sämtlich aus dem vorangehend zum menschenkundlichen Verständnis Vorgebrachten ableitbar. Um ermüdende Wiederholungen zu vermeiden, wird der Rückbezug, wo nötig, durch Klammerbemerkungen hergestellt.

Die ‹erste Nachreifung›

Wenn sich die magersüchtigen Mädchen in stationäre Behandlung begeben, treffen wir sie in der Verfassung an, die in dem Kapitel ‹Zur Symptomatologie› unter körperlichen, psychologischen und kognitiven Aspekten umrissen und in ‹Die Sprache der Phänomene› noch einmal zusammengefasst worden ist. Die strikte Nahrungszurückweisung geht einher mit Schwermutszuständen, zwanghaften Verhaltensweisen und Denkmustern, hysterisch anmutenden, nämlich ins Körperliche durchschlagenden Angstzuständen und mehr oder minder schweren Identitätskonflikten, wobei das eine oder andere besonders stark hervortritt. Was wir unter verschiedenen Gesichtspunkten als ‹Inevidenz› und, bezugnehmend auf die sogenannten kognitiven Theorien, ‹Ineffektivitätskonzept› bezeichnet haben (‹Ich tauge zu nichts, es kann nichts gelingen›), imponiert besonders – neben dem immer wieder tief berührenden Eindruck, Kinder vor sich zu haben, die unendlich unter ihrem Dasein *im Leib* leiden wie unter einem Fluch oder einer schweren Schuld. Stets aufs Neue staunend erleben wir diesen tiefen Gewissenskonflikt, der das Erdendasein als solches betrifft. Darin vor allem unterscheiden sich die Magersüchtigen von gewöhnlichen Zwangskranken, Depressionskranken usw.: in diesem Erschüttertsein vor der ‹Sündhaftigkeit der physischen Existenz›, um das sich alle anderen Erscheinungen eigentlich als Sekundärphänomene gruppieren.

Es ist das ‹Sünde›-Motiv, das uns veranlasst hat, den Grundkonflikt als ‹Heimweh› zu charakterisieren. Sünde ist ursprünglich, vor jedem konkreten schuldhaften Bezug, ‹Sonderung›: Die Entfernung vom Geistigen wird erlebt als Untreue gegenüber Gott. Durch alle therapeutischen Bemühungen muss sich also wie ein roter Faden das Anliegen hindurchziehen, den Kindern die Geisterfülltheit dieser Welt zum Erlebnis zu bringen. «Wir müssen das Religiöse bis ins Auge treiben», hat Steiner als pädagogisches Motto für jugendliche Mädchen formuliert. Für die Magersuchtskranken gilt dies in besonderem Maße. Aber bei ihnen ist es auch eine besonders schwere, fast unlösbare Aufgabe.

Etwas prosaischer ausgedrückt hängt alles davon ab, die Qualitäten und Sinnzusammenhänge in den Welterscheinungen kenntlich zu machen. Dabei kann anfänglich nur in sehr begrenztem Umfang das denkende Bewusstsein angesprochen werden, obwohl man sich doch immer auch an dasselbe wenden muss. Erst in der Phase der Nachsorge können und müssen auf dieser Ebene tatsächlich Entscheidungen getroffen werden.

Was kommt aber zunächst, ‹ganz unten› ansetzend, in Betracht?

Es liegt nahe, zu Beginn der Behandlung das ins Auge zu fassen, was in der frühesten Phase der Krankheitsentstehung unbewältigt geblieben ist, also die oben sogenannte ‹erste Nachreifung› einzuleiten. Wir haben das hier in Frage kommende Spektrum durch die Stichworte Erdelement-Lebensäther / Triebreifung / Tastsinn / physisch vermittelte Welt- und Selbsterfahrung abgesteckt. Hier kommt eine zentrale, nach unserer Erfahrung *die* zentrale Bedeutung physiotherapeutischen Anwendungen zu, insbesondere Ganzkörpereinreibungen, also der Hautpflege im weitesten Sinne, wozu auch die Achtsamkeit auf die Kleidung gehört, die täglich am Leib getragen wird. Es sollte darüber hinaus in ganz einfacher Art, aber häufig genug und mit Regelmäßigkeit geübt werden, verschiedene charakteristische Substanzen wie Sand, Ton, Wolle, Stein etc. mit Händen und Füßen, eventuell nachdem diese vorgewärmt worden sind (durch Massage, Umgang mit Kupfer oder eine leichte eurythmische Übung), zu erspüren. Dies kann noch intensiver erfolgen, indem etwa die Hände auf den Rücken genommen und/oder die Augen dabei geschlossen werden. Was hier angelegt wird, kann sich während der ganzen Behandlung, in geeigneter Form modifiziert und ergänzt, fortsetzen. Ein Beispiel: Äußere Anwendungen zur Ganzkörpererfahrung und Bewusstwerdung der Hautgrenze mit anschließenden Raumorientierungsübungen etwa durch Bothmer-Gymnastik, danach zwanzig Minuten Bettruhe. Jetzt können auch einfache gestalterische Maßnahmen mit Werkstoffen hinzukommen (Plastizieren, Schnitzen). Für jeden Einzelfall muss abgespürt werden, wann der Zeitpunkt erreicht ist, an dem auch eine altersentsprechende Gesprächsarbeit über die ‹Anatomie und Biografie von Ursubstanzen› eingeleitet werden kann, wo also z. B. die Bedeutung von Stein oder Holz für den Menschen unter den verschiedensten Aspekten zu erörtern, der betreffende Stoff im Gesamtzusammenhang seines natürlichen Vorkommens und seiner kulturellen, von Menschenhand geprägten Erscheinungsformen zu betrachten wäre. Dies begleitend sollte immer auch der tagtägliche Umgang mit den jeweiligen Materialien gepflegt werden, jetzt aber schon so, dass es nicht mehr auf das bloße ‹lauschende› Erspüren des Eindruckes ankommt, den der Stoff auf den Menschen macht, sondern auf das Erlebnis der aktiven Auseinandersetzung mit ihm.

«Wir konstatieren das Sein der äußeren Welt gerade durch den Tastsinn. Wir glauben noch nicht, wenn wir irgendetwas sehen, dass es auch im Raume vorhanden ist; wir überzeugen uns, dass es im Raume vorhanden ist, wenn der Tastsinn es ertasten kann. Dasjenige, was alle Dinge durchdringt, was auch in uns hereindringt, was sie alle hält und trägt, diese alles durchdringende Gottsubstanz kommt ins Bewusstsein und ist, nach innen reflektiert, das Erlebnis des Tastsinnes.»[44] Dies ist zugleich die Stufe, auf der sich der Wille als Instinkt darlebt. Im Tätigwerden an den Substanzen übt das Kind, diese Region vom Ätherleib her zu umgreifen. Durch alle Maßnahmen, die Erfahrung des Umschlossen- und Begrenztseins in einer

Haut zu kräftigen, die Peripherie von innen heraus zu sensibilisieren, wird das zu Umgreifende so bewusst, dass sich die Seele ‹sympathisierend›, aber aktiv sympathisierend hinwendet und auf anfänglichster Stufe erwacht im Bewusstsein des ‹alles tragenden und haltenden› Lebenszusammenhanges als ein sinnvoll eingegliederter Teil desselben. Dies entspricht dem empfindungsmäßigen Einschwingen in die Lebensäthersphäre (vgl. ‹Elemente und Äther› sowie ‹Metamorphosen des Willens und Leibessinne›) und wirkt unmittelbar den Zwangsbildungen entgegen. Da wir es jedoch nicht mehr mit kleinen Kindern zu tun haben, muss dieser Schritt zum geeigneten Zeitpunkt auch auf der Ebene des Weltbildes vollzogen werden (vgl. ‹Das Weltbild›).

Für die künstlerische Therapie gilt, wo es sich um die ‹erste Nachreifung› im engeren und weiteren Sinne handelt, in gewisser Hinsicht das Prinzip der Gegenständlichkeit, so dass die ins Gewordene ‹eingefrorenen› Bildeprozesse aktiv nachvollziehend erlebbar werden, dass also das Kind, schlicht gesagt, empfinden kann: ‹Unter meinen Händen formt sich etwas Bekanntes, was ich draußen als Fertiges finde, wofür ich einen Begriff habe. Ich tue, was geschehen ist, als es wurde.› Die Maltherapeutin sollte durchaus nicht vor ‹Naturalismus› zurückschrecken. Gleiches gilt für die Arbeit mit Ton. Prinzipiell ist nach unserer Auffassung das gestalterische Tun im festen Element für den Anfang (natürlich wohldosiert) besonders wichtig. Dem allerdings wird, wie beschrieben, noch die fundamentale Pflege des Tasterlebens vorauszugehen haben, wobei sich das Kind zunächst ruhig in die Haltung völliger Passivität begeben darf.

Was kommt für die Gesprächstherapie und das soziale Geschehen im Stationszusammenhang für die ‹Grundstufe› in Betracht? Zunächst muss sich die Patientin auf eindeutige Bezugspersonen (höchstens drei) stützen können. Innerhalb dieses kleinen Kreises sind im Idealfall beide Geschlechter vertreten. Eine hervorragende Funktion kommt der Mitarbeiterin (es sollte in der ersten Zeit eine Frau sein) zu, die für den körperpflegerischen Bereich zuständig ist und möglichst diese Aufgabe nicht weiterdelegieren sollte. Unerlässlich ist, dass die Anwendungen mit wirklicher, innerer Zuwendung, in ruhiger Umgebung und nie in Eile stattfinden. Die Schwester sollte sich erkundigen, was das Mädchen dabei empfindet, detailliert beobachten und jede Kleinigkeit protokollieren (wobei intime Mitteilungen natürlich als Geheimnisse zu behandeln sind).

Innerhalb des sozialen Geschehens ist die rhythmische Struktur der Zeitabläufe, die Tages- und Wochengestaltung, von hoher Bedeutung. Regelmäßigkeit, Pünktlichkeit und Übersichtlichkeit müssen gewährleistet sein und, wo nötig, auch mit Strenge eingefordert werden. Das Team sollte sich herausgefordert fühlen, von Improvisationen möglichst abzusehen und ein klares, sinnvolles soziales Regelwerk mit der Patientin beiderseitig bindend vereinbaren.

Die rhythmische Struktur in der Tages- und Wochengestaltung muss eine solche sein, die inhaltlich erfüllt und in sich lebendig gestaltet wird. So kann etwa, um nur ein Beispiel zu nennen, im Morgenkreis als Tagesauftakt (Teilnahme verpflichtend!) bewusst der Blick hinausgelenkt werden in die Natur, ins Weltgeschehen, so dass der jeweilige thematische Schwerpunkt einer kleinen Darstellung oder Rezitation in irgendeiner Form aktuellen Bezug aufweist. Als feste Bestandteile im Tages- und Wochenlauf sind bei uns (neben den künstlerischen Therapien, Unterrichts- und Einzelgesprächsstunden) eingeführt worden: der Morgenkreis, die gemeinsame Bastel- oder Werkstunde am späten Vormittag (wo die jugendlichen Patienten möglichst den kleineren zur Hand gehen sollen), der gemeinsame Mittagstisch im Speisesaal, das Abendabschlusstreffen nach Altersgruppen (Vorlesen und Musik), die zweimal wöchentlich stattfindende ‹Jugendstunde› (Diskussion über soziale Spannungen im Stationsalltag, Austausch von Erfahrungen mit der eigenen Krankheit, Gesellschaftsspiele, Arbeit an Biografien) sowie je nach Einzelfall die sogenannten ‹Außenaktivitäten› (vom regelmäßigen schweigenden Gang durch die abendliche Natur bis zum Einkaufsbummel oder Kinobesuch).

Die besondere Bedeutung der ‹beweglichen Struktur› für den gesamten Behandlungsverlauf, ganz besonders aber für die Anfangszeit, ergibt sich unter menschenkundlichen Gesichtspunkten aus dem, was Steiner im *Heilpädagogischen Kurs* als ‹Pädagogisches Hauptgesetz› formuliert hat.[45] Dort heißt es, dass auf die physische Verfassung des Kindes vor allem alles das wirkt, was mit dem Ätherleib des Erziehers zusammenhängt. Übertragen auf das Sozialgeschehen innerhalb einer therapeutischen Gemeinschaft bedeutet dies, dass alles, wodurch das prozessual-rhythmische, formgebende Geschehen im Zeitablauf zuverlässig geregelt wird, sich begünstigend auf jenen Schritt der inneren Willensreifung auswirkt, den wir charakterisiert haben als den Übergang, in dessen Vollzug der Ätherleib die Instinktkräfte ergreift und umformt (‹erste Verinnerlichung›). Für die Selbsterziehung des Therapeuten ergibt sich aus derselben Gesetzmäßigkeit der Anspruch, den Umgang mit den eigenen Gewohnheiten, das eigene Darinnenstehen in Arbeitsabläufen und Verbindlichkeiten zu prüfen. Fallen wir selbst ständig ‹aus dem Rahmen›, indem wir z. B. auf uns warten lassen, unpünktlich und ‹nie auszurechnen› sind? Sind wir, andererseits, in starren Gewohnheitsmustern gefangen, oder gelingt es uns, auf veränderte Situationen beweglich zu reagieren, ohne dabei Fähnchen im Wind zu sein?

Was für die ‹erste Nachreifung› therapeutisch primär in Betracht kommt, gilt im Wesentlichen für die gesamte Behandlungsdauer und alle Magersuchtskranken. Es sind diese Aspekte jedoch von besonderer Wichtigkeit zum einen für die Anfangszeit generell, zum anderen für solche Patientinnen, die man in die Rubrik des überwiegend ‹zwanghaften Typs› einordnen würde. In den meisten Fällen ist das Zwangsverhalten auch tatsächlich die erste große Barriere, die sich vor den therapeutischen und erzieherischen Bemühungen aufrichtet.

Nach einiger Zeit ist vielfach eine allmähliche diesbezügliche ‹Aufweichung› zu beobachten, während nun Zustände schwerer Niedergeschlagenheit und Traurigkeit das Bild zu beherrschen beginnen. Die Reihenfolge kann auch eine andere sein, aber auffallend oft ist es diese. Vom Zusammenhang zwischen depressiven Tendenzen und der sogenannten zweiten Verinnerlichung war die Rede. Stichworte: Wasserelement-Klangäther / Begierdenreife / Lebenssinn / ätherisch vermittelte Welt- und Selbsterfahrung.

Die ‹zweite Nachreifung›

Die Bedeutung der Physiotherapie ist hier keine geringere als zuvor. Im Gegenteil kann der Anwendungskatalog erweitert werden. Neben den Ganzkörpereinreibungen, die ja nicht nur den Tastsinn, sondern auch den Lebenssinn ansprechen, kommen Bäder und Massagen in Betracht, von denen ganz zu Anfang in der Regel abgesehen wird aus Sorge vor Überlastung. Tägliche Leibwickel gehören ebenso hierher wie die Achtsamkeit auf genügend warme Kleidung aus Naturmaterialien. Alles, was ein Gesamtbefinden innerer Behaglichkeit (als Leibeswahrnehmung) begünstigt, schafft die Voraussetzungen für ein gefestigtes «innerliche(s) Sich-Fühlen» (Steiner). Genau genommen ist ‹Behaglichkeit› die Wahrnehmung der harmonischen Verfassung des Flüssigkeitsmenschen.

Von der künstlerisch-therapeutischen Seite her werden jetzt im Malen entsprechend nass-in-nass gehaltene reine Farbübungen bedeutsam, wobei noch nicht das Eintreten in Kontrasterlebnisse ratsam ist, sondern ruhig-ausgeglichene Stimmungen und nur fein nuancierte Übergänge zwischen Hell und Dunkel bevorzugt werden sollten. Im Plastizieren können gewisse Metamorphosenreihen angelegt und symmetrische Grundformen gestaltet werden. Worauf es dabei vor allem ankommt, ist das Erlebnis der Entwicklung des einen aus dem anderen. Wir müssen uns bei allen Bemühungen von dem Grundgedanken leiten lassen, dass die Patientinnen durch regelmäßiges, geduldiges Üben an jene Erlebnisqualität herangeführt werden sollen, die J. Bockemühl mit den Worten umreißt: «Das Ideelle wird ordnend, verwandelnd im Stofflichen wirksam» (Klangäther). Dieser Erfahrungsbereich wird einerseits aktiv betreten, andererseits erst dadurch überhaupt zugänglich, dass wir durch geeignete Maßnahmen ordnend auf die Flüssigkeitsprozesse einwirken und damit direkt den Ätherleib kräftigen. Auch die Musiktherapie kann hier ihren Beitrag leisten, indem den Patientinnen zunächst vorgespielt wird. Es geht darum, charakteristische Klangqualitäten verschiedener Instrumente zu erlauschen, einzelne (ganz einfache) Melodien bzw. Tonleitern in dieser oder jener Intervallstimmung regelrecht ‹durchzuschmecken›. Im Weiteren kann dann allmählich der

Übergang zum aktiven Musizieren unter dem Leitmotiv des Variierens über ein Thema erfolgen.

Für die Heileurythmie (mit der man besser nicht zu früh beginnt oder zunächst so, dass, ähnlich wie bei der Musik, bestimmte Übungen vom Therapeuten für die Patientin durchgeführt werden) gilt im Hinblick auf die zweite Nachreifung, dass die Durchdringung der Willenskräfte vom Empfindungsleib her angeregt werden soll (vgl. ‹Das Geistselbst und die Metamorphosen des Willens›). Das therapeutische Motto lautet: Bildung, Auflösung und Umbildung im Rhythmisch-Strömenden; Sich-Bewegen in fortschreitenden Verwandlungszusammenhängen. Zweifellos kommt der musikalischen Eurythmie hier besonderes Gewicht zu, aber auch an geeignete Lautreihen ist zu denken, etwa an solche, die vokalische Bildungen und Auflösungen aus der konsonantischen Dynamik heraus zum Thema haben.[46] Hervorragende Bedeutung hat jedoch auf dieser Stufe das Malen, das, indem der gestalterische Umgang mit Farbe im flüssigen Medium geübt wird, Klanghaftes offenbart (‹Farb-Ton›, ‹Farb-Klang›), aber nicht ein von außen herandringendes Klanghaftes, sondern ein solches, das zwischen Astralleib und Ätherleib als metamorphosierte Seh- und in gewisser Hinsicht auch Geschmackserfahrung selbst hervorgebracht wird. Auch in Musik und Eurythmie sollte zunächst diese ‹stille› schöpferische Seelenaktivität angeregt werden, indem die Übungen durch ihre Einfachheit, Zartheit, aber auch durch die sanfte Strenge ihrer immanenten Folgerichtigkeit ein vertrauensvolles seelisches Einschwingen ermöglichen, ohne ‹Aufregung› zu verursachen. Man kann sich spontan an das Märchenbild vom Bächlein oder Brünnlein erinnert fühlen, aus dessen abendlichem Plaudern sich eine Stimme herausformt, die Geschichten erzählt oder Not-Wendendes mitteilt.

Kann bei der inneren Bewältigung des Daseinselementes Wasser auch anderweitig, vielleicht ganz direkt, geholfen werden über das hinaus, was medikamentös (vgl. ‹Elemente und Organe›) und physiotherapeutisch in Betracht kommt? Es ist zweifellos nicht deshalb falsch, weil es so einfach klingt, tatsächlich z. B. draußen in der Natur Begegnungen mit dem ‹Flüssigkeitswesen› der Erde zu suchen und auch in den Gesprächsstunden zu gegebener Zeit damit umzugehen, bis hin zur Auswahl entsprechender mythologischer Erzählstoffe. Man müsste bei der Behandlung dieser Krankheit viel mehr Verständnis für unkonventionelle Maßnahmen aufbringen, also z. B. eine Sommerfreizeit an einem See oder gar am Meer, ein Wochenendzeltlager irgendwo am Wasser o.ä. als Therapie akzeptieren, nicht nur als recht nette, aber eigentlich luxuriöse ‹seelenhygienische› Kosmetik. Mit dem Anliegen, die Naturreiche, Elemente für das innere Erleben aufzuschließen, wird nur von einer anderen Seite her dasjenige ergänzt, was etwa medikamentös einzelne Organsysteme ansprechen soll, in denen wir ja das, was draußen ‹ausgefaltet› die Naturreiche sind, ‹eingefaltet› im Menschen wiederfinden. Dazwischen, also zwischen Ausfaltung und Einfaltung in diesem Sinne, atmet die Seele und sucht ihr Verhältnis zur Welt. Insofern mag es nur deshalb banal wirken, weil es eigentlich so selbstverständlich und einfach geradeaus gedacht ist, wenn man fordert, die Erlebnis-Beziehung zu den Erdenrealitäten auch direkt, etwa in der Begegnung mit den Phänomenen draußen in der Natur, zu pflegen.

Im therapeutischen Konzept darf vor allem nicht die Bequemlichkeit federführend sein. Wir müssen Abstand nehmen von der Idee, einer solchen Krankheit sei allein beizukommen durch die Erstellung möglichst lückenloser Programme von punktuellen Übungen und Anwendungen nebst Medikamenten. Natürlich ist dies alles nötig und unverzichtbar. Aber man darf nie vergessen: Was hier geheilt werden soll, ist ein umfänglich gestörtes Darinnenstehen im Leben selbst. Dies bedeutet für die verschiedenen Nachreifungsschritte, dass gefragt werden muss: Wie gestaltet sich bei gesunder Entwicklung das Verhältnis des Kindes zu den Umgebungskräften, zur sozialen Umwelt und zu sich selbst – wollend, fühlend, denkend – in der jeweiligen Lebensepoche? Vor diesem Hintergrund muss nach Lage der Möglichkeiten alles Erforderliche eingeleitet werden, aber so, dass doch immer das jeweilige Lebensalter der Patientinnen mitberücksichtigt wird. Wenn wir hier die verschiedenen Phasen chronologisch abhandeln, so geschieht dies der Übersicht und menschenkundlichen Systematik halber. In der therapeutischen Alltagswirklichkeit nehmen sich die Dinge nicht ganz so wohlgeordnet aus, aber man sollte immer wissen: Im Hinblick worauf tun wir genau was?

Dementsprechend blicken wir auf die Entwicklungstatsache der unbewältigten zweiten Verinnerlichung als auf ein Problem, welches so gelöst werden muss, dass auch der Umstand eines ja doch gegenüber dem sechsten, siebten Lebensjahr weit fortgeschrittenen intellektuellen Vermögens in Rechnung gestellt wird. Deshalb interessiert nicht zuletzt auch, was heil-erzieherisch (altersentsprechend) getan werden kann in Bezug auf die innere Einstellung, das seelische Wahrnehmungs- und Urteilsvermögen, kurzum: das Weiterleben und innere Verarbeiten des Erlebten. Auch in den Bereichen der Beobachtungsfähigkeit und des Begriffe-Bildens muss mit den jugendlichen Patienten direkt geübt werden. Sobald es der Gesundheitszustand erlaubt, sollte das pädagogische Element im Sinne einer allerdings gut zu durchdenkenden und vorzubereitenden ‹Erlebnispädagogik so viel Gewicht erhalten, wie es von Fall zu Fall erforderlich und möglich ist.

Man kann daran denken, in den Einzel- und Gruppengesprächen oder gegebenenfalls in der Krankenhausschule das Thema ‹Ökologie› aufzugreifen, also sich mit dem Wasserorganismus der Erde zu beschäftigen und entsprechende Naturbegegnungen zu ermöglichen, auch passenden Märchen- und Sagenstoff auszusuchen. Lebendige Pflanzenkunde wird zum wichtigen pädagogischen Thema. Wenn die Klinikgärtnerei bereit ist, von Fall zu Fall einer Patientin kleine Aufgaben zu übertragen, ist manches gewonnen. Was dies Letztere betrifft, müssen die Mädchen übrigens oft eine gewisse Scheu überwinden, weil sie Angst haben, sich schmutzig zu machen. Ansonsten kann man nach einiger Zeit durchaus mit (anfänglich noch sehr zögerlicher) Aufgeschlossenheit für solche Dinge rechnen, wobei wir allerdings gerade im Hinblick auf die ‹Erlebnispädagogik› daran denken müssen, dass das vorsichtige Sich-Öffnen auch eine Gefahrenseite hat. Mancher Eindruck, mit dem unsereiner spielend fertig wird, kann für diese Kinder (wenn sie einmal so weit sind, dass sie überhaupt wieder Eindrücke an sich heranlassen) geradezu erschütternd sein. Ich habe vor Jahren eine Magersüchtige betreut, die eines Abends schluchzend von einem Spaziergang zurückkam und als Grund für ihren Kummer angab, dass draußen ein herrlicher Sonnenuntergang war. Man kann daran einerseits sehen, wie verfehlt es wäre, den Aspekt des Erlernens der sinnlichen Naturbegegnung geringzuschätzen, andererseits aber auch, wie sehr wir darauf achten müssen, den Kindern diesbezüglich nicht mehr zuzumuten, als sie ertragen können.

Für das Stationsteam und die therapeutischen Bezugspersonen gilt (insofern besonders das ins Auge gefasst wird, was heilend auf den Ätherleib des Kindes wirken soll) im Sinne des ‹pädagogischen Hauptgesetzes›, dass der bewussten Pflege des sozialen Klimas hohe Aufmerksamkeit gelten muss. Gerade wenn das Umfeld ein solches sein soll, das sich positiv auswirkt bei Schwermutszuständen, wird viel davon abhängen, ob die rhythmische Strukturierung eine seelisch erfüllte, von gegenseitigem Respekt, menschlicher Wärme und echtem verbindenden Helferwillen getragene ist. Die Patientinnen müssen sich geborgen fühlen in einem menschlich intakten Sozialgefüge. Damit ist nicht gemeint, dass es etwa keine Meinungsverschiedenheiten und Konflikte mehr geben dürfe. Aber in der Art, wie diese miteinander bewältigt werden, sollte der seelische Enthusiasmus leben, demgegenüber alles Geformte, Strukturierte ein Untergeordnetes, je und je unter menschlichen Gesichtspunkten neu zu Durchdringendes ist. Aus der Art und Weise, wie wir unsere Verhältnisse untereinander regeln, kann eine Atmosphäre entstehen, aus der die Kinder unmittelbar Lebenskraft schöpfen.

Die verantwortlichen Bezugspersonen (der Kreis wird und soll sich im Verlauf der Behandlung allmählich erweitern) dürfen gegenüber den kranken Jugendlichen nie eine Stimmung von Routine, Gelangweiltheit oder gar Gleichgültigkeit aufkommen lassen – was leicht geschieht, wenn alle Bemühungen über Wochen und Wochen hin ins Leere zu gehen scheinen. Hilfreich, ja eigentlich unverzichtbar ist es, sich täglich für wenigstens fünf Minuten einen äußeren und inneren Raum der Stille zu schaffen, in Gedanken hineinzuschauen auf die vielleicht noch sehr verborgenen liebenswerten, bewunderungswürdigen Seiten des Kindes und den Entschluss zu erneuern, dass man gerade diesem einen Menschen helfen (nicht einfach ‹eine Anorexie behandeln›) will. Obwohl die Gefahr besteht, dass es wie eine müßige Redensart klingt, gilt doch auch: Alles, womit ich als Therapeut mein eigenes seelisches Gleichgewicht fahrlässig untergrabe, wodurch es mir schwer wird, zu mir zu stehen, wirkt sich destabilisierend auf den Ätherleib des mir anvertrauten Kindes aus, denn die Beziehungen, die während solcher Behandlungsverläufe entstehen, sind in einem ganz unterbewussten Bereich, eigentlich noch unterhalb der wechselnden Gefühle, die man füreinander hat, unerhört enge, direkte.

Zuletzt schlägt sich das, was seelisch-sozial innerhalb einer Gemeinschaft lebt, auch in der ästhetischen oder rein zweckmäßigen, liebevollen oder nur ‹hygienischen› Gestaltung und Handhabung der äußeren Bedingungen nieder. Wie wir mit unseren Arbeitsmitteln umgehen, die Räume gestalten, das Essen anrichten; ob wir gelegentlich einen Wiesenblumenstrauß ins Zimmer stellen oder nicht – dies alles ist nur scheinbar nebensächlich. Nur dann können uns die Kinder auch als erzieherische Autoritäten akzeptieren, wenn wir diese Rolle bis in die Details hinein sorgsam und liebevoll ausfüllen. Eine Geringschätzung der ganz alltäglichen Vorbildfunktion wäre gerade während der ‹Schwermutsphase› äußerst fatal.

Auch was wir umrissen haben als das therapeutisch primär für die ‹zweite Nachreifung› in Betracht Kommende, gilt im Wesentlichen für die gesamte Behandlungsdauer und alle Magersuchtskranken, ist jedoch von außerordentlicher Wichtigkeit für Patientinnen, die man zum überwiegend ‹depressiven Typ› rechnen würde bzw. in den depressiv tendierenden Krankheitsphasen. Wie schon erwähnt, erleben wir häufig, dass die tiefen Schwermutszustände auftreten, wenn sich die hermetischen Zwangsgebilde der Anfangszeit aufzulösen beginnen. Zur therapeutischen Beeinflussung des Sozialverhaltens wäre an dieser Stelle anzumerken, dass (während in der allerersten Zeit diesbezüglich kaum mehr getan werden kann, als die Verhältnisse für die Patientinnen autoritativ einzurichten) nun allmählich das gemeinsame bewusste Hinschauen auf soziale Prozesse und Verwicklungen geübt werden kann, wie wir es oben im Zusammenhang mit der Jugendstunde erwähnt haben.

Die ‹dritte Nachreifung›

Vielfach ist der Verlauf nach unseren Beobachtungen so, dass die Phase des Versinkens in oft sprachloser Traurigkeit in einen Zustand mündet, wo einerseits eine gewisse Aufhellung des Gemüts und erhöhte Kontaktfreudigkeit Anlass zur Freude geben, andererseits aber nun die neue Mitteilsamkeit eine bisweilen geradezu hypochondrisch anmutende Note hat. Hier ein Wehweh, dort ein rätselhafter Druck, da ein Schwindelgefühl, heute eine für alle Zeiten völlig unverträgliche Speise, morgen eine andere. Ängstliche Unruhe als Grundstimmung beherrscht das Bild, und weil nichts gegen nichts hilft, werden bizarre ‹Selbstheilungs›-Maßnahmen durchprobiert. Die Mädchen wirken übersensibel, hautlos, manchmal wie gehetzt, aber auch etwas wie Heiterkeit kommt manchmal wieder auf.

Vielfach ist die Entwicklung in Bezug auf das Essen zu diesem Zeitpunkt akzeptabel. Wir erleben die Zwangsphasen meist gekoppelt mit rituellen Essensverweigerungskonzepten und Gewichtsabnahme. Ein drastisches Beispiel: Ein abgepacktes Brot wird im Klinikladen gekauft. Die Verpackung darf nur von der Patientin selbst geöffnet, das Brot nur von ihr angeschnitten werden. Es folgt eine Art Gebet. Dann wird die Scheibe geviertelt und ein Viertel in winzigen Stückchen über eine Stunde hin gegessen. Während der Depressionszustände kommt es häufig zu einer Art resignativen Einlenkens auf niedrigstem Niveau: Tief bekümmert, oft weinend, wird gerade so viel gegessen, dass das Gewicht unverändert bleibt.

In den Phasen der ängstlichen Unruhe mit wechselnden Körperbeschwerden ist das Essensverhalten von heftigen Schwankungen bestimmt, so auch die Gewichtssituation bei insgesamt leicht ansteigender Tendenz. Die Kinder beginnen also in verschiedener Hinsicht mit Öffnungsversuchen zur Welt hin, lassen bis zu einem gewissen Grad ‹Gelüste› in sich zu und schrecken doch immer wieder heftig zurück. Überempfindlichkeit, ‹Atemlosigkeit›, nervöse Ängstlichkeit sind die Folgen. Zugleich treten wieder Körperempfindungen auf, die fremd, irritierend sind und als Beschwerden identifiziert werden. Wir sind durch diese sogenannte ‹hysteriforme› Symptomatik auf das therapeutische Problem der dritten

Nachreifung hingewiesen (vgl. ‹Elemente und Organe›). Stichworte: Luftelement-Lichtäther / intentionale Reife (Motivbildung) / Eigenbewegungssinn / Atemreife / astralisch vermittelte Welt- und Selbsterfahrung.

Auch jetzt bleiben die äußerlichen Anwendungen wichtig. Sie müssen durch alle Phasen streng durchgehalten werden. Eine Ergänzung kann von Seiten der Heilgymnastik erfolgen, indem etwa im Anschluss an eine gründliche Ganzkörpereinreibung oder Massage die Glieder durchbewegt und durch Beugung und Streckung, Lösung und Spannung der Muskulatur das körperliche Selbsterleben von der Bewegungsdynamik her auf einer elementaren Stufe angeregt, die atmenden Prozesse zwischen polaren Prinzipien in diesem Bereich zu Bewusstsein gebracht, eventuell dabei auftretende Empfindungen besprochen werden. «Der Bewegungssinn, dasjenige, was da in uns vorgeht, indem wir durch Verkürzung und Verlängerung unserer Muskeln wahrnehmen, ... ob und wie wir in Bewegung sind, das gibt, in die Seele hineingestrahlt, jenes Freiheitsgefühl des Menschen, das ihn sich als Seele empfinden lässt: Empfindung des eigenen freien Seelischen.»[47] Hiermit ist auch ein Ansatzpunkt für die Heileurythmie gegeben. Durch sie kann die «Empfindung des freien Seelischen» aus dem Bewegungselement heraus so vertieft werden, dass die eigene Muskel-Knochen-Dynamik nicht nur als Ausdrucks-, sondern auch als Wahrnehmungsmöglichkeit entdeckt wird für das, was im Sprachlich-Lautlichen, Musikalischen gestaltend lebt. Zugleich ist Eigenbewegungswahrnehmung immer auch Wahrnehmung des eigenen freien Darinnenstehens im Räumlichen, und man tut gut daran, diesen Aspekt therapeutisch zu betonen. Ein viele Albträume und surrealistische Darstellungen beherrschendes Urbild der Angst ist die Verlorenheit in einer dämmrigen Weite, das Nicht-Vorwärtskommen im Raum, der sich, während der Träumende vor etwas flieht, proportional zur Fortbewegung zu dehnen scheint. Die bekannte Phobie vor großen, freien Plätzen hängt ebenfalls zusammen mit mangelhafter Evidenz des Raum- und Eigenbewegungserlebens. Spezifisch hierfür sind Atemnotzustände, aber auch Lähmungen, Schwindel.

Die «Empfindung des eigenen freien Seelischen» ist, insofern wir sie betrachten können als Resultat der Konsolidierung des Bewegungsmenschen sowohl auf der Selbstwahrnehmungs- als auch auf der Selbstbeherrschungsseite, nicht zuletzt eine Frage des Atmens. Wie wir gezeigt haben, hängt die Bewältigung des Luftelementes im Atemreifwerden eng damit zusammen, dass die Dynamik der Weltbegegnung von innen her rhythmisch reguliert wird und damit das Erlebnis der zielgerichtet-intentionalen Bewegungsfähigkeit, des Sich-hinordnen-Könnens auf ein Ziel, seine Grundlage findet. Die Heileurythmie kann, wo dieses Erlebnis zu schwach ausgeprägt ist, im Bereich Raumformen / Raumesrichtungen manches anlegen und zugleich modifizierte Atemübungen einbeziehen (einwickelnde und auswickelnde Spirale, Ballen und Spreizen etc.). Andererseits kommt alles das in Betracht, was «als Wahrnehmen der innerlichen Bewegungen, der Lageveränderungen der einzelnen Glieder des Organismus»[48] über die Eigenbewegungswahrnehmung Eigenraumwahrnehmung vermittelt. Atmung ist das Beziehung-Schaffende zwischen Innenraum und Außenraum über die rhythmische Dynamik zwischen Öffnen und Schließen. Dies kann als therapeutisches Motto gelten.

Indem hier geholfen wird, findet das Kind Anschluss an die Lichtäthersphäre. Wir haben gehört, dass E. Marti vom ‹raumenden› Licht spricht, welches ‹innen und außen scheidet und alles in Beziehung zum Umkreis bringt, den es erzeugt› (vgl. ‹Lichtlose Welt›). Was vom medizinischen Standpunkt aus mit der inneren Lichterzeugung durch Umwandlung des äußeren Lichtes zusammenhängt, ist bei F. Husemann zusammengefasst.[49] Dort wird auch das Phänomen der ‹komplementären Struktur› der menschlichen Organisation erwähnt. Es handelt sich darum, dass wir gegen alles von außen Herankommende spontan die polare Gegenwirkung erzeugen, um uns innerlich im Gleichgewicht zu halten. Anderenfalls müsste uns jeder Eindruck überwältigen. Ein Beispiel sind die bekannten komplementären Nachbilder, die im Auge bei Farbwahrnehmungen erzeugt werden. Jede Weltbegegnung aus unseren Sympathiekräften heraus verläuft, um überhaupt bewusste ‹Begegnung› sein zu können, so, dass wir durch eine innere Antipathiegebärde den Eindruck, der auf uns zukommt, durch sein polares Gegenüber ergänzen und ‹aufwiegen›. Alles Urteilsvermögen, abwägende Denken, freie Entscheiden beruht letztlich auf diesem urphänomenalen Prozess, der uns, wenn wir ihn in seinen verschiedenen Erscheinungsformen beobachten, sehr nahe an das heranführt, was Ich-Wirksamkeit im Wesensgliedergefüge ist. Man kann erleben, wie der Mensch fortwährend (zunächst unwillkürlich, dann, im operativen Denken, intentional gesteuert) einen Akt des Kontrastierens und der Kontrastüberwindung in einem vollführt. Was darin aber qualitativ zum Ausdruck kommt, ist eigentlich das Wesen des Lichtes. Das Licht wirkt einerseits zergliedernd (analytisch) und bringt andererseits den Ordnungszusammenhang im Raum, das Aufeinander-Bezogensein der Dinge in der Gleichzeitigkeit, zur Erscheinung. So sind wir durch das Licht als denkend-wahrnehmende Wesen ins Hier und Jetzt gestellt. Die Umwelt eröffnet sich dem ruhigen, selbstbewussten Schauen und Lauschen als durchlichteter Raum, wenn die ‹komplementäre Struktur› als rhythmische Schwingungsfähigkeit zwischen Kontrasten in der rechten Weise ausgebildet worden ist. Dies ist der zentrale Aspekt dessen, was wir als Atemreife ausführlich behandelt haben (vgl. ‹Im Atemprozess werden wir Seele› und ‹Die Magersucht als Störung des Atmens›). Wir erinnern uns, dass die prämorbide Entwicklung bei späteren Magersuchtskranken offenbar über einen anfänglichen Zustand innerer Wehrlosigkeit zur Aufrichtung jenes ‹Antipathiewalls› führt, der das Weltinteresse auf allen Ebenen erlahmen lässt. Schon das Wort Interesse «Dazwischen-Sein» zeigt den Zusammenhang zum Phänomen der komplementären Struktur. Die kontrastierende und kontrast-überwindende Funktion, die das Ich vermittelst des Astralleibs im Atemreifwerden zu übernehmen hätte, ist bei den magersüchtigen Kindern instabil. Sie empfinden Kontrasterlebnisse – wie man allenthalben beobachten kann – eigentlich als unerträglich. Gerade deshalb aber besteht eine wichtige Aufgabe für die künstlerische Therapie darin, dies nun sozusagen in homöopathischer Dosierung zu erüben. Dabei kann davon ausgegangen werden, dass diese Kinder die unwillkürliche Erzeugung der Komplementärwirkung als natürliche Gebärde der Wiederherstellung inneren Gleichgewichts[50] ungenügend leisten und dies kompensieren müssen durch ihre charakteristische, starr-verkrampfte Abwehrhaltung, die sich zuletzt auch auf den elementarsten Vorgang wahrnehmender Weltaneignung, nämlich die Nahrungsaufnahme, erstreckt. «Wie sich der Organismus der Farbe gegenüber verhält, so tut er es jedem Eindruck, auch der Aufnahme von Stoffen gegenüber.»[51] Die mit dem Nierenprozess zusammenhängende ‹Durchastralisierung› der Nahrungsstoffe ist auf der einen Seite ebenso gestört wie auf der anderen Seite die Modifikation der Sinneseindrücke. Beides setzt die Beherrschung des Luftelementes durch den innerlich geführten Atemrhythmus im weitesten Sinne voraus. Wo dies unzureichend gelingt, wird die Außenwelt in jeder Form ihres Einwirkens zur Bedrohung. Der übermäßig heftige, ich-verdrängende Wirkungsgrad der Eindrücke und ihre Unschärfe sind zwei Seiten desselben Problems, demgegenüber die Magersucht als ein inadäquates Bewältigungskonzept anzusehen ist. Wir müssen mit den Patientinnen die adäquate Form üben.[52]

Dazu gehören in der Maltherapie z. B. die Farbkontraste. Man kann etwa ein Blau sich einem Rot langsam nähern lassen und wird erleben, wie die Kinder an der Grenze zaudern, mit rührender Emsigkeit, manchmal geradezu hektisch versuchen, das Ineinanderfließen der Ränder zu verhindern; wie dann aber Erleichterung und Staunen spürbar werden, wenn ein schönes Violett in der Mitte sein Eigenwesen entfaltet. Bei solchen Übungen ist darauf zu achten, dass sie von kundiger Hand gelenkt werden, denn es ist wenig gewonnen, wenn das Ergebnis ein deprimierender, charakterloser Braunton oder das Blatt am Ende hässlich zerfasert ist. Sicherlich ist es sinnvoll, dann – durchaus mit einem gewissen künstlerisch-gestalterischen Anspruch – allmählich dazu überzugehen, hieraus eine Technik für einfache Naturstudien zu entwickeln unter Einbeziehung der Hell-Dunkel-Polarität und der Raumperspektive. Begleitende zeichnerische Übungen in Schwarz-Weiß (Kohle) sind möglich, aber mit Vorsicht anzugehen. Eine interessante Möglichkeit sind zweifellos auch ‹Farb-Licht-Bäder›, also der Aufenthalt in einem farbig durchfluteten Raum mit dem Ziel, den Organismus zur komplementären Gebärde anzuregen.

Für die Musiktherapie kann die Phase der sogenannten ‹hysteriformen› Symptome – die, wie gesagt, nach unseren Erfahrungen zumeist eine gewisse Besserung, aber eine Besserung mit Gefahren anzeigt (es findet eine gewisse Öffnung statt, die das Kind noch nicht verkraftet) – als Signal gelten, nunmehr stärker die Patientinnen zur eigenschöpferischen Aktivität anzuregen. Stand anfangs die ‹Einnahme› von Musik quasi als ‹Medikament› im Vordergrund, kann jetzt das tätige Umgehen mit bzw. Hervorbringen von Klanggebilden Selbstheilungskräfte freisetzen. Das Musizieren wirkt im Bereich der Empfindungsseele unmittelbar ermutigend, bildet Daseins- und Selbstvertrauen. Es stellt eine Tätigkeit dar, durch die Empfindungsqualitäten dem Menschen nicht widerfahren, sondern von ihm erzeugt werden. Musizierend verwandeln wir aus eigener Kraft für einen gewissen Zeitraum die gesamte uns umgebende Atmosphäre. Obwohl es sich um Töne handelt, ist der Vorgang eigentlich vom Urphänomen her betrachtet ein durch-lichtender (vgl. ‹Lichtlose Welt›). Das grob-undifferenziert raumerfüllende Luftelement wird durchdrungen durch ein dieses Transzendierendes, Höheres und doch mit ihm Verwandtes. Es ist das aktive Eintreten in den «räumlich mitteilenden ... weisheitsvolle(n) Zusammenhang», wie J. Bockemühl den Lichtäther charakterisiert.

Man kann mit Hinblick auf das rhythmische System bzw. den mittleren (Rumpf-Brust-)Bereich an das Cello denken, aber auch (wenn mit genügend Geduld und Feingefühl vorgegangen wird, also keinesfalls ‹hart trainierend›) an Blasinstrumente (Flöte), um indirekt die Atemprozesse zu beeinflussen. Es ist ja ein durchaus bemerkenswerter Vorgang, dessen heilende Wirkung unmittelbar einleuchtet, wenn der Atem vermittelst eines Instrumentes so eingesetzt wird, dass zwischen Einatmung und Ausatmung Musik entsteht.

Eine ebenfalls naheliegende (und zudem sozial verbindende) Möglichkeit ist das Musizieren, eventuell auch Singen gemeinsam in der Gruppe. Kantele und Leier sind besonders ‹raumende› Instrumente. Eine Atmosphäre von Weite, Gegenwart und Empfindungsklarheit entsteht, wenn vier oder fünf solche Saiteninstrumente, auf zueinander passende Akkorde gestimmt und vielleicht ergänzt durch Glocken, gleichzeitig oder melodisch versetzt angeschlagen werden. Man sollte üben, den ‹verwehenden› Klängen nachzulauschen, bis sie für das äußere Gehör verschwunden sind, und darauf aufmerksam werden, wie sie dann doch im Inneren weitertönen. Das einfache Variieren eines Themas bleibt als therapeutisches Element wichtig, während nun aber das hinzutreten muss, was man als ‹Prinzip der dynamischen Gleichzeitigkeit im Raum› bezeichnen kann: das harmonische Zusammenwirken im kleinen Orchester; der Akkord; die Entstehung von Klang-Raum durch aufeinander zulaufende und ineinanderspielende Einzelbewegungen; die Lichtqualität der ‹in sich differenzierten Ganzheit›, die musikalisch von der Bewegungsseite her erfahrbar wird. Dabei sollte in Polaritäten wie laut – leise, langsam – schnell, hoch – tief oder Dur – moll so hineingeführt werden, dass sie nicht verbindungslos nebeneinanderstehen, sondern sinnvoll ineinander übergehen.

Für die heilpädagogische Förderung gilt auch hier, dass wir das Motto ‹Bewältigung des Lufthaften› ganz wörtlich nehmen, d.h. auch so auffassen, dass die Bewältigung von der Erkenntnisseite her miterfolgen muss, wenn das Alter erreicht ist, wo es, für Gesunde und Kranke gleichermaßen, um den Aufbau eines mehr oder weniger wirklichkeitsbezogenen inneren Weltbildes geht. Man kann einerseits den Luftorganismus der Erde zum Gegenstand einer inhaltlichen Arbeit machen, andererseits eine Zeitlang die entsprechenden Phänomene draußen in der Natur tagtäglich beobachten, also auf die Windverhältnisse, ihre Veränderung im Tages- und Wochenverlauf aufmerksam sein, indem man zu festgesetzten Zeiten, etwa einmal am Morgen und einmal am Abend, eigens zu diesem Zweck ins Freie hinausgeht, vielleicht die Patientin anregt, mit wenigen Sätzen zu protokollieren, was ihr aufgefallen ist. Entsprechender Stoff zum Erzählen ist nicht schwer zu finden. Die Auseinandersetzung mit den Luftgewalten hat die Menschen schon immer sehr beschäftigt und die Fantasie aller Dichter beflügelt.

Für den Einzelunterricht in der Klinikschule wird Tierkunde zum wichtigen Thema. Die Möglichkeiten direkten Erlebnisbezuges werden hier in der Regel sehr eingeschränkt sein, aber man kann ja die Ziele von Ausflügen nach gewissen Gesichtspunkten bestimmen. Es bleibt hier zu hoffen, dass ein nachklinischer Rehabilitationsaufenthalt ermöglicht werden kann an einem Ort, wo die Naturreiche sozusagen täglich präsent sind.

Wo es um die primär seelisch vermittelte Welt- und Selbsterfahrung geht, um das ästhetische Empfinden, die Erweckung des Begehrens nach Schönheit im sinnlichen Erleben, und dies von einem Kind nachgeholt werden muss, das von seiner intellektuellen Reife her eben doch ins Jugendalter eintritt, muss der therapeutisch-seelenhygienische Aspekt der darstellenden Künste in die Überlegungen einbezogen werden. Der Besuch von musikalischen Aufführungen, Theaterstücken oder Gemäldeausstellungen führt in der Anfangszeit der Behandlung erfahrungsgemäß zu nichts, es sei denn zu bedenklichen Erschöpfungszuständen. Nach einiger Zeit jedoch signalisieren die Patientinnen oft von selbst diesbezügliches Interesse. Man muss von Fall zu Fall gut abwägen, wann die Zeit für solche Unternehmungen reif ist. Verkennungen der Situation können zu fatalen Verwicklungen führen. Oft jedoch ist die Phase, in der die soziale Interaktionsfähigkeit langsam wiedergewonnen (und der Therapeut mit tausend Sorgen, großen und kleinen Beschwerden und Beunruhigungen konfrontiert) wird, günstig, um hier einen Anfang zu machen, wobei man, um nur ein Beispiel zu nennen, nicht Beethovens Fünfte auswählen, sondern eher einen ‹leisen› Kammermusikabend besuchen wird, ein Harfenkonzert oder einen Liederabend.

Für die therapeutischen Bezugspersonen gilt, insofern besonderes Gewicht alledem zukommt, was heilend auf den Astralleib wirkt, dass die persönlich gewollte Beziehung von Du zu Du entweder ehrlich hergestellt und aufrechterhalten werden kann oder aber, wenn sich Ressentiments aufgebaut haben (was nicht selten der Fall und auch verständlich, jedenfalls keine ehrenrührige Erscheinung ist), die Verantwortung so weit wie möglich abgegeben wird. Die Kinder werden jetzt viel von ‹ihrem› Therapeuten verlangen und durchaus erproben, wie er mit seinen Liebeskräften in dem rein menschlichen Verhältnis steht, und es muss die-/derjenige für das Erleben der Patientin als (vom Stationsteam respektierter) ‹Hauptansprechpartner› zur Verfügung stehen, die/der sich diesem Anspruch innerlich gewachsen fühlt. Das Kriterium der beruflichen Qualifikation darf nicht ausschlaggebend sein, wenn es etwa um die Frage geht, ob jemand bereit und fähig ist, eine Zeitlang zu jeder Tages- und Nachtzeit erreichbar zu sein. Natürlich werden alle weitreichenden Entscheidungen nach gemeinsamer Beratung getroffen, und die Richtlinienkompetenz für besondere Krisensituationen ergibt sich aus der fachlichen Zuständigkeit.

Wesentlich ist, dass jemand die menschliche Verbindung, über alles ‹Therapieren› hinaus, wirklich initiativ sucht und pflegt und sich dabei nicht so sehr an die ‹Kranke›, sondern an die aus dem Krankheitsgeschehen langsam sich freikämpfende gesunde Individualität wendet. Damit kann aus der Situation heraus theoretisch jeder betraut sein (wobei die besonders herausgehobenen Gesprächsstunden mit einem psychotherapeutisch qualifizierten Mitarbeiter fortgesetzt werden). Intensive supervisorische[53] Begleitung sowie regelmäßige Kinderbesprechungen können dort Abhilfe schaffen, wo aufgrund mangelnder Erfahrung gewisse Unsicherheiten auftreten.

Während sich einerseits auf der zwischenmenschlichen Ebene seitens der Kinder dahingehend eine Veränderung zeigt, dass die Konzentration (auf Einzelpersonen) wichtiger wird als die Streuung, die Beständigkeit wichtiger als der Wechsel je nach Stimmung und Situation, ist andererseits gerade in diesem Bereich auf Übersichtlichkeit zu achten. Klare Rollenverteilung bei gleichzeitiger intensiver Gemeinsamkeit ist das, was die Kinder vom Stationsteam erwarten und auch erleben sollen. Es ist gut, wenn sie wissen, an wen sie sich mit welcher Frage, auch in alltäglichen Angelegenheiten, zu wenden haben. Zugleich sollte spürbar werden, dass alle hinter dem stehen, was dieser oder jener rät, entscheidet. Natürlich sind solche Gliederungen im Sozialen immer hilfreich. Aber die Magersüchtigen werden in der Regel erst nach einer gewissen Zeit überhaupt in die Lage kommen, darauf aufmerksam zu werden, sozusagen mit dieser Frage prüfend um sich zu blicken. Dann sollten die Realitäten eine befriedigende Antwort geben.

Zusammen mit den Ängsten, der immer wieder durch Unpässlichkeiten, körperliche Abwehrreaktionen durchkreuzten Orientierungssuche, tritt oft die Frage auf: ‹Werde ich mein Leben je meistern können?› Anfänglich ist die resignative Grundstimmung so beherrschend, dass nicht einmal mehr eine solche Frage in den Kindern lebt. Jetzt tritt das Ich hervor und wirft scheue Blicke in die Zukunft. Man kann in den Gesprächsstunden beginnen, in spielerischer, sozusagen provisorisch-unverbindlicher Art (als würde man, noch unentschlossen, verschiedene Wanderwege auf einer Landkarte studieren) damit umzugehen. Wir haben oft das ‹Wünsch-Spiel› gespielt: ‹Stell dir vor, ich wäre ein guter Zauberer, und du hättest drei Wünsche für die Zukunft frei.› Über die geäußerten Wünsche («ein kleines, gemütliches Haus in den Bergen …», «… dass mir meine Familie immer erhalten bleibt», «… dass ich eines Tages überhaupt nie mehr ans Essen denken muss») wird charakterisierend (nicht wertend) gesprochen. Man wiederholt das Spiel in Abständen und beobachtet gemeinsam, wie sich die Wünsche verändern. Dabei macht es gar nichts, dass die Mädchen wissen: Es soll sich etwas verändern. Selbst wenn ein bisschen dem Therapeuten zuliebe das ‹kleine, gemütliche Haus in den Bergen› bezogen wird, um dann an diesem Ort auch etwas Nützliches zu tun, setzt das Kind (zunächst eben provisorisch) ins Mosaik seines Welt- und Zukunftsbildes ein fehlendes Steinchen ein. Die äußere Veranlassung darf eben nur nicht eine solche sein, dass der ‹Zauberer› sagt: Dies und jenes solltest du dir eigentlich wünschen. Darin jedoch, dass sich das Kind in den anderen hineinversetzt, um zu erspüren, was erwartet werden könnte, und dementsprechend seinen Gedanken eine bestimmte Richtung gibt, liegt durchaus nur Positives. Erfahrungsgemäß entwickelt sich dieses Spiel stets zu einem interessanten, engagierten Austausch. Der Therapeut sollte jetzt ruhig auch von sich sprechen oder andere junge Menschen zitieren. Wenn genügend Geduld waltet, wird die Patientin von sich aus eines Tages vom Spiel zum Ernst übergehen wollen. Auch das Angebot, an Biografien zu arbeiten, wird nun meistens mit einem gewissen Interesse aufgegriffen. Es ist naheliegend, dass man Lebensläufe von bedeutenden Frauengestalten auswählt, die sich durch Krankheit, Behinderung, schwächliche Konstitution oder missliche Lebensumstände zu kraftvollem Wirken hindurchgekämpft haben.

Immer hilfreich und erstaunlich beliebt bei den Mädchen sind auch Märchen, die bildhaft Wege der Prüfung und Überwindung beschreiben oder erzählen, wie der ‹Dummling› von allen verspottet, zu nichts tauglich, am Ende König wird. Da kann man erleben, wie sich die Mädchen sofort persönlich angesprochen fühlen und wissen: Das handelt von mir.

In Bezug auf das soziale Üben hat sich neben den Gruppenmusikstunden die Einstudierung (und Aufführung!) kleiner szenischer Stücke bewährt. Man kann nach dem Muster der ‹Comedia de l'arte› arbeiten oder Märchen szenisch einrichten. Für die ‹Jugendstunden› haben auch ausgewählte Gesellschaftsspiele eine nicht geringzuschätzende Bedeutung.

Wiederum muss betont werden, dass die Unterteilung in verschiedene Krankheitsphasen und daraus ableitbare therapeutische Grundmotive zwar auf konkreten Erfahrungswerten beruht, aber nicht schematisch aufzufassen ist. Jeder Verlauf hat individuelle Nuancen und Schwankungen, es gibt Vermischungen, diskontinuierliche Bewegungen. Nichts ist etwa ‹in einem therapeutischen Akt bewältigt›, um dann schön der Reihenfolge nach zum nächsten Akt überzugehen. Je nach Einzelfall liegt die Betonung mehr hier oder dort; nicht immer erleben wir das Krankheitsgeschehen so deutlich als ein phasenspezifisches, wie es den Anschein erwecken mag, wenn aus zahlreichen Einzelfallbeobachtungen eine methodische Quintessenz gezogen wird. Aber man muss das, was in der Lebenswirklichkeit notwendig unscharf auftritt, gedanklich umso schärfer vor sich hinstellen, um im entscheidenden Augenblick auf das Richtige aufmerksam zu werden.

In diesem Sinne kann vieles von dem, was wir für die dritte Nachreifung vorgebracht haben, den gesamten Behandlungsverlauf mehr oder weniger betreffen. Dennoch rücken diese Gesichtspunkte besonders dann ins Blickfeld, wenn wir die sogenannten ‹hysteriformen› (Körper-)Angstsymptome erleben bzw. ein Kind vor uns haben, bei dem entsprechende Reaktionen auch aufgrund seiner Konstitution und Temperamentslage im Mittelpunkt stehen. Häufig erleben wir die ‹physiologischen Angstzustände› zu einem Zeitpunkt, an dem sich die zwanghaften oder depressiven Erscheinungen etwas aufzulockern beginnen.

Ichfindung und Zukunftseröffnung

Was sich endlich für die sogenannte ‹schizoide› Form (bzw. Phase) aus unseren Betrachtungen therapeutisch ergibt, kann im Wesentlichen unmittelbar abgeleitet werden aus den ausführlichen Beschreibungen der Magersucht als Eskalation der weiblichen Pubertätskrise (‹Verstellte Zukunft›). Alle Magersüchtigen haben ein ‹Doppelgängerproblem›, das heißt, sie fühlen sich von einer intelligent wirkenden Kraft bedroht, die sie als sich selbst zugehörig und doch nicht mit sich selbst identisch erleben. Vielfach hängt damit eine letzte schwere Krise während des stationären Aufenthaltes zusammen, die zu erheblichen Rückschlägen führen kann. Vor dem Hintergrund einer langjährig sich anbahnenden Entwicklungsstörung ‹entgleist› das Pubertätsschisma in Tendenzen einer manchmal bedrohlichen inneren Zerrissenheit. Es wird, während einerseits deutliche Fortschritte zu verzeichnen sind, vielleicht sogar die Periode wieder einsetzt, ein Teil des eigenen Wesens (wie wir es weiter oben formuliert haben) «zum Niemandsland, damit aber zugleich zum Versammlungsort unerlöster, ich-fremder Mächte». Auch hier ist es so, dass die schizoiden ‹Zustände› manchmal während des ganzen Krankheitsverlaufs in Form von Schüben immer wieder auftreten. In einigen Fällen spielte in der ambulanten Nachsorge das Essensproblem demgegenüber eine nur noch untergeordnete Rolle. Das Alter Ego war nicht mehr so sehr die innere Stimme, die zum Hungern verleitete, sondern durchkreuzte alle möglichen Pläne, Vereinbarungen, zwang zu destruktiven Verhaltensweisen daheim, im Freundeskreis, flüsterte den Mädchen aber vor allem eine sich steigernde Zukunftsangst ein. Das kann so weit gehen, dass von irgendwoher der ‹Befehl› kommt, nichts mehr zu unternehmen, misstrauisch zu sein gegenüber allem, woran sich eine gewisse Sehnsucht entzünden kann und oft auch wirklich entzündet («Ich würde so furchtbar gern – aber ich darf nicht ...»).

Von der besonderen Bedeutung des Herzens und des rhythmischen Systems in diesem Zusammenhang war die Rede. Weitere Stichworte zur therapeutisch-heilpädagogischen Orientierung sind: Wärme / Zukunftseröffnung und Idealbildung / Gleichgewichtssinn / ich-vermittelte Welt- und Selbsterfahrung.

Die Notwendigkeit der Nachreifung des Gleichgewichtssinnes muss in der Heileurythmie mit berücksichtigt werden. Es geht darum, aufrecht stehend das Herausgehobensein aus den Schwerekräften bei gleichzeitiger sicherer Bodenberührung zu erleben und in diesem Zustand ‹zwischen Schwebe und Erdung› sich innerlich gesammelt vorwärtszubewegen. Hier gibt es schöne, viel verwendete Übungen, z. B. das Schreiten mit einem Kupferstab auf dem Kopf. Grundsätzlich ist zudem alles, was die Kreuzform und das ‹Durchströmtsein› von den Raumesrichtungen (die eigene Mitte als Schnittpunkt erlebend) zu Bewusstsein bringt, hilfreich. Ausgehend von der fundamentalen I-A-O-Übung wären Lautfolgen anzulegen, durch die das Empfinden dafür geweckt wird, wie sich der Mensch als Gestalt im Raum aufrichtet, indem er polare Umkreiswirkungen in sich zur Ruhe bringt und aufeinander abstimmt, und wie aus dieser ‹Sammlung› heraus der zielgerichtete Bewegungsimpuls, Tatimpuls einsetzen kann. Für die Toneurythmie wären z. B. Übungen von der Art zu empfehlen, die den unteren und oberen Menschen in verschiedene, aber harmonisch verbundene rhythmische Bewegungen versetzen, indem etwa mit den Händen die Bassstimme eines einfachen Musikstückes geklatscht, mit den Füßen die Oberstimme schreitend begleitet wird. Wodurch unmittelbar die Durchwärmung der Peripherie angeregt wird, ist erfahrenen Heileurythmisten bekannt. Darüber hinaus gilt unverändert alles, was im Zusammenhang mit der dritten Nachreifung angeregt wurde.

In der Musiktherapie kann, neben allem zuletzt Gesagten, zusätzlich gezielt das rhythmische Element aufgegriffen werden, vor allem auch das Wechseln zwischen verschiedenartigen Rhythmen. Um sich hier sensibel umzustellen, in wechselnde Tempi geistesgegenwärtig einzuschwingen, muss die eigene innere Gleichgewichtslage demgegenüber stabil sein. Das Kind muss in sich die «innere Ruhe» (Steiner über das «Hereinstrahlen des Gleichgewichtssinnes in die Seele») herstellen, durch die es im äußeren Wechsel bei sich bleiben kann. Das «ruhig derselbe Bleiben, ...

was uns unabhängig erscheinen lässt von der Zeit» (Steiner), ist durch solche Übungen gefordert.

Im Malen wäre in Erwägung zu ziehen, Kompositionsgesetzmäßigkeiten der Bildgestaltung in Form und Farbe bewusst zu machen, also das Therapeutische jetzt direkt mit einem frei künstlerischen Anspruch zu verbinden, aber so, dass es nicht auf technische Perfektion im Detail ankommt, sondern auf die Stimmigkeit des Bildganzen in sich. Man könnte von streng symmetrischen Arbeiten (etwa Mandalas oder platonischen Körpern) dazu übergehen, die Möglichkeit der Harmonie in der Asymmetrie gemeinsam zu entdecken, vom Geometrisieren fortschreiten zu großzügigen (farbigen), ungegenständlichen Kompositionen, in denen z. B. ein willkürlich gesetztes Bildzentrum zum Maßstab der Umkreisgestaltung wird und dabei zum Erlebnis kommt, wie von Schritt zu Schritt immer weniger Beliebigkeit, immer mehr Notwendigkeit aus dem Bild selbst heraus waltet.

Gute Erfahrungen haben wir mit der therapeutischen Anwendung der Bothmer-Gymnastik gemacht. Durch sie kann das ich-stärkende Erlebnis der Dynamik vom Vorsatz zur ausgeführten Bewegung vermittelt und so unmittelbar der Mut gestärkt werden.[54] K.-H. Ruckgaber schreibt: «Zusammengefasst kann man sagen, dass die Bothmer-Gymnastik, 1.) inkarniert über die leibesnahen Sinne, 2.) verhilft, den Leib zu durchdringen, anstatt in der Verkrampfung steckenzubleiben, 3.) stark den Willen wachruft.»[55] Ergänzend heißt es bei P. von der Heide: «Die Bothmer-Gymnastik kann in besonderem Maße die Verbindung des Vorsatzes mit dem Leibeserleben üben und sowohl Willensschwäche als mangelnde Leibesbeziehung im Üben überwinden. Es ist die Aufgabe des Therapeuten, die Freude am Tun zu wecken. – Die Bothmer-Gymnastik kann ein geschwächtes oder auch nicht genügend erkraftetes Ich stärken (und) weckt dadurch ein gesundes Selbstvertrauen.»[56]

Eine ganz hervorragende Bedeutung kommt nach unserer Ansicht der Sprachtherapie für die Phasen bzw. den Krankheitsaspekt der Identitätsbedrohung zu. Es ist erfahrungsgemäß schwierig, die Patientinnen für das rezitatorische Üben zu gewinnen. Bei uns wurde mit Erfolg versucht, durch begleitendes Speer- oder Diskuswerfen eine gewisse Zaghaftigkeit zu beseitigen, die hier oft im Wege steht. Das freie sprachliche Gestalten wird in einer merkwürdigen Weise als großes Wagnis erlebt, und was überwunden werden muss, ist etwas der Scham Ähnliches. Es handelt sich zweifellos darum, dass instinktiv empfunden wird, im Sprechen (nicht um der alltäglichen Verständigung, sondern um des Sprechens selbst willen) unmittelbar hineingestellt zu sein in die Kräfte, aus denen sich die Welterscheinungen aufbauen, und eigentlich einzutauchen in den Urstrom des Werdens. Das verträgt sich zunächst schlecht mit dem «Totstellreflex des Werdens» (H. Stauder) Magersüchtiger. Gelingt es jedoch, sie dafür aufzuschließen, ist das, woran sie Anschluss finden, «das Impulsierende des Wärmewirksamen in der Welt». In reinster Form tritt hier «das Ideelle als Willensartiges in der Welt auf» (J. Bockemühl).

Im rezitatorischen Üben ordnet sich das ganze Wesensgliedergefüge auf das Ich hin, und der Mensch wird im Zusammenklang von Denken, Fühlen und Wollen Ausdrucksorgan für objektive, aber nur subjektiv, aus eigenem Wollen heraus vermittelbare Weltgesetzmäßigkeiten, die draußen in die räumliche Erscheinung ausgegossen sind. Die Dinge werden sprechend neu erschaffen und dadurch innerer (Besitz) des Sprechenden. Im Sprechen fließen Außenwelt und Innenwelt zur Wirklichkeit zusammen. Wo Angst gerade davor das Bild beherrscht, richten sich notgedrungen erhebliche Hindernisse auf. Umso heilsamer ist es, diesen Bereich behutsam zu erobern. Etwas vereinfacht, aber sachlich durchaus gerechtfertigt, könnte man sagen: Das magersüchtige Kind, das wirklich (angstfrei) sprechend vor die Welt hinträte, wäre geheilt.

Wo im Mittelpunkt der Betrachtungen das Herz und die Wärme stehen, liegt es auf der Hand, dass uns diejenige Seite des Erdenreifwerdens von der pädagogischen Seite her besonders interessieren muss, die Steiner als Liebesreife charakterisiert. Man hört heute in der sexualistischen (psychologischen) Wissenschaftssprache von ‹libidinös› besetztem, also lustbetontem Welt- und Menscheninteresse reden. Oftmals sind dies deutlich erkennbar terminologische Reste einer längst überholten Denkweise; man meint nämlich die Liebefähigkeit im weitesten Sinne, von der Steiner sagt: «Dasjenige, was als Beziehung der Geschlechter auftritt, ist nicht das Ganze; das Überschätzen in dieser Beziehung ist nur eine Folge unserer materialistischen Anschauungen. In Wirklichkeit sind alle Beziehungen zur Außenwelt, die mit der Geschlechtsreife auftreten, im Grunde genommen gleichgeartet.»[57] Alles, was wir vorgebracht haben in Bezug auf erlebende, verstehende Hinwendung zu den Welterscheinungen (Elementen, Substanzen, Naturreichen), zielt ja letztlich darauf ab. Man muss nur über einen recht langen Zeitraum hin sehr vorsichtig, zurückhaltend damit umgehen. Es kommt aber der Tag, an dem man deutlich spürt, dass es jetzt erforderlich wäre, die Mädchen praktisch und verantwortlich handelnd in die Erdenverhältnisse hineinzustellen, ihnen zu ermöglichen, dass sie die Naturdinge und -wesen arbeitend, sorgend ergreifen und in solcher direkter, sozial bezogener Begegnung jene ‹geerdete› Liebe entwickeln können, die nur möglich ist durch Übernahme freier Verpflichtung im Wissen um das, was notwendig und sinnvoll ist. Hier stehen wir vor dem Problem des Übergangs von der Klinikbehandlung zu einer geeigneten, sozialtherapeutisch orientierten Rehabilitation.

Um den Kindern zu ersparen, dass der Konflikt zwischen wieder erwachendem Lebenswillen und der Furcht, lebensuntauglich zu sein, sie immer weiter in sich auseinandertreibt, müssen wir durch unser Beispiel ermutigend wirken, d.h. die Beziehung im Sinne eines wirklichen Freundschaftsverhältnisses so gestalten, dass wir unser eigenes Ringen zwischen Versagen und Selbstanspruch, Selbstkritik und Zuversicht offenbaren. Es müssen in durchaus persönlicher Art in den Einzelgesprächsstunden, vor allem aber auch in der Gruppe solche Kernprobleme des Menschseins und Menschwerdens besprochen werden, wozu natürlich Beziehungsprobleme, auch zwischen den Geschlechtern, gehören. Man sollte auszutauschen beginnen, was man im Laufe der Zeit aneinander erlebt und erlitten hat, zu beschreiben versuchen, welche Art von Beziehung sich da durch welche Verwandlungen hindurch gebildet hat, wo Enttäuschungen und Glücksmomente waren. Wer so sehr in Alltagsroutine versunken ist, dass er nicht als ein ringender Mensch erkennbar wird, der in all seiner Unzulänglichkeit unerschütterliche Ideale in sich trägt und den Sinn seines Lebens in der Verringerung der Kluft gefunden hat, fällt als Partner für die jugendlichen Patientinnen in der Phase des Ringens um die «verlockende Endgestalt» (Roth) einfach aus. In der Gespaltenheit will die eigene Mitte als Ziel gefunden werden, und es bedarf der liebevollen Autorität eines erwachsenen Freundes, der auf diesem Weg ein Stückchen weiter ist. Man muss jetzt viel Zeit für die Mädchen haben, manches mit ihnen tun, was nicht sowieso dienstvorschriftsmäßig, als Termin auf dem Therapiestundenplan, getan werden muss. Dies übersteigt in der Regel (jedenfalls solange die Dinge so eingerichtet sind, wie sie es eben sind) die Möglichkeiten und Realitäten einer gewöhnlichen Klinik, ebenso wie das, was zum Wiedereintritt in soziale Verbindlichkeiten nötig wird, um aus dem Status der versorgungsbedürftigen Kranken herauszutreten. Irgendwann wird es eben vom therapeutischen Standpunkt aus schädlich, wenn das Essen fertig serviert, das Zimmer von Putzfrauen gefegt wird, während man zugleich darüber redet, dass echter Idealismus die kleinen, alltäglichen Dinge nicht missachtet oder dass es auch beglückend sein kann, für andere etwas zutun.

Wir halten es deshalb für unbedingt erforderlich, dass der stationären Behandlung in der Klinik ein mehrmonatiger Aufenthalt in einem heilpädagogisch-sozialtherapeutischen Jugendheim mit angeschlossener Landwirtschaft und/oder anderen Handwerksbetrieben folgt. Neben künstlerisch-therapeutischer und gesprächstherapeutischer Unterstützung einzeln und in der Gruppe wären in einer solchen Einrichtung[58] die Schwerpunkte: gemeinsames Arbeiten, handwerklich und in der Landwirtschaft, bei gleichzeitigen Fortbildungen, die sich inhaltlich auf die Arbeitsfelder beziehen; intensives künstlerisch-kulturelles Gemeinschaftsleben; Vorbereitung auf die Rückkehr in Schule/ Beruf und Elternhaus.

In diesem Zusammenhang muss besonders die therapeutische Bedeutung der Biografik hervorgehoben werden. Sowohl mit den Kindern einzeln als auch zusammen mit den Eltern sollte reichlich Zeit dafür gefunden werden, den Lebenslauf bis hin zum Krankheitsbeginn und bis zurück vor die Schwelle der Erinnerung zu beleuchten. Auf dieser Grundlage erst kann die Zukunft Konturen gewinnen. Schon in der Schlussphase des Klinikaufenthaltes stößt der Vorschlag, z. B. anhand von Fotoalben, Kinderzeichnungen etc. sich in die Vergangenheit zurückzutasten, meistens auf spontane, dankbare Zustimmung.

Das Übersichtsschema auf Seite 253 soll noch einmal die wichtigsten Stichworte zur Therapie zusammenfassen.

Früherkennung und Vorsorge

Man muss die Gesamtdauer einer Magersuchtsbehandlung vom Tag der Klinikeinweisung bis zur Beendigung der ambulanten Nachsorge (vorausgesetzt, es kommt nicht zum Rückfall) mit mindestens vier Jahren veranschlagen, und diese Jahre sollten methodisch, in Bezug auf das Behandlungskonzept und das dahinterstehende Menschenbild, eine einheitliche Linie aufweisen. Was aber lässt sich aus allem Gesagten für die Prophylaxe gewinnen? Wir können diese Frage deshalb im Telegrammstil abhandeln, weil gewissermaßen nur das, was über die Nachreifungsschritte ausgeführt wurde, wortgetreu übertragen werden muss auf die entsprechenden Reifungsschritte im natürlichen Entwicklungsfortgang.

Ganz konkret ergibt sich also für die ganz frühe Kindheit, dass das Ausbleiben der Trotzphase, d.h. die Zaghaftigkeit des entsprechenden Ich-Inkarnationsschrittes, die Aufmerksamkeit auf den unteren Sinnesbereich und hier insbesondere auf das Tasterleben lenkt. (Steiner hat in seinem Fragment *Anthroposophie* explizit einen Zusammenhang zwischen «der Entstehung der Ich-Organisation» und dem Tasterleben hergestellt.) Alles, was mit der Anregung des Erlebnisses der ‹Hautgrenze› zusammenhängt, kann hier einen Ausgleich herbeiführen, ebenso aber die Förderung des Umganges mit Naturmaterialien und -substanzen, die Achtsamkeit auf Kleidungsstoffe, über die sich das Atmen der Haut fortsetzen kann. Wenn die Eltern eher dazu neigen, die übertriebene Reinlichkeit und Furcht vor schmutzigen Händen bei ihren Kindern als einen Vorzug zu betrachten, sollten sie gewarnt sein. Nicht zulassen oder gar unterstützen, dass das kleine Mädchen zur ‹herzigen Vorzeigepuppe› wird! Man

Stichwortübersicht zur Therapie

	Erste Nachreifung (Zwangsaspekt)	Zweite Nachreifung (Schwermutsaspekt)	Dritte Nachreifung (Angstaspekt)	Erdenreife (Spaltungstendenz)
Physiotherapie / Gymnastik	Hautpflege/Kleidung	Bäder/Massagen/Leibwickel / Warme Kleidung	Heilgymnastik	Bothmergymnastik
Heileurythmie	—	«Sich-Bewegen in fortschreitenden Verwandlungszusammenhängen»	Raumformen / Raumesrichtungen / modifizierte Atemübungen	«Zwischen Schwebe und Erdung» / Durchströmtsein von Umkreisgesetzen / Zielvolle Bewegung aus der Sammlung
Malen / Plastizieren	Gestalten mit charakteristischen Werkstoffen / Ton / Holz / Gegenständliches Malen	Ruhige Farbstimmungen nass in nass / Plastische Metamorphosenreihen	Kontraste / Komplementärwirkungen / hell-dunkel / Perspektive	Komposition in Form und Farbe / Perspektive
Musik	—	Vorspielen einfacher Intervalle und Tonfolgen zum «Durchschmecken» / Ruhige Klänge / Variationen über ein Thema	Selbstmusizieren, z.B. Cello / Gruppenmusik / «Klangräume» (Leier)	Rhythmus / Rhythmuswechsel
Sprache	—	—	—	Rezitationen
Pädagogik und Gespräch / allg. Haltung	Rhythmische Zeitstruktur / Bezugnahme zum Weltgeschehen / «Substanzkunde» / Geduld u. Zuverlässigkeit / Feste Bezugspersonen	Liebe zum Detail / Eigenes «Zu-sich-stehen-Können» / «Positivitätsübung / Anschauen sozialer Prozesse / «Wasserkunde» / Pflanzen / Schönheit im Umkreis	Persönliches Engagement / Klare Kompetenzverteilung im Team / Biografien / Szenische Spiele / Kulturfahrten / «Luftkunde» / Tiere / Gesellschaftsspiele / Märchenarbeit	Übernahme von Pflichten / Gespräche über Beziehungen, auch diejenige zwischen Patient und Therapeut / Biografik / Beginn der Zukunftsplanung

Während des gesamten Verlaufs wird schrittweise der Kontakt zum Elternhaus wieder intensiviert, nachdem er anfangs für einige Wochen unterbrochen werden muss. Natürlich wird ständig die Essensproblematik in den Einzelgesprächsstunden bearbeitet, aber das steht therapeutisch nicht im Vordergrund.

achte auf gutes Spielzeug (Holz statt Plastik) und suche Gelegenheiten für das Kind, ermuntere es dazu, im ‹Schmutz› zu spielen, also im Sand (mit reichlich Wasser), im Lehm, in einer Pfütze oder auf dem Schotterhaufen. Nicht um Schuldzuweisungen kann es gehen, sondern darum, Bewusstsein dafür zu entwickeln, dass häufig eine Einseitigkeit im Wesen des Kindes mit entsprechenden Neigungen oder Abneigungen der Eltern konstellativ zusammentrifft. Daraus entsteht dann ein krankheitsbegünstigender ‹Verstärkungseffekt›, den es zu vermeiden gilt. Hierzu gehören auch vermeintliche Kleinigkeiten wie diese: Eine Mutter kann es schwer mit ihrem ästhetischen Empfinden vereinbaren, das kleine Kind, nachdem es eingekotet hat, sauberzumachen. Das Kind seinerseits fängt jedes Mal ein großes Theater an, sobald es etwas in der Hose hat. Nun hält die Mutter das Kleine möglichst weit von sich weg in die Wanne und duscht es ab. Dann wird die Creme mit einem Moltex-Tuch schnell aufgetragen und eine ‹Pampers› angelegt. Das Kind wird später von der ganzen Verwandtschaft bewundert, weil es so erstaunlich früh ‹sauber› geworden ist. Mutter und Kind passen zusammen. Aber sie passen in einer Art zusammen, die vielleicht eine verhängnisvolle Entwicklung ankündigt. Wirkliche innere und äußere Zuwendung bei der Körperpflege ist das, was eine Mutter, die damit veranlagungsgemäß Probleme hat, sich selbst anerziehen muss. Es steckt ein tiefer Sinn darin, dass ein kleines Kind seine Ausscheidungen noch nicht unter Kontrolle hat. Was die Mutter dadurch am Körper des Kindes tun muss, hat nicht nur hygienische Bedeutung, sondern ist auch unmittelbar Sinnes- (und mittelbar Seelen-) Pflege. Neben dem Tastsinn ist vor allem auch der Lebenssinn angesprochen. Er bildet die Grundlage für das, was sich später als lebendiges Denken aus einem gefestigten (biografischen) Selbstbewusstsein heraus entwickeln soll. – Wenn ein Kind in den ersten Lebensmonaten dadurch auffällt, dass es wenig ‹zupackt›, allzu großen Respekt vor den Dingen der Umwelt zeigt, schmutzige Hände oder die eigenen Ausscheidungen am Leib nicht ertragen kann (vielleicht sogar nachts davon erwacht), soll nicht etwa die Sauberkeitserziehung forciert, sondern die Ganzkörperpflege betont werden!

Für das erzieherische Verhalten gilt bei der sogenannten Überangepasstheit, dass aller elterliche Stolz über das ‹Musterkind› selbstkritisch zu hinterfragen ist. Es sollte z. B. nicht jede leise anklingende Protesthaltung durch bewährte Ablenkungsmanöver aufgelöst werden, nur weil das erfahrungsgemäß so einfach und glatt geht. Das Kind muss rebellieren, um sich gesund zu entwickeln, wobei es natürlich keinen Zweck hat, ihm dies im Sinne einer Aufforderung mitzuteilen. Ganz verfehlt ist es jedoch, Unfolgsamkeit mit demonstrativer, tiefer mütterlicher Enttäuschung zu beantworten nach dem Motto: ‹So etwas hätte ich von dir niemals erwartet›, und es sich dann womöglich noch zugute halten, dass man bei diesem Kind ‹nie wirklich streng werden› müsse. Wo die Situation einmal auf ein Kräftemessen hinausläuft, sollte man dies nicht vermeiden wollen, sondern zulassen und dabei die schwächere Position des Kindes im Auge haben, d.h. ihm seinen Willen möglicherweise auch dann lassen, wenn man genau weiß: Man hätte erprobte Mittel, es spielend umzustimmen.

Später haben wir dann auf der Schulbank den fleißigen kleinen Liebling aller Lehrer. Die Hefte sind so, dass man sie am ‹Tag der offenen Tür› zu Demonstrationszwecken verwendet. Die Eltern sind immer noch stolz und zufrieden. Wäre der Klassenlehrer nicht entzückt, sondern vor allem aufmerksam, fiele ihm eine merkwürdige Diskrepanz auf zwischen dem noch sehr kleinkindhaften Äußeren und der intellektuellen Frühreife, den ‹altklugen› Antworten. Er würde das Abseitsstehen bei allen wilden Spielen und Unartigkeiten der Klasse nicht wohlwollend, sondern besorgt registrieren und bemerken, wie schnell die Kleine bei körperlichen Anstrengungen erschöpft ist; wie wenig echtes, begeistertes Interesse sie an irgendwelchen Ereignissen in der Umgebung zeigt, auf die der Rest der Klasse mit großem Hallo und emsiger Anteilnahme reagiert. Was der Lehrer, der begänne, eine Gefahr zu wittern, nun den Eltern raten, in seinem Unterricht betonen oder möglicherweise einem Heilpädagogen übertragen würde, der spieltherapeutische Förderstunden durchführte, würde in modifizierter Form dem entsprechen, was wir im Zusammenhang mit der ‹zweiten Nachreifung› besprochen haben. Das Kind ist jetzt in ein Alter gekommen, wo sich bemerkbar macht, dass im Bereich der Leibessinne ein Selbstwahrnehmungsmangel vorliegt, der zu einer gewissen Abstumpfung des sinnlichen Welterlebens geführt hat. Es ist dasjenige wie ausgeschaltet, was gesunde Kinder als eine Art körperlichen Genießens der Außenwelt über die Sinne an den Tag legen. Das staunend-hingegebene ‹Oooh, ist das schön ...› bei einem Anblick, der rundum Behaglichkeit auslöst, kommt nicht vor. Kaum etwas scheint dieses stille, trotz seiner runden, hübschen Erscheinung bei genauerem Hinsehen etwas hölzern wirkende Kind aus der Reserve locken zu können. Nicht gerade von ständigem Unwohlsein kann gesprochen werden, das wäre übertrieben, aber man hat auch nie den Eindruck, es ruhe wohlig-selbstgenießerisch in sich. Man findet zwar eine gewisse Trägheit, die jedoch nichts von schläfrigem Phlegma hat, sondern eher irgendwie marionettenhaft wirkt. Wie herausgehoben in eine allzu verfrühte ‹Objektivität› ist das Mädchen. Wo der erstrebenswerte Zustand eines gewissermaßen im Bauch zentrierten Gemütlichkeitsgefühls gar nicht bekannt ist, gibt es weder Ereignisse, die diesen Zustand bedrohen und deshalb zornig abgewehrt werden, noch Gelüste nach bestimmten Dingen, Erlebnissen, die es herzustellen versprechen. Wo die Erfahrung fehlt, dass es Dinge zu hören, sehen, riechen, schmecken, fühlen gibt, die guttun, und andere, die Unbehaglichkeit auslösen, ist das Verhalten eine Mischung aus Anspruchslosigkeit und Fügsamkeit. Auf Ruhe und Ordnung kommt es an und darauf, dass jemand die Form vorgibt, in die sich das Kind einpassen kann. Eigentlich ist die Reaktion auf jede Art von sinnlichem Eindruck eine leise, zurückweichende Furcht, beinahe so etwas wie Befremden: ‹Was willst du von mir, Welt?›

Hier muss nun ein intensiver beratender Austausch zwischen Eltern und Schule einsetzen in dem Bewusstsein, dass es auf viele Kleinigkeiten ankommt. Beginnend bei der Ernährung, die leicht verdaulich, aber geschmacklich bewusst differenziert sein sollte zwischen süß, sauer, salzig und bitter, über daheim durchzuführende ‹äußere Anwendungen› (Bäder, Ganzkörpereinreibungen), die morgendliche kühle Oberkörperabwaschung mit einem belebenden Zusatz, den abendlichen warmen Leibwickel, die Beachtung regelmäßiger Flüssigkeitszufuhr (nicht stur, sondern so weit es eben realistisch ist), bis hin zur Auswahl des Erzählstoffes, die vom Status quo abweichen wird (diese Kinder werden sich nur für die heilsamen Bilder öffnen, wenn ihnen zunächst nichts Erschreckendes anhaftet, man wird also darauf verzichten, die Stiefmutter in einem mit Nägeln gespickten Fass zu Tal zu rollen) kann manches getan werden, um den merkwürdigen Nebel, der sich zwischen dem Kind und der Welt gebildet hat, allmählich fortzuwischen. Die Fügsamkeit ist ja auch Glück im Unglück: Man hat, um das Erforderliche zu tun, keine Widerstände zu überwinden. Das Kind wird willig folgen, wenn sich die Familie angewöhnt, jeden Sonntag einen ‹Erlebnisausflug» zu unternehmen: Bootsfahrten, Wanderungen im Regen, Picknick auf der Blumenwiese am Bach. Wenn Eltern und Lehrer zusammenarbeiten, kann darauf geachtet werden, dass der Unterrichtsstoff möglichst immer eine Erlebnissättigung erfährt. In den Waldorfschulen muss das Tabu, das gegen ‹Anschauungsunterricht› (normalerweise mit Recht) besteht, für diese Kinder außer Kraft treten.

Man sollte das Mitleben mit dem Werden und Vergehen, Knospen, Blühen und Welken im Pflanzenreich direkt pflegen, dem Kind ein paar Topfpflanzen oder am besten ein kleines Gärtlein zur mitverantwortlichen Versorgung anvertrauen und alles, was in der Natur vorgeht, durch passende Geschichten mit Seele erfüllen. Das Walten unsichtbarer Wesen unter dem Schnee, im Wurzelwerk der Bäume, im Regen und Wind muss zur Selbstverständlichkeit werden. Das Kind soll viel von Musik umgeben sein und selbst musizieren (nicht gleich nach Noten!). Man achte auf lebendige Rhythmen im Tages-, Wochen- und Jahreslauf (zugleich aber auch darauf, dass das Kind ‹Überraschungen› ertragen lernt: kleine Änderungen, Modifikationen der Regel). Warme Kleidung, besonders im Unterleibsbereich, ist wichtig, desgleichen gute Durchwärmung der Hände und Füße. Bei alledem (es scheint nur so furchtbar viel zu sein – wenn diese Dinge ‹in Fleisch und Blut übergegangen› sind, verschlingen sie im Alltag weder besonders viel Zeit noch Kraft) soll durchaus kein hermetisch geschlossenes, allseitig durchorganisiertes Leben im Familienkreis entstehen. Man wird erleben, dass dies nicht die notwendige Konsequenz ist (entsprechende Einwände sind oft zu hören). Ganz im Gegenteil hängt vieles davon ab, dass innerhalb dieses ‹seelenhygienischen› Rahmens Kontakte außerhalb der Familie gefördert und mit zunehmendem Alter auch selbstständig gepflegt werden. Neben Spielkameraden sind etwa ab dem achten Lebensjahr auch erwachsene Bezugspersonen neben Eltern und Lehrer eine wirkliche Lebenshilfe. Der Patenonkel muss in die Pflicht genommen werden!

Wenn bis zu diesem Zeitpunkt im Vorfeld einer möglichen Magersuchtserkrankung die Prophylaxe im beschriebenen Sinne ernst genug genommen worden ist, kann es sein, dass die Gefahr schon abgewendet ist. Hat hingegen niemand sie erkannt und das Kind tritt in die krisenreiche Zeit zwischen dem neunten/zehnten bis etwa dem zwölften Lebensjahr ein, wird der Lehrer mit Besorgnis Veränderungen im Wesen und in der äußeren Erscheinung des Kindes beobachten, die jetzt nicht mehr zu übersehen sind. Aus der bisherigen kindlichen, fast ein wenig ungeformten Rundheit schält sich ein asthenischer, konstitutionell schwächlicher, schmalbrüstiger Körpertyp heraus: schmales, durchsichtig-blasses Gesicht; lange, ‹nervige›, schlecht durchblutete Hände, eine auffallende Halspartie: so als wolle sich der Kopf vom Leib distanzieren, möglichst weit entfernen. Die schulische Leistungsbereitschaft beginnt einen verbissenen, gehetzten und zunehmend freudlosen Zug anzunehmen. Obwohl das Kind wegen seiner Vertrauenswürdigkeit, Sanftmut und Bescheidenheit, auch wegen des ausgeprägten Gerechtigkeitssinnes in der Klasse beliebt ist, vielleicht geradezu bewundert wird, manövriert es sich durch sein eigenes Verhalten immer mehr in die Isolation. Die Mutter berichtet von einer ‹klettenhaften Anhänglichkeit›, die allmählich zur Belastung der Beziehung werde. Zugleich trete in Bezug auf die Einhaltung von Familienkonventionen und Regeln aller Art eine unnachgiebige, fast tyrannische Anspruchshaltung auf. Was früher als Ordentlichkeit angenehm auffiel, artet jetzt in Pedanterie aus. Der Vater, der jetzt so nötig wäre, zieht sich zurück und lässt ‹die beiden Frauen ihren Clinch unter sich ausmachen›. Er hat sich vielleicht schon immer etwas im Hintertreffen gefühlt und ‹rächt› sich nun, indem er sich gleichsam eine Tarnkappe aufsetzt. Die Mutter ist hin- und hergerissen. Sie fühlt sich einerseits durch das Kind überall begrenzt und unfrei, legt sich andererseits die Frage vor, ob nicht das Verhalten der Tochter sie deshalb so ärgere, weil sie irgendwie eine verleugnete Seite von sich selbst darin wiedererkenne. Eine starke Liebe ist zwischen den beiden, aber eine Liebe, die keine rechten Ausdrucksmöglichkeiten mehr findet. Mit der Zeit klagt das Kind vielleicht immer häufiger über Unpässlichkeiten, Schwächezustände, Kreislaufbeschwerden und Bauchweh und weist anklagend auf irgendeine nicht eingehaltene Verabredung oder vorher nicht besprochene Abweichung von der gewohnten Regel hin, so als kämen die Beschwerden daher.

Obwohl diese Situation – angenommen, sie spitzt sich zum zwölften Lebensjahr hin zu – schon sehr alarmierend ist, wäre es natürlich unsinnig, zu sagen, es könne die Eskalation nicht mehr abgewendet werden. Weder steht vollständig fest, ob überhaupt eine Magersucht daraus entsteht, noch dass sie entstehen muss. Sicher hingegen ist, dass der im Umriss beschriebene Zustand nun keine bloße ‹Auffälligkeit› mehr ist, sondern eine ausgewachsene Entwicklungsstörung anzeigt. Wenn jetzt Schule und Eltern immer noch nicht reagieren, weil sie vielleicht finden, das Kind sei ja immerhin fleißig und hochbegabt, muss dies schon als Fahrlässigkeit bezeichnet werden.

Zweifellos genügt es zu diesem Zeitpunkt nicht mehr, wenn sich der Lehrer vornimmt und mit den Eltern bespricht, man müsse das Interesse des Kindes für Naturvorgänge, für altersentsprechendes Künstlerisches wecken und so weiter, sondern es müssen gezielte Maßnahmen ergriffen werden. Hierbei kommt in Betracht: eine ambulante physiotherapeutische und heilgymnastische Behandlung; Heileurythmie mit Hinblick auf die Nachreifung des Eigenbewegungs- und Gleichgewichtssinnes und der Raumorientierung; es muss sich ein psychotherapeutisch bzw. (was für dieses Alter gleichbedeutend ist) heilerzieherisch geschulter Mensch außerhalb von Familie und Schule finden, bei dem das Kind lernt, über seine Probleme frei zu sprechen, der eine altersgemäße Biografiearbeit mit ihm beginnt und Elterngespräche führt. Die Schule muss für Sonderregelungen gewonnen werden, z. B. für einen bestimmten Zeitraum keine Benotungen, keine Teilnahme an Klassenarbeiten mehr bei gleichzeitiger Versetzungsgarantie. Stets ist der Wechsel in eine Waldorfschule zu erwägen. Zur Übernahme der psychotherapeutisch-heilpädagogischen

Vorsorge gehört zentral die Eröffnung eines kulturellen, vor allem auch literarischen Erlebnis- und Tätigkeitsfeldes in ganz freier Art, fern von jeglicher Leistungsorientierung. Man sollte also viel mit ausgewählten Erzählstoffen arbeiten und selbst zusammen Geschichten, Märchen oder kleine Stücke erfinden. Kinder in diesem Alter bringen hier erfahrungsgemäß viel von sich selbst, von ihrer eigenen Not und Hoffnung ein.

Um den familiären ‹Knoten› aufzulösen, sollten zumindest erlebnisreiche und pädagogisch sinnvoll geführte Ferienfreizeiten ausfindig gemacht werden, wenn nicht gar die vorübergehende Unterbringung in einer geeigneten Pflegefamilie (möglichst mit gleichaltrigen Kindern) ins Auge gefasst werden muss. Bleibt das Kind daheim, ist es nötig, an der Mutter-Kind-Beziehung im Sinne einer ‹Entkrampfung› zu arbeiten und zugleich den Vater davon zu überzeugen, dass er stärker in Erscheinung treten muss. Unbedingt ist ein Arzt heranzuziehen, der dem ‹Kreis›, der sich um das Kind bildet, als eine Art Koordinator beitreten sollte und von der Heilmittelseite her den Katalog der prophylaktischen Maßnahmen ergänzen wird. Von besonderer Wichtigkeit ist es, das Kind behutsam, aber unbeirrbar auf die Ereignisse vorzubereiten, die mit dem baldigen Einsetzen der Periode, den körperlichen und seelischen Veränderungen der Pubertät, dem Frau- und Erwachsenwerden zusammenhängen. Oft wird es nötig sein, das heute vorherrschende verzerrte Weiblichkeitsbild mitsamt dem lebensfremden und unbarmherzigen ‹Schönheitskult› unserer Warenkultur zurechtzurücken, das Kind vorsorglich dagegen zu wappnen. Denn was in dieser Hinsicht verbrochen wird, schlägt neben dem, was heutige Schulpädagogik anrichtet, gerade bei entsprechender Disposition verheerend zu Buche. Man wird bei einem elf-, zwölfjährigen Mädchen mehr in Form von Geschichten und lebendigen, bildhaften Beispielen an diese Probleme herangehen und erst allmählich zum dreizehnten oder vierzehnten Jahr hin regelrechte Gespräche darüber führen, was dann auch in einer Gruppe von Jugendlichen geschehen kann.

Schlussbemerkungen

Diese Ausführungen sind als Anregungen zu verstehen. Auch alles für die klinische Behandlung und Nachsorge Vorgebrachte hat nur exemplarischen Charakter. Es wird konkret immer auf den Einzelfall ankommen und darauf, dass man die menschenkundlichen Hintergründe im Auge hat. Zu behaupten, wir hätten die Letzteren erschöpfend oder auch nur befriedigend ausgeleuchtet, wäre vermessen. Es ist dem Verfasser schmerzlich bewusst, dass, um einen Gedankengang stringent durchzuführen und zugleich den Buchumfang in erträglichen Grenzen zu halten, vieles unberücksichtigt bleiben musste. Es bleibt späteren Veröffentlichungen oder anderen Autoren vorbehalten, explizit auch die höheren Sinnesfunktionen im Zusammenhang mit der Anorexia nervosa zu untersuchen, desgleichen die sieben Lebensprozesse. Auch über den Schlaf wäre noch manches zu sagen. Allerdings finden sich überall im Text Anknüpfungspunkte, um hier weiterzuarbeiten. Man kann eine Darstellung wie die vorliegende nur als ein ausschnitthaftes, vorläufiges Arbeits- und Beobachtungsresultat betrachten. Zweifellos wird im Laufe der Zeit nicht nur Ergänzendes, sondern auch manches Korrigierende vorgebracht werden. Fehldeutungen oder Ungenauigkeiten völlig ausschließen zu wollen würde bedeuten, wissenschaftliches, in diesem Falle anthroposophisches Forschen nicht als einen Prozess fortwährend aufeinander aufbauender Bemühungen, sondern als ein Konglomerat von lauter Einzelverlautbarungen mit Endgültigkeitsanspruch zu betrachten. Dies ist nicht die Vorgabe, unter der dieses Buch einer anthroposophisch interessierten Öffentlichkeit übergeben werden soll.

Nicht berührt wurde die Magersucht im Kontext anderer ‹Essstörungen›. Auch ist darauf verzichtet worden, näher auf die vor- und nachpubertären Formen der Magersucht einzugehen, eine ‹bulimische› Magersucht von einer ‹asketischen› abzugrenzen und das (sehr seltene) Vorkommen der Krankheit bei Knaben zu erörtern. Hier sollte die ‹typische Gestalt› der Magersucht unter einigen wichtigen menschenkundlichen Gesichtspunkten beschrieben werden.

Anmerkungen zu: Anleitungen zum Anwesendsein

1 Dass Übergänge zum schizophrenen Formenkreis im Schrifttum besonders häufig erwähnt werden, muss im Zusammenhang mit der generellen Zunahme von schweren Pubertätskrisen, die in schizoide Persönlichkeitsdefekte münden, gesehen werden.
2 R. Treichler, *Die Entwicklung der Seele im Lebenslauf*, Stuttgart 2006.
3 R. Steiner, *Geisteswissenschaft und Medizin*, 3. Vortrag, GA 312.
4 Siehe Anm. 2.
5 F. Husemann, *Das Bild des Menschen als Grundlage der Heilkunst*, Bd. 2, Stuttgart 1986.
6 Siehe Anm. 5.
7 Das geflügelte Wort «Es geht mir unter die Haut» zeigt, dass ein natürliches Empfinden für dieses Phänomen vorhanden ist. ‹Unter die Haut› sind Eindrücke gegangen, die gerade nicht zwanghaft-unerlöst ‹im Kopf herumspuken›, sondern sich ‹tief einprägen› und bei analogen Erlebnissen spontan wieder präsent sind.
8 R. Steiner, *Heilpädagogischer Kurs*, 5. Vortrag, GA 317.
9 Siehe Anm. 8.
10 Siehe Anm. 8, S. 79 ff.: «Denken Sie nur, wir nehmen etwas auf durch unseren Kopf ...»
11 Vgl. das Kapitel ‹Elemente und Äther›.
12 R. Steiner, «Die zwölf Sinne des Menschen in ihrer Beziehung zu Imagination, Inspiration und Intuition», in: *Geisteswissenschaft als Erkenntnis der Grundimpulse sozialer Gestaltung*, GA 199.
13 Das gemeinsame Auftreten von Depressionen und Zwängen ist die Regel. Reinlichkeits- und Ordnungzwänge etwa werden in depressiven Phasen zu ‹Haltegriffen›, Gedankenzwänge formieren sich zu einer Art ‹Rechtfertigungsideologie› der Stimmung von absoluter Aussichtslosigkeit.
14 Siehe Anm. 2.
15 Siehe Anm. 3, 20. Vortrag.
16 Siehe Anm. 5.
17 Siehe Anm. 8, 1. Vortrag.
18 Siehe Anm. 2.
19 Siehe Anm. 8, 1. Vortrag.
20 Vgl. dazu die Ausführungen über die Leber bei F. Husemann, siehe Anm. 5.
21 Siehe Anm. 3, 11. Vortrag.
22 Wir haben die Traurigkeit weiter oben auch im Zusammenhang mit der

Unergriffenheit des ‹Mineralgerüstes› erwähnt. Das ist kein Widerspruch, weil die Dinge ineinandergreifen. Indem es nicht gelingt, das ‹vertikale›, aufrichtende Strömungswesen deutlich in sich zu erleben, entsteht der latente (traurig machende) Eindruck, den physischen Leib ‹mitzuschleppen›.

23 Vgl. das Kapitel ‹Elemente und Äther›.
24 Vgl. auch das Kapitel ‹Welt ohne Klang›.
25 Siehe Anm. 8, 4. Vortrag.
26 Siehe Anm. 8, 4. Vortrag.
27 Vgl. das Kapitel ‹Die Magersucht als Störung des Atmens›.
28 Siehe Anm. 3, 11. Vortrag.
29 Siehe Anm. 2.
30 Siehe Anm. 5.
31 Siehe Anm. 3, 11. Vortrag.
32 Siehe Anm. 12.
33 Vgl. G. Schütze, Anorexia nervosa, Bern / Stuttgart / Wien 1980, S. 18 ff.
34 Vgl. das Kapitel ‹Die Pubertät als Spaltung›.
35 Siehe Anm. 3, 11. Vortrag.
36 Flitner/Scheuerl (Hrsg.), *Einführung in pädagogisches Sehen und Denken*, dort: H. Roth, «Begabung und Begaben», München / Zürich 1984.
37 Siehe Anm. 3, 11. Vortrag.
38 H. Müller-Wiedemann, *Mitte der Kindheit*, Stuttgart ⁶2003.
39 Siehe Anm. 3, 8. Vortrag.
40 Vgl. dazu in R. Steiner, *Anthroposophie, Psychosophie, Pneumatosophie*, GA 115, Vortrag vom 26.10.1909.
41 Siehe Anm. 5.
42 Siehe Anm. 2.
43 Siehe Anm. 12.
44 Siehe Anm. 12.
45 Siehe Anm. 8, 2. Vortrag.
46 Dieses ‹Thema› (in Verbindung mit dem aus der Schwere erlösenden, ‹schöpferischen› L) klingt besonders eindrucksvoll bei der ‹Halleluja›-Übung an.
47 Siehe Anm. 12.
48 R. Steiner, «Die zwölf Sinnesbezirke und die sieben Lebensprozesse», in: *Das Rätsel des Menschen*, GA 170.
49 Siehe Anm. 5.
50 Man kann sich den Vorgang so vergegenwärtigen, dass man sich vorstellt, wie jeder starke Eindruck eigentlich eine zu starke Inkarnation des Astralleibs be-

deutet und damit eine leichte ‹Deformation› des Ätherleibs, welche dieser wieder ausgleicht.

51 Siehe Anm. 5.

52 Es ist in diesem Zusammenhang interessant, dass die Patientinnen zwar heftigen Appetit verspüren, aber häufig erklären, wenn sie einmal die ‹Schleusen öffneten›, würde es ‹kein Halten mehr geben›. Die komplementäre Empfindung zum Hunger oder Appetit ist das Sättigungsgefühl. Dieses ist bei der Magersucht, wenn man es ganz genau nehmen will, eigentlich herabgelähmt und nicht primär der Hunger. Tatsächlich verlieren viele Patientinnen, wenn sie wieder essen, zunächst völlig das Maß.

53 Unter Supervision ist die beratende Betreuung des Teams durch einen ausdrücklich nicht diesem Team angehörigen, von außen hinzukommenden Arztes oder Psychologen zu verstehen.

54 Vgl. dazu auch das Kapitel ‹Wille, Außenwelt, Zukunft›.

55 K.-H. Ruckgaber, «Bericht über die klinische Anwendung der Bothmer-Gymnastik», in: *Beiträge zu einer Erweiterung der Heilkunst*, Heft 2/86.

56 Paul von der Heide, «Bothmer-Gymnastik», siehe Anm. 55.

57 Siehe Anm. 8, 1. Vortrag.

58 Zur Gründung einer solchen Einrichtung hat sich in Filderstadt bei Stuttgart der Verein ‹Sozialtherapeutische Lebens- und Arbeitsgemeinschaft für Jugendliche in Entwicklungskrisen› begründet. Eine ausführliche Konzeption zur Nachsorge ist unter anthroposophischen Gesichtspunkten erstellt worden und hat überall in Fachkreisen Zustimmung gefunden. Sie kann beim Verfasser über den Verlag angefordert werden.